일기를 통해 본
양반들의 일상세계

17세기 『매원일기』를
중심으로

한국국학진흥원 연구부 기획

국학자료
심층연구 총서
11

정정남 김호 김명자 김강식 박종천 정재훈

일기를 통해 본 양반들의 일상세계

17세기 『매원일기』를
중심으로

샘물결

일기를 통해 본 양반들의 일상세계
17세기 『매원일기』를 중심으로

지은이 정정남, 김호, 김명자, 김강식, 박종천, 정재훈
기획 한국국학진흥원 연구부
펴낸이 조형준
펴낸곳 새물결 출판사
1판 1쇄 2017년 12월 27일
등록 서울 제15-52호(1989.11.9)
주소 서울특별시 마포구 포은로 5길 46 2층 121-822
전화 (편집부) 3141-8696 (영업부) 3141-8697 팩스 3141-1778
이메일 saemulgyul@gmail.com
ISBN 978-89-5559-410-2(93900)

ⓒ 한국국학진흥원 연구부, 문화체육관광부

이 책의 한국어판 저작권은 한국국학진흥원, 문화체육관광부와 새물결 출판사에 있습니다.
신저작권법에 의해 보호받는 저작물이므로 무단 전재와 복제를 금합니다.

책머리에 ——— 9

1장   17세기 광산김씨 예안파의 종가 건축물 활용 ——— 13
1   머리말 ——— 15
2   예안 지역 광산김씨 세거지의 입지와 특성 ——— 16
3   16세기 광산김씨 예안파 종가에서 경영한 건축물 ——— 26
4   17세기 집성촌 형성에 따른 종가 건축물 활용 ——— 35
5   맺음말 ——— 48

2장   17세기 초 예안 사족 김광계의 접빈객과 일상정치 ——— 53
1   머리말 ——— 55
2   사족의 네트워크와 일상정치 ——— 59
3   '토주土主'에 대한 접빈객 ——— 66
4   향중 및 문중 모임의 주인공 ——— 75
5   '접빈객'의 후유증과 양생훈養生訓 ——— 86
6   맺음말 ——— 99

3장   『매원일기』를 통해 본 예안 사족 김광계의 관계망 ——— 105
1   머리말 ——— 107
2   관계망의 승계와 새로운 관계망의 형성 ——— 110
3   정구 문하의 출입과 관계망의 확장 ——— 121
4   '장현광 계'와의 교유와 위상 강화 ——— 127
5   맺음말 ——— 134

4장 광산김씨 예안파의 병자호란 대응 양상 —— 139

1 머리말 —— 141
2 정묘호란 —— 143
3 병자호란 —— 167
4 맺음말 —— 192

5장 조선중기 광산김씨 예안파의 일상생활 —— 197

1 머리말 —— 199
2 속례와 정례의 이행과 병행 양상 —— 203
3 외내 마을의 공동체 생활과 동약 재건 —— 216
4 술수의 활용과 일상적 풍속: 점복, 택일, 사주, 풍수 —— 221
5 스승을 만나는 꿈, 학문하는 처사의 내면적 무의식 —— 234
6 맺음말 —— 242

6장 매원 김광계의 학문과 사회 활동 —— 247

1 머리말 —— 249
2 김광계의 학문 —— 251
3 김광계의 사회 활동 —— 260
4 맺음말 —— 274

일러두기

1. 단행본이나 학술지, 잡지는 『 』로, 논문과 시, 단편 소설은 「 」로 표시했다.

책머리에

역사는 인간이 지나온 삶의 자취의 기록이다. 그것은 통상 정치사, 경제사, 제도사, 사회사 등의 범주로 기록되지만 그것만으로는 과거 사람들의 생생한 삶의 실상을 온전히 담아내기에는 한계가 있다. 최근 조선시대 연구에서 『조선왕조실록』, 『승정원일기』 등의 관찬사서에서 일기나 고문서 등의 자료로 연구의 관심을 확대되는 이유 중의 하나를 거기서 찾을 수 있을 것이다.

한국국학진흥원에서는 기탁된 일기 자료를 바탕으로 '일기포럼'을 기획, 진행해오고 있다. 1기에는 17세기 전반 예안 사족 김령의 일기인 『계암일록』을, 2기는 17세기 후반 상주 사족 권상일의 일기인 『청대일기』를, 이번 3기에는 17세기 전반 예안 사족 김광계의 일기인 『매원일기』를 통해 당대와 당대를 살다간 사람들의 모습을 재구성해 역사의 실상에 좀 더 구체적으로 그리고 촘촘하게 다가가 보려고 노력해보았다.

이 책은 의례, 건축, 전쟁, 의학, 사상, 향촌 사회 등에 관심을 가진 6명의 연구자가 1년 동안 『매원일기』와 함께 보낸 결과물이다. 안동과 서울에서 모두 4차례의 모임을 가졌다. 그중 3번째 모임은 2016년 8월에 1박 2일로 진행되었다. 첫째 날 한국국학진흥원에서 진행된 포럼에서는 그동안 공부한 것을 발표하고 토론하는 가운데 서로의 생각과 관점을 교환하고 각자의 시야를 넓힐 수 있었다. 이후 일기의 무대가 되는 오천으로 자리를 옮겼다. 거기서 저녁으로 종가 음식을 먹은 이후 종손 어르신께 오천과 오천 사람들에 대한 이야기를 밤이 깊도록 묻고 들었다.

　다음날은 일기에 자주 나오는 방잠 재사에 가보기로 했다. 우선은 방잠에 들러 오천 선조들의 무덤을 찾아뵙고, 한 시간여 산등성이를 헤맨 끝에 과수원 한가운데 위치한, 표지석만 남아 있는 옛 재사의 위치를 확인했다. 이어 안동호에서 배를 탔다. 안동댐 건설로 예안 고을의 일부와 오천이 물에 잠겼기 때문이다. 일기에 등장하는 공간과 사람들을 소환해 탁청정, 일휴정, 침락정에도 가보고, 나들이 길에 쉬거나 오고가는 사람들과 이야기를 나누던 마을 어귀의 '비암'이라는 너른 바위에도 올라보고, 부포로, 역동서원으로, 도산서원으로, 예안향교로 가는 길도 상상하며 '물 위의 길'을 돌아 다녔다.

　마지막 모임은 11월 하순에 가졌는데, 학술대회 형식으로 진행되었다. 이렇게 연구자들은 봄, 여름, 가을, 겨울 네 계절을 17세기 전반 예안에 살던 김광계와 호흡하고 그의 시대에 머물면서 다음의 사실과 마주하였다.

　우선 1장 정정남은 17세기 광산김씨 예안파의 건축물에 대한 이야기를 풀어놓고 있다. 안채와 사랑채 개념이 형성되기 이전의 집안 정자나 사대부의 개인 거처들이 17세기 이후 사랑채로 흡수되었는데, 반친영의 결혼 풍습으로 형성된 집성촌에서의 제사와 접객 양태의 변화로 그것을 설명하고 있다. 건물은 단순한 물리적 존재가 아니라 사회적 요구와 철학적 사유를 반영해 지속적으로 변모해 왔다는 것을 증명하고 있다.

2장 김호는 김광계가 비록 관직에 나아가지는 않았지만 군자의 도리를 다하고 지역의 공적 책임에 앞장섰으며, 그의 삶 자체는 무수히 많은 접빈과 더불어 정치적 일상의 연속이었음을 밝히고 있다. 그는 끊임없이 사람을 만나고 선물을 보내며, 친구와 관료를 초대했다. 수십 종이 넘는 음식과 술의 레시피(『수운잡방』)는 김광계의 향촌 활동을 돕는 중요한 자원으로 이용되었다.

3장 김명자는 김광계가 출입한 공간, 만난 사람들, 향촌에서의 역할 등을 통해 관계망 속에 놓인 김광계의 모습을 재구성하고 있다. 전통 사회의 관계망이 가진 사회적 기능에 주목하고 있는 것이다. 이 글에서는 관계망의 형성, 확대, 강화를 통해 당사자를 비롯한 오천 사람들의 운신의 폭을 넓히고 위상을 강화하려고 한 김광계의 노력을 엿볼 수 있을 것이다.

4장 김강식은 『매원일기』을 주로 하고 『계암일록』도 참고해 예안현의 지역 사회가 병자호란이라는 엄청난 위기 상황을 어떻게 대처해 나갔는지, 그 과정을 상세하게 보여주고 있다. 전쟁 속에서 지역 사족이 공동체의 회복과 안정을 위해 책임 있는 역할을 수행했던 모습을 확인할 수 있을 것이다.

5장 박종천은 일기에 반영된 개인의 의식적 내면과 사회적 무의식을 읽어내려고 시도하고 있다. 17세기 전반 광산김씨 예안파의 의례, 동계와 동약, 점복, 택일, 사주, 풍수, 꿈 등 일상생활 중 습관이나 관습으로 반복되는 행태를 집중적으로 검토해 유교적 전통 사회의 가치와 질서가 내면화되는 과정과 양상을 설명하고 있다.

6장 정재훈은 17세기가 포함된 조선중기에는 '사족지배체제'가 논의될 만큼 군현제에 입각한 공적 지배에 더해 지방의 향촌 내부의 운영 원리가 두드러졌던 시기라는 사실에 주목하고 있다. 그는 지방 사족으로서 명확한 자의식을 가졌던 한 지식인의 학문 그리고 그와 관련된 사회 활동의 구체적 실상을 김광계가 읽은 도서와 서원 또는 향교 관련 활동 등을 중심으로 살피고 있다.

이제 연구자들의 그동안의 노력이 하나의 결과물이 되어 책으로 엮여 세상에 나오게 되었다. 자료를 한국국학진흥원에 기탁해 연구자들이 『매원일기』를 통해 당대를 마음껏 들여다볼 수 있는 기회를 주신 광산김씨 후조당에 감사드린다. 아울러 17세 전반 예안 사족의 모습을 사실적으로 그리고자 했던 연구자의 시도와 노력이 독자들에게도 잘 전달되길 바란다.

2017년 12월
한국국학진흥원 연구부

1장

17세기 광산김씨 예안파의 종가 건축물 활용

정정남

1____머리말

　조선중기 향촌 사대부가의 주택 경영을 살펴보면, 종가에서 사적으로 건립한 건물임에도 시간이 지남에 따라 종인宗人들이 공적으로 활용하는 사례가 많이 나타난다. 또 봉제사접빈객奉祭祀接賓客의 양태가 달라지면서 기능이 달라지는 경우도 확인된다. 사적으로 건립된 건물의 공적 활용은 반친영半親迎의 결혼 제도로 확대된 동성同姓 마을에서 주로 나타나는 사례로, 17세기 이후 향촌 사대부가에서 경영하던 건축물의 특징이라고 할 수 있다. 이와 같은 내용은 그동안 집중적으로 연구된 바 없는데, 이는 그러한 변화의 일련一連을 확인할 수 있는 기록과 건축물이 동시에 존재하는 경우가 거의 없기 때문이다.

　광산김씨가 예안에 입향한 것은 16세기로, 세거지는 예안의 오천 지역이었다. 이곳은 1970년대에 안동댐이 건설될 당시 수몰되었지만 해당 지역에 있던 건물 중 일부가 안동시 와룡면 오천1리 산28-1번지로 이건移建되어 남아 있다. 이 건물들은 광산김씨 예안파의 대종가 또는 소종가에서 경영하던 건물로, 그 활용에 관한 내용이 종손들의 일기에 기록되어 있다.1) 즉 광산김씨 예안파의 경우 건축물과 기록이 동시에 남아 있어 당시의 사회적 상황에 따라 건축물의 활용이 어떻게 변화되었는지를 연구할 수 있는 좋은 사례를 제공해준다고 할 수 있다.

본고는 앞서와 같은 장점을 바탕으로 17세기 광산김씨 예안파 종가에서 경영한 건물들이 이 가문이 일족으로 성장해가는 과정에서 어떻게 활용되었는가를 살펴보려고 한다. 본고에서는 광산김씨 예안파의 사례만 다루겠지만 이를 통해 조선중기에 타 지역의 향촌 사대부들이 경영한 건축물도 사회상과 맞물려 어떻게 변해갔는지를 유추할 수 있으리라 생각한다. 더불어 건축물은 단순한 물리적 존재가 아니라 사회적 요구와 철학적 사유를 반영해 지속적으로 성장해온 사실도 인식할 수 있을 것으로 기대한다.

2   예안 지역 광산김씨 세거지의 입지와 특성

1) 광산김씨의 예안 입향

공의 휘는 효로孝盧요 자字는 순경舜卿이니 광산인으로 ……조祖의 휘는 숭지崇之니 목청전직穆淸殿直으로 사복사정을 추증 받았고, 고考의 휘는 회淮니 음성현감으로 병조참의를 추증 받았다. 공이 어려서 부모를 여의자 외조 경산현령 노응盧膺에게서 자랐으므로 이름을 효로孝盧라 했고, 그 후로는 종조부 효지孝之에게서 양육 받아서 예안현 오천 마을에서 살았다.

위의 글은 퇴계 이황(1501~1570년)이 지은 광산김씨 예안파의 입향조인 김효로金孝盧(1455~1534년)의 묘갈명 중 일부다. 내용에 따르면, 김

---

1) 광산김씨 예안파 종손이 남긴 일기로는 김해金垓(1555~1593년)의 『향병일기鄕兵日記』, 김광계金光繼(1580~1646년)의 『매원일기梅園日記』, 김염金礏(1612~1659년)의 『묵재일기默齋日記』, 김선金䃴(1615~1670년)의 『여온일기汝溫日記』, 김순의金純義(1645~1714년)의 『과헌일기果軒日記』가 있고, 지손인 김령金坽(1577~1641년)의 『계암일록溪巖日錄』이 있다.

16

효로는 부모를 일찍 여의고 외조부와 지내다가 종조부인 효지에게로 와 살면서 예안현 오천에 입향한 것으로 되어 있다. 광산김씨의 예안 입향조는 김효로로 알려져 있지만 이황의 묘갈명 내용으로 보자면 김효로보다 먼저 예안에 들어와 살기 시작한 것은 종조부인 김효지임을 알 수 있다. 그렇다면 김효로를 예안으로 이끈 김효지는 어떻게 예안에서 살게 되었을까?

예안의 옛 읍지인 『선성지宣城誌』, 「시거始居」 편에는 "고려 때 지인知印 황재黃載가 마을 입구 산남山南 벌판에 시거했으며, 김효지가 안동 풍산으로부터 들어와 황재의 사위가 되어 이곳에 살았으나 아들이 없어 조카 김간金澗으로 후사를 이었다. 그러나 김간 역시 아들이 없어 종손인 생원 김효로가 모시고 봉양하도록 해 예안 고을 사람이 되었다"고 기록되어 있다.2) 이를 통해 유추해 보자면, 김효지의 예안 생활은 황재의 사위가 되면서부터였다.

김효지는 김무金務의 넷째아들3)이다. 김무는 당시 남귀여가혼男歸女家婚의 풍습에 따라 안동永嘉 김씨와 혼인하여 안동에 살면서 4남 2녀의 자녀를 두었다. 그중 2남인 김숭지金崇之와 숭지의 장남인 음성현감 김회는 풍천 도양에 정착했고, 4남인 김효지는 황재의 사위가 되면서 오천 마을에 정착했다. 오천에 정착한 김효지는 후사를 이을 아들이 생기지 않자 안동에 사는 형인 김숭지의 둘째아들 김간을 입후해 대를 이었다. 그러나 김간에게도 역시 후사를 이을 아들이 생기지 않자 친형이었으나 사촌형이 된 김회의 2남 김효로를 데리고 와 양육했다. 이 과정이 김효로가 예안에 입향하게 된 내력이다. 이후 김효로의 자손들은 예안에서 혼맥을 맺거나

---

2) 한국학중앙연구원, 디지털 향토문화전자대전, 검색어-오천리.
3) 『광산김씨 예안파보』(1977년) 참조.

〈표 1〉 광산김씨의 예안 입향 과정

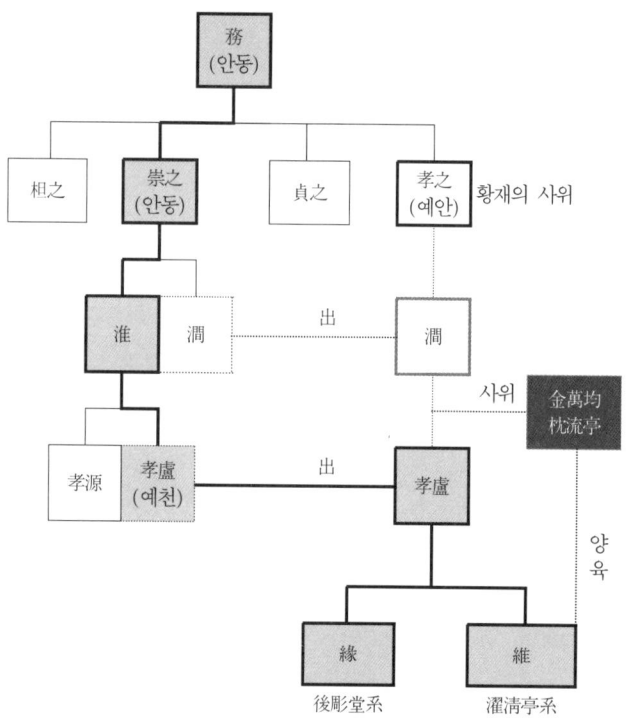

반친영의 결혼 제도가 확산되면서 완전히 오천에 정착해 예안파를 형성하게 되었다(〈표 1〉).

광산김씨가 예안 지역에 입향한 것은 16세기 후반까지 이어져 내려온 남귀여가혼男歸女家婚의 풍습에서 기인한 것이었다. 그러나 아이러니하게도 예안파의 형성은 반대적 성격의 결혼 풍습인 친영혼親迎婚을 서서히 수용하면서 이루어졌다. 남자가 결혼해 처가 근처에 가서 사는 것이 아니라 신부 집에서 혼례를 올리고 신부를 신랑의 집으로 맞이해오는 친영혼은 조선중기에 이르러 반친영 방식으로 사대부들에게 수용되었다.4) 예안에

---

4) 김정운은 「17~18세기 경상도 북부 지역 사족의 친족관계 연구」(경북대학교 대학원 박사학위

입향한 광산김씨 일가 역시 반친영혼 방식으로 일족이 늘어 예안파를 형성하게 되었다.

2) 낙동강 강변에 자리 잡은 세거지

예안은 예부터 각종 농산물이 풍부하고 삼재를 당하지 않는 곳으로

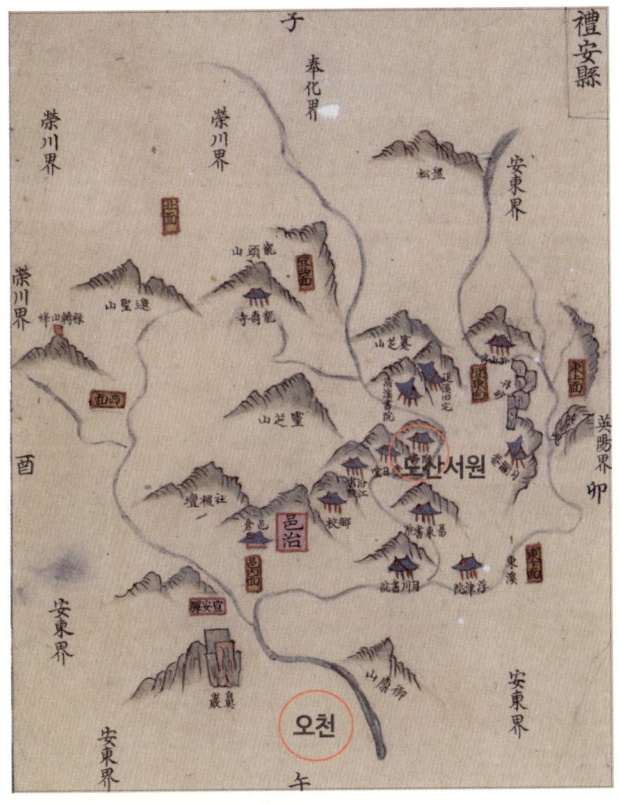

〈그림 1〉 예안현 지도(광여도, 규장각 소장)

논문, 2016년)에서 당시 생활 일기의 분석을 통해 적어도 경상도 북부 지역에서는 『주자가례』에 명시된 혼례 절차 중 의혼, 납채, 초례, 교배례 등은 맞추어 시행했으나 친영례는 행하지 않았는데, 이는 아내가 남편 집에 완전히 귀속되는 친족관계는 수용하지 않았기 때문이라는 의견을 밝혔다.

여겨졌다. 동쪽으로 영양, 남쪽으로 안동, 서쪽으로 영천, 북쪽으로 봉화에 인접해 있으며 낙동강 상류 지역으로 영지산靈芝山, 도산陶山 등에 둘러싸여 있으며 동쪽으로 낙동강의 지류인 분강汾江이 흐르고 있었다(〈그림 1〉). 조선초기만 하더라도 작은 고을이던 예안5)은 퇴계 이황이 이곳에서 일생을 보내면서 조선 유학에서 매우 중요한 지역으로 인식되기에 이르렀다.

광산김씨 예안파의 입향조인 김효로와 그의 아들 김연金緣(1487~1544년)과 김유金綏(1491~1565년)는 예안에서도 오천 지역에 포진해 일가를 이루었다. 오천은 분강의 서편에서 본류로 흘러 들어가는 물줄기를 이르는 것이었지만 물줄기를 따라 형성된 골짜기의 남북 경사면에 걸쳐 있는 지역을 지칭하기도 했다. 광산김씨 예안파의 일기들과 각종 지도, 그리고 수몰 이전 마을에 거주했던 김구현金九鉉(1935~)의 증언을 바탕으로 오천 마을의 중요 건축물의 위치를 비정해보면 〈그림 2〉(22쪽)와 같다.

17세기 이후 광산김씨가 집성촌을 이루기 시작한 오천 마을은 오천 상류에 상촌上村, 분강과 만나는 오천 하류에 하촌下村을 형성했다. 상촌은 김효로의 차자인 김유의 탁청정濯淸亭 종가를 중심으로 자손들이 모여 살던 곳이고, 하촌은 대종가를 잇는 김연의 장자인 김부필이 건립한 후조당後彫堂을 중심으로 자손들이 모여 살던 곳이다. 오천 마을의 공간 배치는 다른 동성 마을과는 약간의 차이가 있다. 동성이 모여 사는 집성촌은 일반적으

---

5) 예안은 1376년에 군으로, 이어 주州로 승격되었으나 1390년(공양왕 2)에 감무가 파견되는 곳으로 강등되었다. 이 무렵 의인현이 예안에 병합되었다. 조선 초인 1413년(태종 13)에 예안현이 되어 조선시대 동안 유지되었는데 별호는 선성宣城이었다. 예안은 1895년에 지방 제도 개정으로 군이 되어 안동부 관하에 있다가 1896년에 경상북도에 속하게 되었다. 1914년의 군면 폐합 때 예안군이 폐지되고, 읍내면, 동하면, 동상면이 예안면으로, 서면, 북면이 녹전면으로, 의동면, 의서면이 도산면으로 통합되어 안동군에 편입되었다. 1995년에는 전국행정구역 개편으로 안동시에 편입되었다.

로 마을이 한눈에 내려다보이는 가장 좋은 곳에 대종가가 위치하는데 반해 오천은 입향조 김효로의 둘째 아들인 김유의 집터가 가장 좋은 입지의 상촌에 자리하고 있다. 이는 김유의 경제력에 기반했을 가능성이 높다.

김유는 고모부가 되는 김만균에게 양육되었다. 김만균은 김효지의 후사였던 김간의 사위로 김유의 영수함을 아껴 집에 데려다가 가르쳤을 뿐만 아니라 재산까지 나누어 주었다고 한다. 이에 김유는 부모에게 물려받은 재산보다 더 많은 재산을 소유하게 되었고, 이를 기반으로 마을에서도 좋은 위치에 살림집을 지을 수 있었던 것으로 볼 수 있다.

〈그림 2〉를 보면 오천동의 내川를 중심으로 양사면에 마을이 위치해 있음을 알 수 있다. 김광계의 『매원일기』에 "강물이 많이 올라왔다는 소식을 듣고 …… 배를 타고 탁청정 아래로 가려고 했으나 ……"6) 또는 "…… 설월당 앞 반석磐石에 모여 있었다"7), "…… 여러 사람과 함께 반석 위에 앉아 ……"8)와 같은 내용이 등장한다. 탁청정과 설월당9)이라는 건물이 오천에 상당히 가까이 위치해 있으며, 설월당 앞에는 여러 사람이 모여 놀만한 넓은 바위도 있었다는 사실도 알 수 있는 내용이다. 또한 오천은 좁은 개울이 아니라 수량이 늘면 배가 드나들 정도의 천이었음도 알 수 있다. 이 내용들로 보자면 오천은 생활용수의 공급처일 뿐만 아니라 교통로 역할도 하면서 주변 경관을 형성하는 마을의 중요한 지형 자원이었음을 알 수 있다.

『매원일기』를 보면, '제천 할아버지'가 유난히 많이 등장한다. 김광계가 의지하던 제천 할아버지는 금응훈琴應壎(1540~1616년)으로 김광계의

---

6) 『매원일기』(1610년 7월 13일).
7) 『매원일기』(1616년 8월 23일).
8) 『매원일기』(1607년 4월 29일).
9) 설월당: 김유의 제3자 김부륜이 경영했던 별당 건물이다.

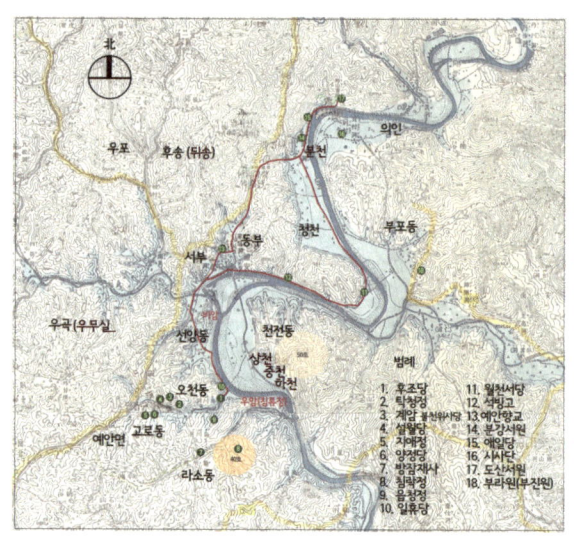

〈그림 2〉 광산김씨 예안파 세거지 내 주요 건축물의 위치
『매원일기』, 「광여도」(1/50.000 지형도, 1915), 네이버 지도, 김구현의 증언
을 바탕으로 위치 비정.

할아버지인 부의富儀의 고종사촌이다. 그가 오천 마을에 살고 있던 것은 남귀여가혼의 풍습으로 김효로의 사위가 된 아버지 금재琴梓가 이 마을에 정착했기 때문이다. 봉화금씨 자손들도 광산김씨 자손들과 마찬가지로 반친영혼을 행하면서 오천 마을을 떠나지 않고 여전히 함께 살고 있었던 것이다. 즉 17세기 초, 오천 마을은 특별히 광산김씨만의 집성촌이라 할 수 있는 상황은 아니었다.

3) 도산서당 그리고 도산서원

16세기 후반부터 예안 지역 젊은이들은 퇴계 이황 문하에서 수학하면서 퇴계학파를 형성했다. 이를 기반으로 17세기에는 성리학적 예제가 지역 사회의 저변에 확대되기도 했다. 16세기에 오천 마을에 살던 김연의 아들 부필과 부의 형제, 금재의 아들 응협과 응훈 형제도 퇴계에게서 가르침을 받으면서 퇴계학파의 일원이 되었으며, 이로 인해 오천리는 군자리로 불리게 되었다. 김부필 형제와 금응협 형제가 모두 퇴계에게서 수학할 수 있던 것은 퇴계와 가까운 곳에 살고 있었기에 가능한 일이었다. 오천마을에서 도산서당까지의 거리는 대략 20리(8km) 정도의 거리로 비교적 가까운 거리였다.

〈그림 3〉 도산서당의 입지와 퇴계 종택과의 거리(「1/50,000 지형도」〔1915〕에 표기)

당시 퇴계는 중앙 관직에서 은퇴해 분강이 내려다보이는 언덕에 작은 서당을 지어 거처하고 있었는데, 이것이 도산서당이다. 도산서당은 퇴계 이황이 경영한 여러 개인 거처 중 하나로 종택의 남쪽 고개를 넘어 낙동강이 내려다보이는 곳에 세운 건물이었다. 종택으로부터 거리는 길을 따라 약 2km 정도 된다(〈그림 3〉).

16~17세기에 사대부 남성은 생활 근거지에서 멀지 않은 곳에 개인

거처를 많이 경영했는데, 도산서당도 같은 맥락에서 볼 수 있는 건물이었다. 16세기에 사대부 남성이 본가 외에 별도의 개인 거처를 마련한 것은 시대적 조류기도 했지만 당시의 주택 상황에서 이유를 찾을 수 있었다. 조선전기만 하더라도 남성은 주로 주택 안채에서 아내와 함께 기거하는 것이 일반적이었으며, 사랑채처럼 남성을 위한 독립 공간은 존재하지 않았다. 이 때문에 사대부 남성은 개인적 장수藏修와 유식遊息을 위한 개인 거처 마련에 심혈을 기울였다. 광산김씨 종가에서 경영한 별당이나 정자도 같은 맥락으로 볼 수 있는 건물이다.

당시 사대부들이 개인 거처의 입지를 결정할 때 고려한 몇 가지 조건이 있는데, 한강 정구가 회연초당을 경영하면서 기록한 「회연신천 이십의 檜淵新遷 二十宜」10)의 내용을 통해 그것을 알 수 있다.

遠隔城市 近偣先壟 도회지 멀리 막히었고 선영 가까이 모신 자리
後負丘陵 前控池沼 뒤로는 구릉을 등지고 앞으로는 냇가를 끌어안으며
右接閭閻 左臨澄潭 오른쪽으로는 여염을 접하며, 왼쪽으로는 맑은 못에 임한다.
蒼崖白石 茂林豐草 깎아지른 듯한 절벽과 온갖 돌이 있으며, 무성한 숲과 수풀이 있다.
樵牧兩便 採釣俱宜 나무하며 소 기르는 둘 다에 편하고, 약초 캐며 낚시질하는 데 모두 알맞다.
羣山環擁 兩水交流 뭇 산이 에워싸고, 두 물줄기 만나 흘러
岡阜奇絶 郊原平曠 산등성이와 언덕은 빼어나게 절경이며, 교외의 들판은 넓고 평탄하다.

10) 한강 정구(1543~1620년) 시문집의 속집續集으로 원집原集(奎, 1378년)과 별집別集에 실려 있지 않은 저술을 모아 후에 간행한 것으로 보이나 서문序文과 발문跋文이 없으며 간년도 미상이다.

面陽背流 冬溫夏凉 남향하고 물줄기를 등져서, 겨울에는 따뜻하고 여름에는 서늘하다.

濕宜禾稼 衍合桑麻 습기는 벼농사에 알맞고, 넉넉한 땅은 누에쳐서 길쌈하기에 알맞다.

南村訪索 西嶽尋眞 남쪽 마을에서 찾아오고, 서쪽 산악에서 진경을 찾는다.

한강 정구가 제시한 회연초당의 상택相宅 조건에는 개인의 장수와 유식의 방법뿐만 아니라 향촌에 기거하는 사대부가 살펴야 할 일도 언급되어 있다. 조상의 무덤을 살피고, 집안의 경제적 바탕이 되는 벼농사와 길쌈을 챙기며, 찾아오는 손님을 접대하는 것 등이 이에 해당된다. 도산서당이 위치한 입지를 살펴보면 회연초당의 상택 조건과 일치한다.11)

퇴계가 도산서당을 짓고 그곳에 머물자 인근 지역의 사대부들은 자제를 퇴계 문하에서 공부시키기 위해 주변에 농운정사라는 일종의 기숙사를 건립했다. 광산김씨와 봉화금씨 집안에서도 기숙사 건립에 일조했을 것이라고 생각된다. 퇴계 사후 도산서당과 농운정사는 그대로 두고, 뒤쪽으로 퇴계 신위를 모시고 제향하는 상덕사尙德祠를 건립했다. 또 강당인 전교당과 장판각, 고직사 등을 세웠다. 이렇게 해서 형성된 것이 도산서원이다.

서원이 건립된 이후 17세기, 도산서원에는 퇴계 생전보다 더 많은 사람이 퇴계 학풍을 본받고자 찾아들었다. 그들이 도산서원을 방문하는 길

---

11) 16세기 사대부들의 개인 거처 경영은 주자가 젊은 시절 이루어낸 가거家居의 모습과 닮아 있다. 주자의 행장을 살펴보면, 젊은 시절 관직에 나섰다가도 잠시 집으로 들어가 쉬면서 학문을 도야하고 그 후에 글쓰기를 했는데, 관직을 잠시 떠나 집에 머무르는 것을 '은거隱居'에 대비되는 개념으로 '가거家居'라고 했다. 가거는 주로 자신이 살고 있는 집이나 집 근처에 마련한 작은 개인 거처에서 이루어졌는데, 16세기 사대부들의 개인 거처 마련과 그 후의 활동이 바로 이런 모습과 닮아 있다. 이는 학문에 깊이 몰두하면서도 생활에 소홀함이 없던 16세기 사대부들이 이루어낸 건축 문화의 특징으로 이후 시기와는 구별된다.

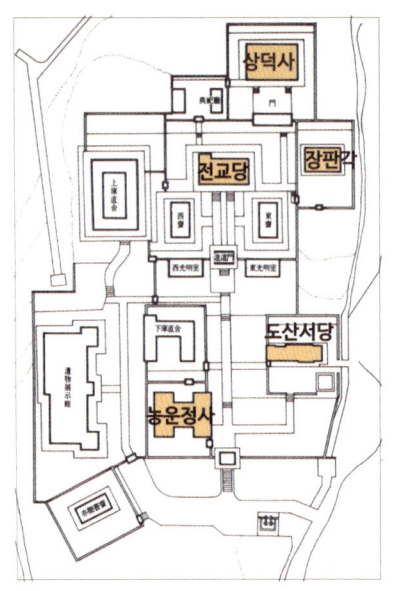

〈그림 4〉 도산서원 배치도(장경호, 「한국의 전통건축」)

은 대개 안동으로부터 예안을 거치는 경로였는데, 이 길목에 있으면서 퇴계 제자들이 살던 오천 마을은 그냥 지나칠 수 없는 방문지가 되었을 것이다.

3 ___ 16세기 광산김씨 예안파 종가에서 경영한 건축물

조선은 건국 초기 고려 말에 수용된 주자학과 『주자가례朱子家禮』를 정교政敎의 강령으로 받아들였다. 이를 바탕으로 모든 국조의례와 사대부에서 서인에 이르기까지의 생활을 교정해 나가려고 했다. 그러나 『주자가례』는 쉽게 사람들의 생활을 파고들지 못해 조선전기에만 해도 사대부들은 여전히 고려의 습속을 계속 이어가고 있었다.

맏자손 집에 반드시 설치하라는 가묘家廟 건립에 대해서는 인식 부족과 기존 주택이 위치한 대지의 제한적 상황 때문에 짓지 않거나 별도의 건물이 아니라 방 한쪽에 사실祠室을 만들어 신주를 보관하는 등 현실적 여건을 더 따랐다. 결혼 제도에서는 신랑이 신부를 맞이해 와서 신랑 집에서 살아야 한다고 규정한 친영제親迎制와는 달리 결혼한 신랑이 신부네 집 근처에 가서 사는 남귀여가혼이 행해졌다. 제사에서는 여자 형제들도 돌아가며 조상의 제사를 모시며 재산을 동등하게 분배받는 윤회봉사輪回奉祀가 지속되었다.

이와 같은 삶의 방식은 조선후기에 비해 상대적으로 여성의 생활이 덜 폐쇄적이게 했으며, 살림집도 특별히 남녀 생활 공간을 구분하지 않아도

되게 했다. 사대부 남성은 주택의 살림채에서 아내와 같이 기거하는 것이 일반적이어서 조선후기 살림집에서 보이는 사랑채와 같은 독립된 공간은 필요치 않았다. 단지 제사를 지내기 위해 재계齋戒해야 하는 기간에만 책방冊房이나 살림채에 가로놓인 남자 손님 접대 공간인 사랑斜廊 등의 공간을 이용했을 뿐이다. 이때의 사랑은 조선후기의 사랑채와는 구별되는 공간으로 살림채의 앞부분에 가로 놓인 문간채 또는 행랑채의 일부분을 가리킨다. 이와는 별개로 사대부 남성들은 개인의 학문 도야와 손님 접대 및 휴식을 위해 객청客廳, 정자, 정사精舍, 초당草堂 같은 개인 거처를 경영하는 데 심혈을 기울였는데, 이는 조선전기에 누정의 발달을 이끌어냈다.

〈표 2〉 16세기 광산김씨 예안파가 건립한 개인 거처

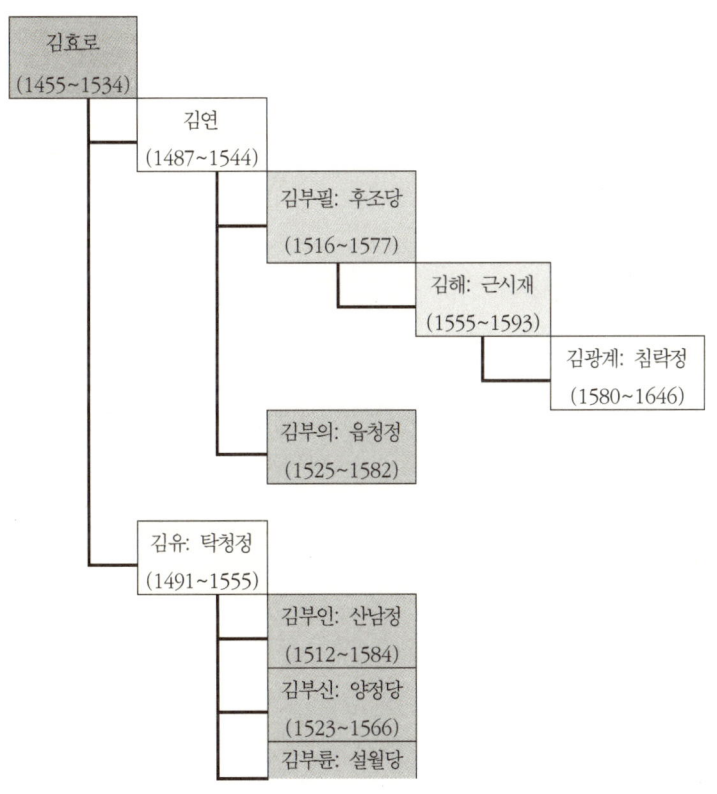

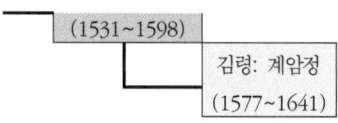

광산김씨 예안파 일족이 기록한 일기에도 앞과 같은 상황이 고스란히 기록되어 있다. 건축물 건립과 관련해서는 종손 모두 사적으로 서당이나 초당을 경영한 것으로 기록되어 있다. 또 건물의 당호를 본인의 아호雅號로 삼았다. 일기의 내용을 통해 16~17세기 초에 광산김씨 예안파 일족의 종손이 경영한 건물을 정리하면 〈표 2〉와 같다. 이 건물 중 종가 건물의 활용 사례로 살펴볼 건물은 탁청정과 후조당이다.

1) 탁청정과 후조당

예안에 입향한 김효로의 차자인 김유는 오천에서 태어나 같은 마을에 있던 김만균에게 양육되었다. 김만균은 단성현감을 지낸 사람으로 김효지의 후사였던 김간의 사위였다. 그런 김만균이 김유의 영수함을 아껴 집에 데려다가 기르며 마치 자기 자식처럼 여겼을 뿐만 아니라 요족한 재산까지 나누어 주었다고 한다. 그런 이유로 김유는 부모에게 물려받은 재산보다 더 많은 재산을 갖게 되었다.12)

김유를 양육하던 김만균 집안에는 침류정枕流亭이라는 정자가 있었는데, 이 정자는 천변에 자리하고 있어 집안사람들이 어울려 쉬며 천렵川獵도 할 수 있는 곳이었다.13) 김유는 35세 되던 1525년에 생원이 되었으나 벼슬길에 나가지 않고 고향에서 지내며 독서하고 유유자적하는 생활을 많

---

12) 퇴계가 쓴 김유의 묘지명에 기록되어 있는 내용을 토대로 적었다.
13) 『계암일록』(1603년 5월 7일). "…… 동내 친지가 침류정에 모두 모여 천렵했다." 『계암일록』(1603년 5월 10일). "…… 또 내성 작은 집과 형제가 모두 모여 침류정에 모여 천렵했다."

이 했고, 이 삶의 많은 부분을 이 침류정에서 보낸 것으로 보인다. 침류정을 관리하며 사용하던 그는 1541년에 집 근처에 커다란 정자를 지었는데, 그것이 탁청정이다. 탁청정은 오천과 비교적 가까운 곳에 자리하고 있어 주변 경관을 즐길 수 있었으며, 정자 앞에는 연지를 조성하기도 했다.

평소 호방한 성품을 지녔던 김유는 주변 지역에 있는 많은 문인과 교유했고[14], 그들을 주택 내에서 접객하기보다는 좋은 정자를 지어 접대하려고 한 것으로 보인다. 또 그곳에 방을 꾸며 평소에 독서를 즐기며 장수할 수 있는 공간으로 꾸몄다. 탁청정은 영남에서도 규모가 가장 웅장하고 우아하다는 평을 받고 있는 정자다. 그가 갖춘 경제적 부가, 가정家亭인 탁청정이 비교적 규모가 크고 격식을 갖춘 건물로 지어지는 데 중요한 자원이 되었다고 볼 수 있다.

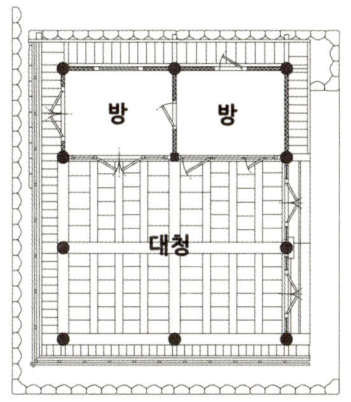

〈그림 5〉 탁청정 평면도

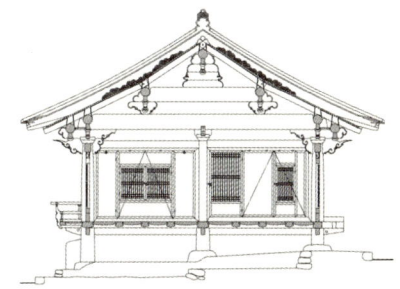

〈그림 6〉 탁청정 단면도

후조당은 김연의 장자인 김부필[15]의 별당이었다. 대종가의 별당 건물임에도 탁청정보다 늦게 건립되었다. 후조당은 퇴계 문하에 있던 김부필이 손님을 접대하고 장수할 목적으로 종가 근처에 지은 건물이었다. 오

---

14) 퇴계 이황이 쓴 묘지명 참조.
15) 후조당 김부필은 퇴계 문하에서 공부했으며 1822년(순조 22년)에 이조판서에 증직되고 문순공文純公이라는 시호를 받았다. 문집 4책이 남아있다.

천리가 안동댐 공사로 수몰되자 예안 오천면 군자리로 이건된 이 건물은 문중의 제청祭廳으로 사용되고 있어 건립 초기에는 어떤 성격으로 지어졌는지 의문시되어 왔다. 후조당 건립 당시 용도에 관해서는 후조당 낙성식에 참여해 현판을 쓴 퇴계가 선비의 공부하는 집이 너무 화려하고 크다고 해 들지 않았다16)는 일화를 통해 이 건물이 지어졌을 당시부터 제청의 역할로 지어진 건물이 아님을 짐작할 수 있다.17)

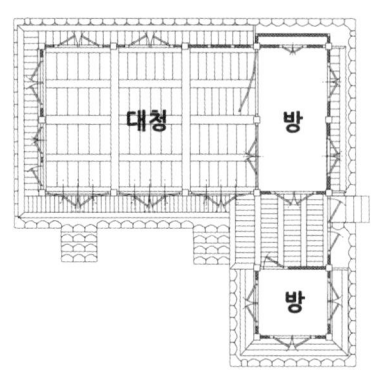

〈그림 7〉 후조당 평면도

후조당이 제청으로 지어진 건물이 아님을 증명하는 내용은 광산김씨 예안파 일기에 등장한다. 후조당의 활용에 관한 기록은 광산김씨 종손들의 일기보다는 소종가의 지손인 김령이 쓴 『계암일록』을 통해 더 잘 알 수 있다.

〈그림 8〉 후조당 단면도

『계암일록』의 내용을 통해 보면 17세기 초 후조당은, 주로 광산김씨 예안파와 친인척 관계에 있는 사람들의 모임 장소로 사용되고 있었음을 알 수 있다. 즉 혈연관계로 맺어진 사람들을 종가에서 접대하는 공간으로 사용해왔던 것이다. 이는 김부필이 후조당을 지을 당시 염두에 두었던 활용과 별 차이가 없다.

---

16) 『안동권학술조사보고서』, 성균관대학교, 1967년, 104쪽.
17) 서치상, 「예안 군자리 후조당연구」, 『건축역사연구』, 2002년, 12쪽에서는 초기에 어떤 성격과 규모로 지어졌는지 모르겠지만 김부필 대에 옛날 집을 중창할 때 사당과 같이 건립했고, 예제 실천에 앞장섰던 집안이라 제청으로 만들어진 건물로 성격을 밝히고 있다.

2) 일가의 객청, 탁청정과 후조당

탁청정과 후조당은 각기 다른 형태로 건립되어졌지만 접객 용도로 사용된 점에서는 큰 차이가 없다. 두 건물은 모두 넓은 대청과 온돌방을 갖추고 있었는데, 이와 같은 공간 구성을 한 건물이 비슷한 시기의 기록인 유희춘柳希春(1513~1577년)의 『미암일기眉巖日記』에도 등장한다.

유희춘은 조선중기의 문신으로 1547년에 문정왕후를 비난하는 양재벽서壁書 사건에 연루되어 21년간 유배 생활을 하다가 선조 즉위 시(1567년) 죄가 탕척蕩滌되어 재등용된 인물이다. 유희춘의 집은 오랜 유배 생활로 아내와 자식들이 살던 담양 집은 규모가 작고 필요한 공간도 없자, 유배에서 풀려남과 동시에 그동안 돌보지 못한 집안 살림을 챙기기 시작했다. 그의 집은 유배 생활을 시작하기 바로 전에 지은 안채와 유배에서 풀려나던 해에 지은 13칸의 행랑行廊, 그리고 3칸의 부속사가 전부였다. 사대부 집이라면 반드시 지으라고 했던 가묘도 없었고, 손님을 접대할 공간도 변변치 않았다.

유희춘은 유배와 관직 생활을 하는 동안 서책을 많이 모았다. 그로 인해 그를 찾아오는 손님의 대부분은 서책을 빌리고 책에 있는 내용을 의논하기 위한 사람들이었다. 이를 위하여 유희춘은 새로운 건물의 건립을 계획

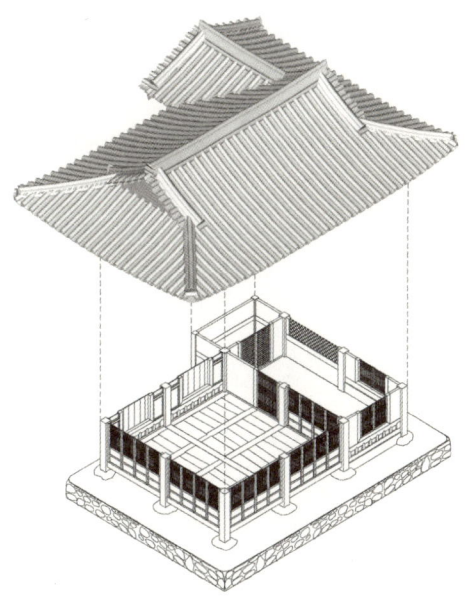

〈그림 9〉 송덕봉이 계획해 건립한 객청

했고 이 건물을 객청客廳이라고 불렀다.

7개월간의 공역으로 지어진 객청은 6칸 규모의 팔작 기와집이었다. 정면 3칸, 측면 2칸의 겹집이었는데, 북변 4칸에는 판자를, 남변 2칸에는 온돌방을 들였으며 동쪽 반 칸에는 판자를 깔아 책을 보관할 수 있는 서실書室을 꾸몄다. 온돌방 남쪽 벽에는 서실과 연접해 광창廣窓과 쌍창雙窓을 설치했다(〈그림 9〉). 객청 공사가 끝난 어느 봄날 유희춘이 뿌듯하게 시 한 편을 지어 일기에 기록했다. 객청의 평면을 오묘하게 계획한 부인 송덕봉宋德峯을 중국의 유명한 장인人匠인 노반과 공수에 견주어 칭송했다.

管度規模誰是奇 夫人心匠似班垂 누가 이리 기이한 규모를 계획했는가? 부인의 마음이 반수와 같은 장인일세.
南開書室新明朗 北接樓廠舊桶楣 남쪽은 새 서실을 열어 명랑하고 북쪽은 다락집의 옛 처마에 잇닿았네.
老叟倚窓長寄傲 兒孫開卷效吾伊 늙은이 창에 의지해 오래도록 호방함을 부리니 아이들은 책을 펼쳐 옹알이하며 배우겠구나.
却思先子遷居訓 啓我雲仍百世禧 문득 선친의 옮겨 거처하라는 가르침을 생각해보니 우리 자손에게 백세의 기쁨이 있을 것을 알겠네.
『미암일기』(1576년 2월 15일)

유희춘이 기이하다고 한 객청의 공간 계획은 송덕봉의 견문에서 기인했을 것이다. 송덕봉은 학문과 시문에 힘쓰는 지방의 명문가에서 태어났다. 이 때문에 그녀 역시 시문에 능통했을 뿐만 아니라 사물에 대한 안목도 상당했다. 본인이 방문한 사대부 집들의 객청이나 누정을 눈여겨봤을 것이고, 이를 본인 집 객청 공사에 응용한 것이다.

송덕봉이 계획한 객청의 공간 구성은 16~17세기에 건립된 사대부

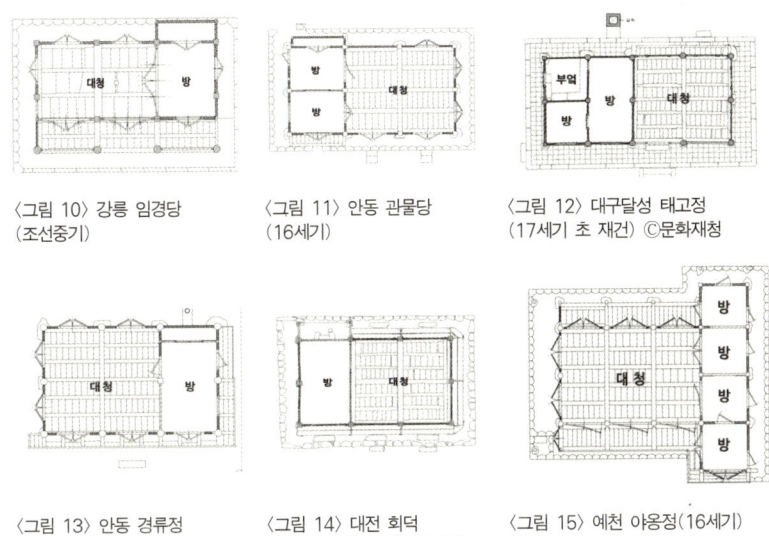

〈그림 10〉 강릉 임경당 (조선중기)
〈그림 11〉 안동 관물당 (16세기)
〈그림 12〉 대구달성 태고정 (17세기 초 재건) ⓒ문화재청
〈그림 13〉 안동 경류정 (16세기)
〈그림 14〉 대전 회덕 동춘당(17세기) ⓒ문화재청
〈그림 15〉 예천 야옹정(16세기)

주택의 별당이나 누정과 공간 구성이 유사하다. 1479년에 박팽년의 손자 박일산이 달성에 지은 태고정(〈그림12〉), 진성이씨 종가의 이연이 지은 안동의 경류정(〈그림 13〉), 야옹 전응방이 봉화에 건립한 야옹정(16세기 중반), 중종 때 학자 권의가 예천에 지은 야옹정(〈그림 15〉), 1530년에 강원도관찰사로 간 심언광이 지은 것으로 알려진 해운정, 강릉의 임경당(〈그림 10〉), 송준길의 회덕 동춘당(〈그림 14〉) 등이 그것들이다. 이외에도 다수의 유사한 건물이 전국적 분포를 보이고 있다.

예안에 입향한 광산김씨 일가의 종손인 김부필이 지은 후조당, 지손인 김유가 지은 탁청정도 비슷한 평면 구성을 갖춘 건축물로, 손님 접대를 위한 객청으로 지어졌을 것이라는 추론은 여기 근거한다.

3) 능동·방잠·지례재사

광산김씨 예안파 종가 건물로 또 중요하게 보아야 할 것은 입향조인 김효로와 종가를 형성한 김연과 김유의 묘소 주변에 건립된 재사齋舍다. 재사는 본래 묘역 주변에 건립해 묘소를 관리하고 묘사墓祀를 지내기 위한 용도로 짓는 건물이다.

〈표 3〉 광산김씨 예안파 시조묘와 재사

재사	위치	묘주
능동재사	경북 안동시 녹전면 죽송리 산19-1	김효로(1455~1534년), 배위 양성이씨
지례재사	안동시 북후면 옹천리 금학산	김연(1487~1544년), 배위 창녕조씨
방잠재사	안동시 와룡면 오천리 방잠	김유(1491~1555년), 배위 순천김씨

예안 지역에 정착한 광산김씨 종가에서도 집안 어른이 사망하면 묘소를 만들고 주변에 재사를 건립했다. 이와 관련해 김효로의 묘역 주변에는 능동재사를, 후조당 주인인 김연의 묘역 주변에는 지례재사를, 탁청정 주인인 김유의 묘역 주변에는 방잠재사를 건립한 것으로 일기에 기록되어 있다. 건립 시기는 각 묘역을 조성한 시기였을 것으로 보인다. 즉 능동·지례·방잠재사 모두 16세기 중엽에 건립된 것으로 볼 수 있다.

그런데 일기에 기록된 3곳의 재사는 훼철되거나 소실되어 원형을 알 수 없다. 다만 후대에 새로 지어진 재사나 안동과 인근 지역의 수많은 재사를

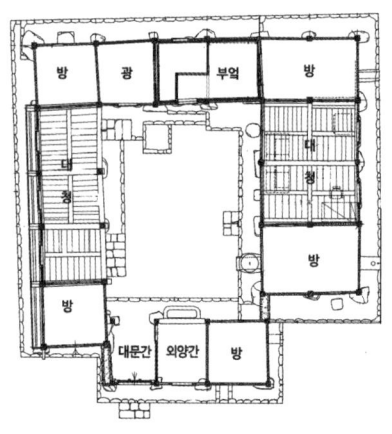

〈그림 16〉 풍산 만운동 호암 재사 평면도(문화재청).

통해 공간 구성이나 형태에 관해 짐작할 뿐이다. 방잠재사의 경우 김구현의 증언에 따르면 인근 지역의 재사와 크게 다르지 않은 공간 구성을 갖추고 있었음을 알 수 있다. 외양간을 갖춘 문간채와 좌우 행랑, 묘사 준비를 위한 부엌과 제사용 대청, 헌관 대기용 온돌로 구성되었고 누각 건물은 없었다고 한다.

4 _____ 17세기 집성촌 형성에 따른 종가 건축물 활용

1) 17세기 광산김씨 예안파의 학맥과 혼맥

15세기부터 안동 지방의 유수한 재지사족在地士族으로 등장한 광산김씨 예안파는 본래 광주光州의 토성土姓으로, 고려후기부터 중앙에 대거 진출하기 시작하면서 명문으로 성장했다. 김무가 안동으로 이거18)한 뒤 아들인 효지가 예안에 살던 황재의 사위가 되고 2대에 걸쳐 후사가 없자 김무의 증손曾孫인 효로를 입후시키면서 예안현 오천에 거주하게 되었다.

예안현 오천에 입향한 효로는 아들 둘을 두었는데, 첫째아들이 연緣이고 둘째아들이 유綏였다. 장자인 연은 강원관찰사를 지냈으며 관향이 창녕인 조치당趙致唐의 사위가 되어 처가로부터 많은 재산을 물려받았고, 아들 부필과 부의, 손자 해垓, 증손자 광계 등 또한 처가로부터 많은 재산을 분급分給받아 경제 기반을 더욱 돈독히 했다. 특히 해는 백부인 후조당이 자손이 없자 수양자收養子가 되었으며, 이로 인해 양부와 생부 재산을 모두 물려받아 가산을 배증시키기도 했다.19)

---

18) 김무의 안동이거는 남귀여가혼의 결혼풍습에서 기인한 것으로 추측할 수 있다.
19) 이수건, 「광산김씨 예안파의 세계世系와 그 사회·경제적 기반 – 김연가문金緣家門의 고문서 분석」, 『역사교육논집』 1, 경북대학교 사범대학, 1980년과 『영남지방고문서집성嶺南地方古文書集成』, 영남대학교 출판부, 1981의 해제, 『嶺南學派의 形成과 展開』, 일조각, 1995년 등 참조.

김해(1555~1593년)는 호가 근시재近始齋로 퇴계 이황의 종질인 이재 李宰의 사위였다. 기축년 문과에 급제해 예문관검열을 역임했다. 1592년 임진왜란이 일어나자 경상좌도 의진義陣을 편성하고 의병장에 추대되었다. 왜적을 추격해 남하하다가 이듬해 6월 19일에 경주에서 졸했다. 그의 『향병일기』는 이때 쓴 것으로 단편적이기는 하지만 안동, 예안, 의성, 상주, 영주, 봉화 등의 의병 활동을 보여준다.[20]

김광계(1580~1646년)는 호가 매원으로, 이산악李山岳의 사위가 되어 많은 재산을 처가로부터 물려받았고, 이후 광해군과 조정의 비인륜적 처사에 출세를 포기하고 재종숙인 계암 김령과 더불어 도의를 연마했다. 광계는 아우 광실光實과 더불어 한강 정구와 여헌 장현광 문하에 있었으며, 인조반정 때 교관敎官에 천거되었으나 관직에 나가지 않았다. 광계는 후사를 두지 못해 아우인 광실의 셋째아들 염磏(1612~1659년)을 양자로 맞아 들였다. 염은 호가 묵재默齋이며, 이윤우李潤雨의 사위였다. 특히 아우 선硥(1615~670년)의 『여온일기』에서는 자주 '제삼형第三兄'으로 칭해지고 있는데, 이는 염이 광실의 셋째아들이면서 백부인 광계에게 출계했기 때문이다. 염도 역시 후사가 없어 아우 선의 독자 순의純義(1645~1714년)를 데려다 대를 잇게 했다.[21]

이들 가계는 김연 이후 당시 안동 지방의 유력 가문인 안동권씨, 진성이씨, 의성김씨, 청주정씨淸州鄭氏, 경주이씨, 풍산류씨, 예안김씨, 고성이씨固城李氏, 봉화금씨奉化琴氏, 순천김씨順天金氏, 영양남씨英陽南氏 등 확고한 기반을 지니고 있던 재지사족 가문과 인척을 맺으며 사회적·경제적 기반을 구축했고, 통혼권이 확대되는 17세기 이후 안동을 비롯한 영해, 의성, 현풍, 성주, 선산, 봉화, 영주 등지의 명문 사족과도 혼인 관계를 맺음

---

20) 국사편찬위원회, 『향병일기』 해제 인용.
21) 국사편찬위원회, 『매원일기』 해제 인용.

〈표 4〉 광산김씨 예안파의 가계도
『계암일록』(1997년) 해제를 참조해 재작성(일기의 기록자. 개인이 경영한 정자와 별당을 함께 적었다).

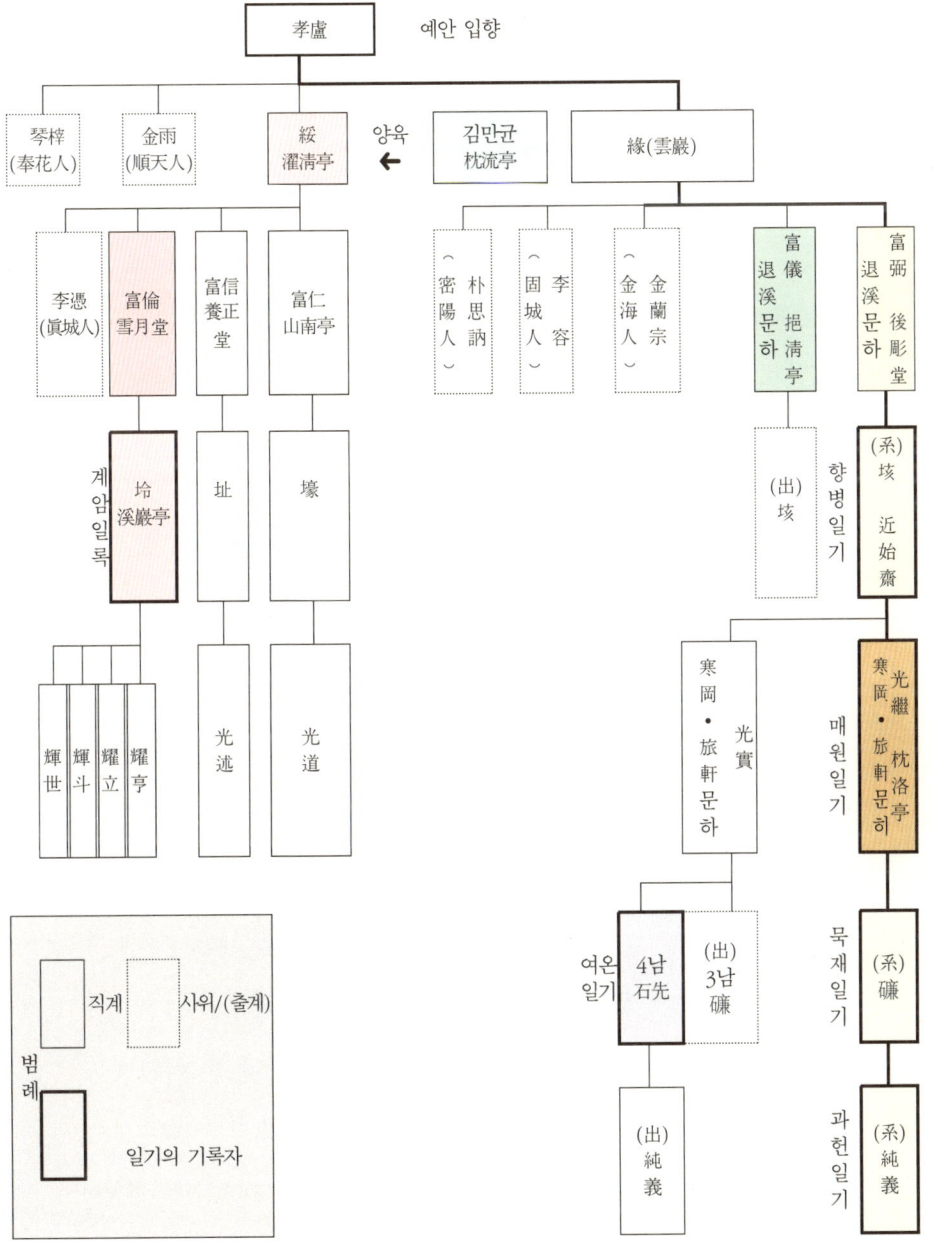

1 17세기 광산김씨 예안파의 종가 건축물 활용   37

으로써 향촌 사회 내에서 가문의 지위 향상에 힘썼다.

2) 17세기 예안 오천리 지역 광산김씨의 집성촌화

17세기 광산김씨가 예안현 오천을 기반으로 성장할 수 있던 것은 이전과는 확연히 달라진 혼인 제도에서 기인한다. 신랑이 신부 집에서 혼례를 올린 후 본가로 돌아가면 신부는 일정 기간 친정에서 생활하다 시댁으로 가서 사는데, 이를 친영의 절반 정도를 따른다는 의미로 반친영이라고 한다. 친영이든 반친영이든 남성이 거주지를 움직이지 않고 여성이 사는 곳을 달리하기 시작하면서 대부분의 마을은 동성同姓의 집성화 경향이 짙어지기 시작했다. 오천 마을의 광산김씨 집성촌도 이와 같은 방식으로 형성되었다.

〈표 5〉 각 성 마을(17세기 이전)과 동성 마을 형성 개념(17세기 이후)

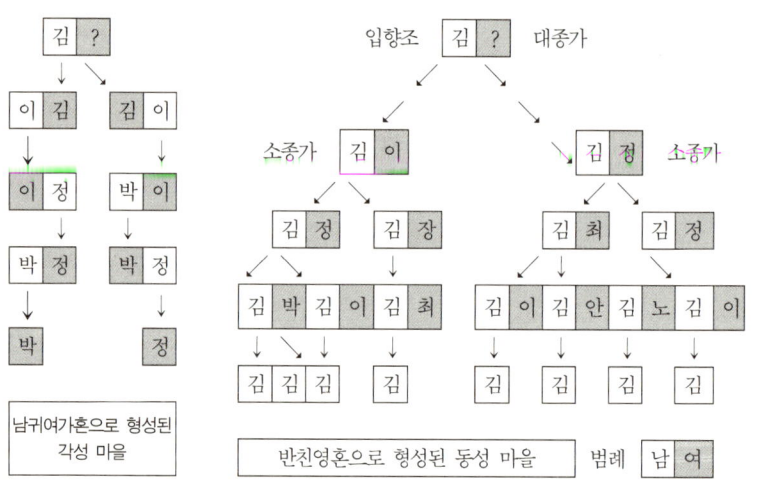

17세기 초반부터의 기록인 광산김씨 일가의 일기는 대부분이 친인척을 맞이하여 제사를 설행하고 그들과 있었던 하루의 일을 기록한 것들이

다. 앞서 살펴본 바와 같이 16세기에 예안 오천에 입향한 광산김씨는 학맥과 혼맥을 형성하며 17세기에 들어 주변의 명문사족과 어깨를 나란히 하는 가문이 되었다. 또한 퇴계 문하에서 수학해 성리학적 예제를 깊이 받아들이면서 조상에 대한 제사 설행을 중요하게 여기게 되었으며, 친척과의 왕래도 빈번히 했다. 왕래가 친척으로 한정된 것은 생활 근거지가 예안에 국한되어 있던 이유도 있지만 집성촌이 형성되기 시작하면서 변하기 시작한 제사에 영향을 받고 있었기 때문이다. 당시는 제사가 장자를 위주로 하는 봉사나 남자형제를 중심으로 하는 윤회봉사가 두드러지던 시기로, 혈연관계에 있는 남성들 간에 제사를 중심으로 한 움직임이 이전 시기보다 잦아지고 있었다.

3) 제사 설행의 변화에 따른 재사와 후조당의 활용

광산김씨 예안파 후조당계의 종손인 김광계의 『매원일기』의 1603년에 기록되어 있는 제사를 분석해보면 기제사와 사시제 중심으로 설행했고, 가묘에 전례奠禮한 기록은 거의 보이지 않는다. 특별히 장소를 기록하지 않은 제사는 대다수 주택의 중당中堂22)에서 이루어졌으며, 가묘에 참배한 것은 정월 초하루 근처 날뿐이다. 삭망이 아닌 날에 가묘에서 제사를 설행한 것은 역병이 창궐했기 때문으로, 당시 시속에 부정한 일이 생길 경우 장소를 옮겨 제사를 지내는 풍습을 따른 것이다. 김효로의 무덤이 있는

---

22) 중당中堂은 16세기와 17세기의 생활일기에 많이 나오는 용어로 주택 본채의 중심 공간을 말한다. 넓은 마루로 되어 있어 대청大廳이라고도 불리는 이곳은 주로 제례와 관련한 기록이 나올 때 제사를 설행하는 공간으로 등장한다. 즉 중당은 주택 몸채의 중심 공간이며 바닥은 마루가 깔린 곳으로 제사를 설행하는 곳이라는 공간적 특수성을 포함한 용어로 해석할 수 있는 것이다. 이 중당이 여러 일기에서 내청內廳으로 언급되는 경우가 많다. 그러나 특별히 제사가 설행될 때는 꼭 '중당'이라고 언급하는 것은 그 속에 조상의 영혼을 모시는 행위를 중심에 두고 있다는 의미가 내포되어 있음을 강하게 보여주는 것이라고 할 수 있다.

지례재사나 김연의 무덤이 있는 능동재사로 옮겨 제사를 설행한 것도 같은 맥락에서 해석할 수 있다.

병자호란 이후의 기록인 1645년의 제사 설행에는 초하루와 보름에 지내는 삭망례의 기록이 많이 보인다. 1603년 12개월 동안의 기록보다 1645년의 9개월간 설행한 제례의 종류가 더 많아진 것은 바로 삭망례 때문이다. 삭망례는 모두 가묘에서 지냈는데, 가묘의 전례 횟수 증가는 조상을 모시는 것에 대한 간절한 마음에서 비롯된 것으로 보인다. 뿐만 아니라 아손兒孫이 증가함에 따라 그들에게 모범을 보일 목적이었던 것으로도 보인다. 이에 대해서는 김유의 지손인 김령이 쓴 『계암일록』 1640년의 기록에서 확인할 수 있다. 모두 46번 제례를 설행했는데 그중 20번이 가묘에 전례한 것이다. 주로 김령의 아이들과 같이 지낸 전례는 초하루 보름뿐만 아니라 외부에 드나들 때나 봄이 되어 화전을 만들었을 때도 이루어졌다.

김령의 1640년 일기에는 또 주목할 만한 제사 설행에 관한 기록이 있다. 3월 9일의 장인 기제일, 7월 27일의 양증조 기제일이 그것이다. 장인의 기제를 김령 집에서 모실 차례가 되었는데, 제물을 준비해 본가로 보내고 큰아들이 제에 참여하고 오는 내용이다. 이는 이전 시기의 기록들에서 보이는 남녀 자손의 집에서 돌아가면서 제사를 모시는 것과 다른 내용이다.

『계암일록』(1640년 3월 9일). " …… 내일은 장인의 기제다. 우리 집에서 모실 차례라 집사람이 제물을 준비해서 보냈다. 식후에 큰아들이 천성에 갔다."
『계암일록』(1640년 7월 27일). " …… 양증조 비의 기제일로 우리 집 차례다. 둘째아이가 기제에 참여했다가 돌아왔다."

7월 27일의 기록도 이와 비슷하다. 양증조 기제일을 모실 차례인데 집에서 설행하지 않고 본가 제사에 둘째아들이 참여하고 온 것이다. 물론 이때에도 제물은 김령 집에서 준비했을 것으로 생각된다. 즉 이 시기에는 제사가 남녀 자손에게서 윤행되었으나 장자 집에서 설행하는 것으로 바뀌어가고 있음을 알게 해주는 것이다. 동시에 집성촌에서 설행되는 제사의 양상을 보여주기도 한다.

후조당의 제사 설행과 관련해 공간의 활용이 달라지고 있음을 알 수 있는 내용도 『계암일록』에 기록되어 있다.

『계암일록』(1621년 11월 9일). " …… 밤에 요형과 더불어 후조당 재소에 갔다."

종가에서 설행하는 시사時祀에 참여하기 위해 김령이 큰아들 요형을 데리고 후조당에 치재致齋하러 갔다는 내용이다. 이 기록은 광산김씨 일가의 일기 중에 후조당 제사와 관련해 가장 먼저 등장하는 기록이다. 이후에는 치재뿐만 아니라 후조당에서 제사를 지냈다는 기록도 종종 등장한다.

『계암일록』(1635년 12월 6일). "…… 증조의 기제를 후조당에서 설행했는데 셋째아이가 참여하고 돌아왔다."

즉 개인의 장수와 손님 접대를 위해 만든 별당 건물이 제청祭廳으로도 쓰이기 시작한 것이다. 그렇다고 해서 이 후조당이 이후 내내 제청으로 사용된 것만은 아니다. 종가의 시사時祀와 같이 많은 친족이 모일 때만 그곳에서 제사를 설행하고, 가족만 참여하는 제사는 여전히 주택 안채의 중당에서 지냈다.

『과헌일기』(1662년 4월 29일). "…… 천연두 때문에 망사望祀를 내청內廳에서 지냈다. 사정이 그러하니 더욱 망극했다."

『과헌일기』(1662년 5월 5일). "…… 천연두 때문에 부득이 다례는 지내지 못하고 기제사는 중청에서 설행했다."

위의 내용은 김순의의 『과헌일기』에 나오는 내용이다. 친지들이 모이는 다례는 역병 때문에 제청에서 행하지 못하고 기제사만 중청에서 지내고는 망극해하는 내용이다. 이 내용들은 그동안 중당에서만 행해졌던 제사들이 가족이나 친지가 많이 모이게 되면서 좀 더 큰 공간을 필요로 하게 되었고, 다시 집을 지어 그와 같은 공간을 마련하기 전까지는 기존 건물의 용도를 바꾸어 사용하게 되었음을 알게 해준다. 또 그것이 어느 정도 진행되고 나면 성격을 바꾸어 사용하던 건물에서 당연히 제사를 설행해야 한다는 생각이 고정되어 갔음도 알 수 있게 해준다.

4) 접객의 변화에 따른 탁청정의 활용

광산김씨 일가의 일기를 보면 거의 날마다 손님을 접대한 것으로 기록되어 있다. 그런데 사실 그중에는 개인적 접객보다는 광산김씨 일족을 찾아온 손님에 대한 접대가 더 많이 기록되어 있다. 『계암일록』에 기록되어 있는 김령의 개인적 접객 횟수를 살펴보면, 기록 중 1/3 정도만 개인적 성격을 띠고 있음을 알 수 있다.

〈표 6〉과 〈표 7〉은 『계암일록』에 기록되어 있는 김령의 접객에 관한 내용을 정리한 것이다. 그중 개인적 접객 횟수를 살펴보면, 기록 중 1/3 정도만 개인적 성격을 띠고 있음을 알 수 있다. 개인적 성격을 갖고 찾아온 손님을 접대한 방법을 살펴보면 음주와 담화가 주를 이루고 있다. 그런데 1604년 기록과 1638년 기록을 비교해보면 손님이 찾아오는 목적이 조금 달라진 것을 알 수 있다. 제사를 위해 찾아온 사람들이 증가하고 있는

것이다.

〈표 6〉 김령 『계암일록』 1604년의 접객 기록

횟수	날짜	손님 성격(인원)	장소	접객 방법	횟수	날짜	손님 성격(인원)	장소	접객 방법
1	1월 1일	장례 참석 친인척(다수)	애려 厓廬	곡哭	28	4월 16일	내빈(2)		고기잡이
2	1월 4일	장례 참석 친인척(10)	애려	상학서 嘗學書	29	4월 25일	손님(1)	계溪 서당	음주 작시 숙박
3	1월 5일	장례 참석 친인척(다수)	애려 장지	발인 곡	30	5월 1일	친인척(3)		와서 봄
4	1월 6일	우제虞祭 참석 친인척(2)	애려	우제	31	5월 3일	친인척(2)		음주
5	1월 7일	친인척 내방(1)	애려	담화	32	5월 10일	제사 참석 친인척(2)		숙박
6	1월 8일	내빈(1)	지가 志家	음주 담화	33	5월 29일	내빈(1)	지가	담화
7	1월 9일	친인척 내방(2)	애려 지가	헌작 담화	34	6월 1일	내빈(3)		음주 작시
8	1월 11일	내빈(1)		음주 담화	35	6월 5일	손님(2)	설당 앞산	담화 음주 숙박
9	1월 16일	내빈(1)	지가		36	6월 6일	내빈(1)		식사
10	1월 20일	문상 친인척(3)	애려 탁청정	문상	37	6월 15일	친인척(다수)	일휴당	뱃놀이 달구경 음주
11	1월 27일	친인척 내방(4)	계사溪沙 반석盤石	음주 담화	38	6월 27일	친인척·손님(5)	송암정	음주 담화 숙박
12	2월 1일	친인척 내방(4)	탁청정	담화	39	6월 30일	친인척·손님(3)	송암정	담화
13	2월 6일	친인척 내방(1)		숙박	40	7월 1일	친인척·손님(3)	송암정	담화
14	2월 7일	내빈(1) 친인척 내방(1)	지가	담화 숙박	41	7월 5일	친인척 내방(4)	침류정 지가	고기잡이 숙박
15	2월 8일	제사 참석 친인척(2)		음주 부시賦詩	42	8월 20일	내빈(4)	설월당 주촌	담화
16	2월 10일	제사참석 친인척(4)		음주 부시	43	9월 9일	친인척(1)	후조당	음주

17	2월 14일	내빈(1)	탁청정	음주	44	9월 15일	제사 참석 친인척(7)		음주
18	3월 4일	내빈(1)		음주	45	10월 8일	친인척		문안
19	3월 17일	친인척 초대		음주 부시	46	10월 9일	친인척		문안 음주
20	3월 21일	친인척 내방(1)	초당	담화	47	10월 25일	친인척・문인	탁청정	음주 숙박
21	3월 26일	내빈(다수)	초당	음주	48	12월 5일	문인(2) 친척(2)		
22	3월 28일	내빈(1)	초당	담화	49	12월 14일	문인 내방(5)	빙가 聘家	담화
23	4월 2일	손님 초대(4)	송암정	음주 담화	50	12월 15일	문인 내방(5)	권중성 집	음주 담화
24	4월 3일	내빈(2)	삼계	담화 박	51	12월 16일	문인 내방(2)	권중성 집	담화
25	4월 5일	회동(7)	탑대 송암정 청암정	음주	52	12월 17일	문인 내방(1)		음주
26	4월 14일	친구초대(1) 친구방문	용보집 당상	꽃구경 음주 부시	53	12월 19일	친인척	제천 숙씨대	문안
27	4월 15일	친구 초대(2)	냇가	고기잡이 꽃구경	54	12월 25일	친인척과 문인집 방문	인주리	음주 담화 숙박

〈표 7〉 김령의 『계암일록』 1638년 접객 기록

횟수	날짜	손님 성격(인원)	장소	접객 방법	횟수	날짜	손님 성격(인원)	장소	접객 방법
1	1월 1일	친인척 내방(11)	집 사당	음주 사당 알현	50	7월 29일	친인척(1)	개울	고기잡이
2	1월 3일	문인 내방(3)		음주 담화	51	8월 1일	제사참석 친인척(1)		제사 설행
3	1월 9일	지인・문인 내방(4)	탁청정	담화 음주	52	8월 3	내빈(1)		담화
4	1월 10일	문인 내방(2)		담소	53	8월 4일	내빈(2)		담화
5	1월 11일	문인 내방(2)		담소 음주	54	8월 7일	친인척 내방(2)		담화
6	1월 14일	문인 내방(2)		담소 음주	55	8월 10일	제사친인척(4) 손님(3)		제사 설행 음주

7	1월 18일	문인 내방		담소 음주	56	8월 11일	친인척 내방(1) 내빈(1)	사랑	음주 숙박
8	1월 20일	문인 내방(2)			57	8월 12일	친인척 내방(1) 내빈(1)		담화
9	1월 23일	문인 내방(1)		음주 식사	58	8월 15일	제사 친인척	집	제사 설행
10	1월 25일	문인 내방(3)	사랑		59	8월 17일	내빈(1)		담화
11	1월 26일	문인 내방(1)	탁청정		60	8월 19일	내빈(1) 친인척 내방(4)		담화 음주
12	2월 2일	친인척 내방(2)	사랑		61	8월 23일	내빈(1)		담화
13	2월 14일	내빈(2)		담화 음주	62	9월 8일	친인척 내방(1)		
14	2월 16일	문인 내방(2)		담화	63	9월 10일	내빈(2)		
15	3월 5일	내빈(2)		음주	64	9월 12일	내빈(2)		
16	3월 9일	문인 내방(3)		담화 음주	65	9월 15일	내빈(2)		
17	3월 11일	문인 내방(1)		담화 음주	66	9월 18일	내빈(1)		잠시 봄
18	3월 12일	문인 내방(2)		담화 음주 식사	67	9월 21일	내빈(2)		
19	3월 21일	내빈(2)		음주	68	9월 23일	친인척(4)		문병 담화
20	3월 25일	친인척 내방(2)		담화 음주	69	9월 25일	내빈(2)		담화
21	4월 13일	친인척 내방(2)		담화 음주	70	9월 26일	내빈(2)		담화
22	4월 15일	친인척 내방(다수)		담화	71	9월 27일	친인척 내방(1)		
23	4월 19일	친인척 내방(2)		담화	72	10월 1일	제사・혼례 참석 친인척(7)		음주, 담화
24	4월 21일	지인 내방(1)		음주	73	10월 7일	내빈(2)		담화
25	4월 23일	친인척내방(2)		식사	74	10월 12일	내빈(2)		담화
26	4월 28일	문인 내방(1) 친척(1)		식사	75	10월 13일	친인척 내방(2)		음주 담화
27	5월 2일	문인 내방(1)		담화	76	10월 14일	내빈(1)		음주 담화
28	5월 5일	제사 친인척(다수)	재루 齋樓	제사	77	10월 17일	친인척내방(2)		담화
29	5월 7일	친인척내방(2)			78	10월 18일	내빈(1)		음주

									담화
30	5월 8일	내빈(2)			79	10월 19일	내빈(1) 친인척 내방(1)		식사 담화
31	5월 11일	내빈(3)		음주	80	10월 24일	내빈(1) 친인척 내방(1)	사랑	담화
32	5월 17일	친인척 내방(3)	사랑 斜廊	담화 박	81	10월 26일	친인척 내방(2)		담화 음주
33	5월 18일	어제 온 친인척(3)		식사	82	10월 29일	친인척 내방(3)		담화 음주
34	5월 19일	제사 친인척(다수)	하리 下里	제사	83	11월 1일	친인척 내방(4)		담화
35	5월 29일	내빈(2)		음주 담화	84	11월 9일	내방(1)		담화
36	6월 1일	친인척내방(2)	집	담화	85	11월 13일	내방(1)		
37	6월 10일	내빈(2)		수반 水飯	86	11월 18일	친인척 내방(1)		담화
38	6월 20일	친인척내방(2)		담화	87	11월 19일	친인척 내방	집 씃숨	박
39	6월 23일	친인척내방(2)		담화	88	11월 26일	제사 친인척(1)	집 가묘	제사 설행
40	6월 24일	내빈(1)			89	12월 1일	제사에 참석 친인척(3)	집	제사 설행음주
41	7월 2일	친인척내방(2)		담화	90	12월 14일	친인척 내방(4)		식사
42	7월 7일	제사 참석 친인척(3)	사당	제사설행 담화	91	12월 15일	제사 참석 친인척(2)	집 사랑	식사
43	7월 8일	내빈(2)		담화	92	12월 16일	친인척 내방(1)	집	식사 담화
44	7월 13일	내빈(1)		음주	93	12월 21일	내빈(1)		담화
45	7월 15일	제사 참석 친인척(3)	사당	제사설행 담소	94	12월 24일	친인척 내방(2)		담화 음주
46	7월 17일	내빈(3)		담화 음주	95	12월 30일	친인척 내방(1)		담화
47	7월 18일	친인척 내방(3)		담화					
48	7월 24일	친인척 내방		담화					
49	7월 26일	내빈(2)		담화					

향촌에 자리해 가계를 확장한 광산김씨 일가는 서로 왕래하며 손님이 되었고, 혈연으로 이루어진 접객은 일족 소유의 건물을 사용할 수 있는 권한을 주었다. 또 제사 설행을 위해 모이는 많은 친지를 접대하기 위해서는 넓은 공간이 필요했는데, 그때에도 문중 소유의 넓은 건물을 이용했다. 16세기와 다른 접객의 변화는 이후 주택 내에 넓은 남성 접대 공간을 만들도록 하는데 영향을 주었을 것으로 보인다.

예안의 광산김씨 일족이 친인척 접대를 위해 가장 많이 활용한 건물은 김유가 건립한 탁청정이었다. 탁청정은 김유 사후 종손에게 물려졌다. 즉 소유주는 김유의 가계를 잇는 종손인 것이다. 그렇지만 오천 지역에 광산김씨 가계가 확장되면서 오랜 기간 동안 탁청정은 일족 모두의 공간이 되었다.

『계암일록』(1603년 5월 5일). "…… 오후에 동내 제친諸親이 탁청정에 모여서 술을 마셨다."

『계암일록』(1638년 1월 11일). "아침에 두 손님이 말없이 걸어서 왔다. 아이들과 같이 술을 몇 잔 마시고는 탁청으로 향했다. 저녁에 큰아이가 탁청으로 두 손님을 보러 갔다."

『매원일기』(1605년 7월 7일). "동내 제친이 각자 준비해서 탁청정에 모여 이야기를 나누었다."

『매원일기』(1605년 6월 29일). "동내 여러 아저씨와 모든 형제들이 탁청정에 모여 회를 먹었다."

『매원일기』(1634년 3월 17일). "아침에 또 탁청정 회의에 갔다."

『매원일기』(1644년 7월 28일). "들으니 이실而實과 춘경春卿이 탁청정에 모여 서로 일에 대해 논의하고 있다고 한다."

위의 기록은 비교적 사용 공간을 잘 적고 있는 『계암일록』과 『매원일기』의 내용을 옮겨 적은 것이다. 『계암일록』에 기록되어 있는 탁청정에서 모인 횟수는 모두 183회고, 『매원일기』에 적혀 있는 횟수는 62회다. 김령의 『계암일록』에 탁청정과 관련한 모임 횟수가 더 많이 기록되어 있는 것은 그가 일기를 꼼꼼히 적은 것에서 기인하기도 하지만 김유의 직계 자손이기 때문이기도 하다. 그렇다고 해서 다른 가계의 자손이 탁청정을 사용할 수 없었던 것은 아니다. 『매원일기』는 출계해 대종가를 잇고 있는 김광계가 쓴 것인데, 일기 내용이 아주 간단함에도 불구하고 탁청정에서의 모임 기록이 62회나 등장한다. 이것은 문중 사람의 모임 장소나 개인 손님을 접대하기 위한 공간으로 김유의 가정家亭인 탁청정이 지속적으로 사용되었음을 증명한다고 할 수 있다. 즉 김유가 개인의 손님 접대와 장수 및 유식遊息 공간으로 꾸민 가정이 친인척 모두의 모임과 접객 공간으로 변화되어가고 있었던 것이다.

17세기 광산김씨 예안파 일기에 기록된 접객에 관한 내용은 대다수 친인척의 제사 참여와 관련된 것으로 당시 제사 설행의 변화에 크게 영향을 받은 것으로 보인다. 광산김씨 일가의 일기에서 보이는 접객 공간의 활용은 주택의 공간 이용이라기보다는 한 지역에 자리한 문중이 건물을 이용하는 사례를 보여주는 것 같은 부분을 많이 갖고 있다. 이는 광산김씨 일족이 오천 마을에 모여 살기 때문에 나타나는 양상이었다. 즉 선대에 지은 건물은 같은 피를 나눠가진 자손들에게 모두 집안의 건물로 인식되어 누구나 이용할 수 있게 된 것이다.

5   맺음말

우리나라 전통 주택의 특성에 대해 물어보면 많은 사람이 유교의 영향을 받아 만들어진 남과 여의 공간, 안채와 사랑채의 구성을 이야기한다. 이는 대부분이 전통 주택의 공간 구성과 그것의 배경이 되는 생각의 핵심을 알고 있다는 것을 의미한다. 그런데 안채와 사랑채가 16~17세기의 복잡한 변화를 거쳐 18세기에 형성된 사대부 주택의 공간 구성과 개념을 뜻하는 것이며, 그것이 정치와 경제, 사회 전반의 변화상을 반영하고 있다는 것을 아는 경우는 드물다.

주택은 남과 여라는 두 성별 외에 연령과 사회적 위치가 다른 가족 구성원이 만들어내는 소규모 사회가 자리한 곳이다. 또한 유사한 구성원으로 이루어진 가족의 결합 및 교류가 이루어지는 곳이기도 하다. 이 때문에 주택을 이해하기 위해서는 이 소규모 사회가 어떻게 형성되었으며, 이 사회에서 일어나는 사건은 무엇이고 어떤 공간에서 행해지는가를 살펴야만 한다. 또 행위의 변화는 어떻게 주택의 변화로 이어졌는가도 인지해야만 한다. 이러한 배경에 대한 이해 없이 '안채와 사랑채', '남과 여'라는 개념만으로 전통 주택을 본다면 주택이 갖고 있는 다양성을 놓칠 뿐만 아니라 안채와 사랑채에 대한 의미마저 오해할 수 있다.

본고에서는 안채와 사랑채 개념이 형성되기 이전인 17세기, 주택과 함께 건립된 사적 용도의 건축물이 공적 용도로 변해가는 과정을 살펴보려고 했다. 특별히 이 부분을 집중적으로 다룬 것은 접객을 위해 건립한 집안의 정자나 사대부의 개인 거처들이 17세기 이후 사랑채라는 커다란 공간 영역으로 흡수되기 때문이다. 그것의 원동력이 되는 사회적 변화는 광산김씨 예안파의 사례에서도 보았듯이 반친영의 결혼 풍습으로 형성된 집성촌에서의 제사와 접객 양태의 변화였다.

근본적으로 보자면 조선의 건국과 동시에 조선 사회에 제도적으로 파고든 『주자가례』의 영향이라고 할 수 있다. 광산김씨 예안파 종가의 경우는 건축물의 용도만 변경해 사용했을 뿐 조선전기의 주택 공간 구성을 오래도록 유지해왔다. 덕분에 이 글이 가능했다. 하지만 대다수의 사대부 주택은 17세기의 변화를 거쳐 안채와 사랑채 영역을 형성한 주택으로 재탄생했다.

참고문헌

金鑛, 『默齋日記』
金坽, 『溪巖日錄』
金硡, 『汝溫日記』
金純義, 『果軒日記』
金垓, 『鄕兵日記』
金光繼, 『梅園日記』
柳希春, 『眉巖日記 草』

김동욱, 『조선시대 건축의 이해』, 서울대학교 출판부, 2000.
김정운, 「17~18세기 경상도 북부지역 사족의 친족관계 연구」, 경북대학교 대학원 박사학위논문, 2016.
김기주, 「朝鮮時代 中期 이후 班家의 공간사용과 평면형식에 미친 家禮의 영향」, 연세대학교 대학원 박사학위논문, 1994.
김동인, 「조선시대 제실건축의 배치와 평면유형에 관한연구」, 영남대학교 대학원 박사학위논문, 1993.
박명덕, 「영남지방 동족마을의 분파형태와 건축특성에 관한 연구」, 홍익대학교 대학원 박사학위논문, 1991.
전봉희, 「조선시대 씨족마을의 내재적 질서와 건축적 특성에 관한 연구」, 서울대학교 대학원 박사학위논문, 1992.
홍승재, 「조선시대 상류주택의 예제적 체계에 관한 연구」, 홍익대학교 대학원 박사학위논문, 1992.
김동욱, 「退溪의 建築觀과 陶山書堂」, 『건축역사연구』, 1996. 6.
김종헌·주남철, 「한국전통주거에 있어서 안채와 사랑채의 분화과정에 관한연구」, 『대한건축학회논문집』 12권 2호, 1996. 2.
류현주 외, 「조선시대 상류주거의 별동형 사랑채에 관한 연구」, 『대한건축학회 추계학술발표대회 논문집(계획계)』, 2001. 10.
박선희, 「조선시대 반가의 식사·취사생활과 공간사용」, 『건축역사연구』 1권 2호, 1992. 12.
서치상, 「禮安 君子里의 後彫堂 硏究」, 『건축역사연구』, 2002. 12.
이수건, 『영남사림파의 형성』, 영남대학교 출판부, 1984.
이수건, 「광산김씨 예안파의 세계世系와 그 사회·경제적 기반 — 김록가문金緣家門의 고문서 분석」, 『역사교육논집』 1, 경북대학교 사범대학, 1980.
이수건, 『영남지방고문서집성嶺南地方古書集成』, 영남대학교 출판부, 1981.
이수건, 『嶺南學派의 形成과 展開』, 일조각, 1995.
정정남, 「생활일기에서 본 16세기 읍내에 위치한 주택의 공간구성과 활용」, 『대한건축학회 논문집(계획계)』, 2003. 07.
정정남, 「미암일기를 통해 본 16세기 사대부주택의 객청」, 『한국건축역사학회 춘계학술발표대회 논문집』, 2004. 05.
정정남, 「16세기 사대부의 개인거처마련과 상택」, 『한국건축역사학회 추계학술발표대회 논문집』, 2004. 11.
정정남, 「16·17세기 사대부주택의 공간구성과 활용」, 경기대학교 박사학위논문, 2003.
한국건축가협회 편, 『한국건축개념사전』, 동녘, 2013.
대한건축학회 편, 『한국건축통사』, 기문당, 2014.

2장

17세기 초 예안 사족 김광계의 접빈객과 일상정치

김호

1 　머리말

　　15세기 학자이자 관료이던 강희맹(1424~1483년)이 아들에게 준 유훈訓子을 보면, 도학자[성리학자]의 이미지와 무척 다르다는 것을 알게 된다. 가령 도둑이 아들을 천하제일의 도둑으로 키운 이야기를 보자([盜子說]). 아버지보다 도둑질 기술이 뛰어나다고 자만하는 아들을 위해 아버지는 일부러 부잣집에 들어가 아들을 광에 가두고 홀로 도망친다. 위기에 처한 아들은 쥐 흉내를 내거나 연못에 돌을 던져 빠져죽은 것처럼 위장해 마침내 도망칠 수 있었다.[1] 전체적인 교훈은 순간의 기지를 발휘할 수 있는 능력을 강조한 것이었다. 일종의 해학으로 볼 수도 있지만 이처럼 계교와 기지를 수단의 융통성으로 인정하는 것은 15세기 문화의 중요한 특징 중 하나였다.[2]

1) 『私淑齋集』 권9, 「訓子五說」.
2) 김호, 「조선초기 『疑獄集』 간행과 '無冤'의 의지」, 『한국학연구』 41. 2016년. 조선초기에 간행되어 지방관들에게 배포된 이 책에는 함정 수사 기법이 다양하게 소개되어 있다. 지방관은 살옥 사건을 해결하기 위해 필요하다면 속임수 같은 수단과 방법상의 융통성을 발휘해야 한다는 취지였다. 그러나 16세기 중반 이후 목적 달성을 위한 수단[기지와 계략]의 '허용 범위'에 대한 우려와 비판의 목소리가 높아지면서 이 책은 더 이상 간행되지 않았다.

조선이 성리학 사회로 진입한 이후 천리天理[목적]에 비추어 수단의 한계를 어디까지 인정할 것인지에 대한 논의가 깊어졌다. 한마디로 성리학은 '차마 할 수 없는 일不忍人之心'에 대한 예민한 성찰을 요구했다. 앞서 도둑질을 교훈의 사례로 인용한 것도 적절치 못하지만 그보다는 계교와 지략, 이른바 문제 상황을 해결하기 위한 수단이 과연 '차마 할 수 없는 한계 내'인지 여부가 더욱 중요했다는 의미이다.

차마 할 수 없는 마음은 일상에서의 사리사욕을 억제할 뿐만 아니라 사회문화적으로, 나아가 정치적으로도 도(리)를 넘는 수단에 대한 제약이 되었다. 그런데 가령 도망치기 위한 위장(거짓)을 허용한다면 선善을 지향한 노력에 끼어든 '위선의 욕망' 또한 어느 정도 인정하지 않을 수 없었다. 결국 차마 할 수 없는 한계를 두고 갑론을박이 불가피했다. 원리원칙만 강조하는 입장부터 '못할 것이 없는 것'에 이르기까지 논의 수준이 다양했다.

성리학에 대한 이해가 심화될수록 원칙과 융통성[經과 權]을 놓고 군자와 소인, 성인과 향원鄕愿이라는 논쟁의 골이 깊어질 수밖에 없었다. 사실상 향원은 자기 이익을 위해 못할 짓이 없는 자였다. 그는 성인군자로 위장하는 능력이 탁월해 향촌 사람들은 모두 그를 덕 있는 사람으로 칭송해 마지않을 정도였다. 오직 공자만이 '덕을 도둑질하는 놈鄕原德之賊也'임을 알고 꾸짖을 뿐이었다. 후일 정조는 악자惡者와 사나운 자들은 하나도 두렵지 않지만 사람으로서 하지 못할 바가 없는 자들이 가장 무섭다고 술회한 바 있다.3) 자기 이익을 위해서라면 시비와 상관없이 무엇이든 할 수 있는 자들, 즉 차마 할 수 없는 한계를 훌쩍 뛰어넘는 자들을 가장 경계한 것이다. 향원에 대한 정조의 증오를 잘 보여주는 대목이 아닐 수 없다.

그런데 조선초기의 실록에서는 향촌 사족을 종종 향원으로 폄하하곤

---

3) 『弘齋全書』 권173, 「日得錄」 13 人物 3, "惡人不足畏 狠人不足畏 …… 流弊至於無所不爲 人而至於無所不爲者 極可畏也."

했다. 중앙 정부에서는 지방에 웅거한 토호들을 사익만 추구하는 향원으로 비판했던 것이다. 특히 향중 공론을 이끄는 향촌 사족의 회의체인 유향소를 '향원의 소굴'로 폄하했다. 유향소의 존치와 복설復設이 거듭된 이유가 거기 있었다.4)

뿐만 아니라 16세기에 소수서원을 세운 주세붕은 설립 목적을 향촌 내의 향원을 교화하기 위해서라고 주장했다. 이른바 사족이 도학 운운하지만 실은 위학僞學의 무리라는 것이다.5) 주세붕은 위학의 대표로 소동파 蘇東坡를 거론하고, 단지 이름을 훔치는 자에 불과하다고 비난했다. 남명 조식 역시 퇴계에게 편지를 보내 명예를 훔치고 세상을 속이는 풍속을 기롱譏弄했다. 조식은 세상의 명예를 훔치는 학자들을 비판하고 향원[위선]을 완전히 절멸하지 않으면 도학의 앞날이 불투명하리라고 한탄했다. 군자를 자처하지만 위선이 많다고 주장한 것이다.

남명의 편지에 대한 퇴계의 답장(1564년)은 당시 지식인과 향촌 사족의 복잡한 심경을 잘 보여준다.6) 이황은 조그만 위선을 모두 꾸짖어 그만두게 한다면 많은 이를 성인의 도에서 멀어지게 해 결국 성인에게 죄를 짓는 꼴이 된다고 답했다. 사람은 매우 다양해 이러저러한 사람이 있으니 조금의 위선이 있다고 해 모두 엄격하게 내치고 나면 함께 할 이가 없다는 것이다. 물론 "군자가 되려고 마음먹었다면 전일하게 노력해야 하므로 위선적인 사람이 죄가 없다고 할 수는 없다"고 전제하면서도 퇴계는 일부 사람을 들어 세상 모두가 이름을 훔친다고 몰아서 배척한다면 할 수 있는 일이 아무것도 없다고 보았다. 과연 이러한 퇴계를 두고 위선을 두둔했다고 할 수 있을까?

4) 이태진, 『한국사회사연구』, 지식산업사, 1986년, 6장 「사림파의 유향소 복립운동」 참조.
5) 『武陵雜稿』 권6 原集 「闢邪」.
6) 『退溪先生文集』 권10, 「答曹楗仲-甲子(1564)」.

사실 임진왜란 전후의 향촌 사회에서는 도학 공동체, 나아가 주희가 희망한 자율적 도덕 공동체의 수립이 무엇보다 시급했다. 퇴계는 사족이 향원에서 벗어나 군자가 되기로 마음먹었다면 그리고 군자의 사회적 책무를 다하기 위해 지역의 공공성을 위해 앞장선다면 일단 성리학에서 말하는 군자에 걸맞다고 보았다.7) 물론 이들 중에는 여전히 사리사욕을 감춘 향원이 섞여 있었다. 하지만 많은 사족은 서원과 유향소에서 향중 공론을 이끌어나가고 향약과 사창社倉을 회복해 지역의 복지안전망을 만들기 위해 노력했다. 또한 지방관과의 관계를 돈독히 함으로써 지역민의 이익을 대변하기도 하고 지역을 넘어 조정에 향촌 사족의 이해관계를 관철시키기 위해 애를 쓰기도 했다. 이러한 사족의 행위는 여전히 한편으로는 향원으로 비춰지기도 했지만 다른 한편으로는 군자가 되려고 노력하는 모습이기도 했다.

17세기 전반, 예안 지역의 사족 역시 예외가 아니었다. 이들은 한편으로는 향원 같은 모습이었지만 다른 한편으로는 군자의 도리를 다하려는 사림士林이기도 했다. 매원 김광계는 바로 그러한 향촌 사족의 면모를 가장 잘 보여주는 인물 중 하나이다. 그는 광산김씨 문중의 한 사람을 넘어 끊임없이 지역의 공적 책무에 앞장섰고 나아가 국가의 위기에 몸을 사리지 않았다. 그의 『매원일기』에는 거의 매일 수많은 인사를 만나는 접빈객의 정치가 오롯이 드러나 있다. 한마디로 향촌 사족의 삶은 일상정치의 연속이었다. 그는 끊임없이 사람을 만나고 선물을 보내며 술을 빚고 음식을 만들어 친구와 관료를 초대했다. 심지어 찾아오는 거지도 마다하지 않았다. 아울러 그는 향촌 내의 여러 일에 관심을 기울이며 지역의 사족과 연대했다.

---

7) 피터 K. 볼, 김영민 역, 『역사 속의 성리학』, 예문서원, 2010년. 4장. 정치, 7장. 사회 참조.

이 글에서 필자는 김광계의 사적인 기록을 통해 중앙 조정에 영향력을 미치려는 한 향촌 사족의 의지를 비롯해 향중 공론을 이끌어내기 위한 고투 과정과 향촌 내부의 알력 그리고 자기 건강을 돌아보는 한 개인의 일상에 이르기까지 향촌 사족의 삶을 내밀하게 그려보고자 한다.[8]

2 사족의 네트워크와 일상정치

1626년(인조 4년) 윤6월 좌부승지 이민구의 상소에는 예안 사족 이홍중을 엄형하라는 내용이 실려 있었다. 이홍중이 예안 사족에게 통문을 돌려 경상감사를 비방했으니 아무리 먼 시골이라도 유자儒者라면 응당 책임을 져야 한다는 주장이었다.

이홍중이 통문을 돌리게 된 이유는 이황의 종손이자 도산서원 원장이던 이유도李有道의 고문치사 사건 때문이었다. 이유도는 사송詞訟과 관련된 소장에서 경상감사 원탁元鐸을 모욕했다가 체포되어 고문당하던 중 그만 사망하고 말았다. 당연히 이유도의 아들 이봉李對과 이암李嚴은 격쟁擊錚하며 아버지의 원통함을 호소했다. 동시에 친척인 이홍중에게 부탁해 고을의 사족에게 통문을 돌려 아버지의 억울함을 널리 알려달라고 부탁했다.

이홍중이 돌린 통문은 도산서원 원장 이유도가 죽을 만한 죄가 아닌데도 죽었으니 원통함을 풀어야 한다는 내용으로 이루어져 있었다. 특히 글 가운데 경상감사 원탁을 원색적으로 비난하는 내용이 실려 있었다. '산림山林 가운데 행의行義한 사람을 체포해 박살함掩捕撲殺'이라는 구절이 수록되었던 것이다.[9] 당시 경상감사 원탁은 '영남의 사습士習이 흉악해 멋

---

8) 예안의 광산김씨 가계와 사족 활동에 대해서는 박현순, 「16~17세기 禮安縣 士族社會 硏究」 (서울대학교 박사학위논문), 2006년 및 본서의 다른 논문들 참조.
9) 『인조실록』, 인조 4년(1626년) 6월 28일.

대로 왕이 내려 보낸 도주道主를 내쫓으려 한다'고 치계馳啓했고, 정부는 통문을 돌리고 일을 시끄럽게 만든 이홍중 등 예안 사족을 체포하도록 명했다. 이홍중도 잡혀와 3차의 형신刑訊을 받는 등 당시 예안 지역 사족과 중앙 정부의 갈등은 커져만 갔다.

당시 인조는 한발 물러섬으로써 이 사태를 진정시켰다. "국가에서 선비를 대우하는 도리 상 일체지법一切之法[융통성 없는 법 적용]을 시행할 수 없다"며 예안 사족을 석방한 것이다. 얼마 후 경상감사 원탁은 파직되고 말았다.10)

김광계는 『매원일기』에 이홍중 사건을 둘러싼 예안 사족의 움직임을 자세하게 기록해두었다. 1626년 4월, 이미 도산서원의 원장과 유생들은 이유도의 원통한 죽음을 신원하고자 통문을 만들어 지역 내 사족들의 서명을 받고 있었다.11) 김광계를 포함한 예안 사족은 경상감사 원탁의 터무니없는 계문啓聞으로 당시 도산서원 원장 금창원琴昌原12)과 이익산李益山13) 등이 수창자로 체포될 가능성이 높다고 보았다. 이에 이영도는 금업과 함께 미리 서울로 출발해 중도에서 왕명을 받아 체포에 순순히 응하기로 했다. 통문을 돌린 일이 이렇게 커질 줄 몰랐지만 왕명을 따르기로 결정한 것이다.14) 당해 5월 18일, 이영도는 마음이 불안했던지 아침부터 속히 길을 나서자며 사람을 보내 금업의 채비를 재촉했다. 김광계는 불안해 하는 이영도와 금업을 위로하기도 마음먹고, 대단한 일이 아니니 다급하게 달려갈 필요가 없다는 식으로 말을 건넸다. 하지만 아무도 어떻게 될지 모르는 상황으로 사건은 흘러가고 있었다.15) 경상감사의 처사를 불의不義

---

10) 『인조실록』, 인조 4년(1626년) 윤6월 6일.
11) 『매원일기』(1626년 4월 13일).
12) 琴業(1557~1638년).
13) 李詠道(1559~1637년).
14) 『매원일기』(1626년 5월 17일).

하다고 판단한 지방 사족들은 사림을 자처하며 함께 도리道理의 수호자로 나서고 있었다.

그러나 조정의 입장, 특히 사헌부의 논의는 매우 강경했다.

> 영남은 예로부터 선비의 습성이 바르고 고을 풍속이 순박하다고 일컬어졌으나 근래 파괴되어 투박하게 변했다. 토호와 무단武斷 세력이 사림으로 행세하며 고을 수령을 능멸해도 수령이 어찌지 못해 그들이 마음대로 모욕하고 농락한 지 오래이다. …… 이는 조정이 임명한 관리를 무시해 조금도 두려워하고 꺼리는 바가 없는 것이니, 끝에 가서는 말할 수 없는 지경에 이를 것이다. 이런데도 다스리지 않으면 국위가 존엄하지 못해 나라가 나라꼴이 되지 못할 것이다."16)

정부가 이번 사태를 엄하게 다루지 않는다면 토호의 준동을 막을 수 없다고 판단한 것이다. 정부 일각에서는 사림으로 자처한 예안 사족을 무단토호라고까지 비판했다.

예안 사족은 조정의 동향을 예의주시하지 않을 수 없었다. 특히 사헌부의 계사를 입수하기 위해 서울에 사람을 급파하기도 했다. 당시 한필달17)이 서울에서 입수한 사헌부의 계사에는 위에 언급한 바, 통문을 돌린 수창자를 적발해 심문하고 죄줄 것을 청원하는 내용이 그대로 수록되어 있었다. 예안 사족은 함께 모여 사헌부의 계사를 읽으며 대책을 논의했다.18) 아울러 도산서원 이름의 통문을 예안 사족의 여러 가문으로 전달하기도 했다. 거기에는 경상감사가 보낸 관문關文의 일부가 요약되어 있었는

---

15) 『매원일기』(1626년 5월 18일).
16) 『인조실록』, 인조 4년(1626년) 6월 28일.
17) 韓必達(1581~?): 자는 달부達夫, 본관은 청주淸州이다. 1605년에 생원시에 입격했다. 배용길裵龍吉의 사위이다.
18) 『매원일기』(1626년 6월 4일).

데, 통문의 수창자를 바로 잡아 보내라는 내용이었다.19) 곧바로 예안의 김일지金一之, 정득부鄭得夫 등이 체포되어 관아의 옥에 갇혔다. 통문의 가장 윗자리에 이름이 적혀 있었기 때문이다.20) 아울러 이홍원의 형 이홍중 李弘重 역시 수창자로 지목되어 예천 감옥에 수감되었다.21)

예안 사족의 경악과 불안은 커져만 갔다. 결국 이들은 예안현감과 경상감사 등을 직접 대면하고 문제 해결 방법을 강구하기로 했다. 당시 경상감사는 동계 정온이었다. 불행 중 다행으로 정온은 김광계의 형 김광도金光道와 동서지간이었다. 예안 사족은 김광도의 연줄을 동원해 감사 정온에게 면담 요청을 할 수 있었다. 이들은 읍내 김광조의 집에 모여 감사의 답변을 기다리고 있었다. 예안으로 직접 오기 어려웠던 경상감사 정온은 아들 정창시鄭昌詩22)를 보내왔다. 정창시는 감사 정온이 예안 사족을 직접 면대하기를 원한다고 전했다. 예안 사족은 곧바로 감사를 만나는 채비를 차리는 동시에 일단 예안현감을 만나 사태를 의논하기로 했다.23)

다음날 김광계는 형제들과 함께 경상감영으로 찾아가 감사 정온을 만날 수 있었다. 정온과의 면담에서 예안 사족의 의견이 충분히 전달되었던 것으로 보인다.24) 이후 경상감사 정온의 입장은 확실히 예안 사족 편이었다. 그는 예안 사족을 포박해 문초한다면 과하다는 장계를 올리는 동시에 이홍중의 서울 압송 및 형신을 중지해달라고도 요청했다. 결국 이 문제는 조정에서 남인과 서인의 정치적 갈등으로 비화되었다. 당시 서인 이귀李貴

---

19) 『매원일기』(1626년 6월 5일).
20) 『매원일기』(1626년 6월 6일).
21) 『매원일기』(1626년 6월 9일).
22) 鄭昌詩(?~?): 본관은 초계草溪. 정온鄭蘊(1569~1641년)의 맏아들이다. 고령현감, 자여찰방 등을 지냈다.
23) 『매원일기』(1626년 6월 11일).
24) 『매원일기』(1626년 6월 12일).

는 의금부당상으로 이홍중 사건을 담당하고 있었다. 그는 본 사건을 중앙권력에 대한 지방의 도전으로 이해하고 엄중한 추고를 다짐하고 있던 터였다. 그는 의금부도사를 예안으로 파견해 이홍중을 서울로 압송하도록 조치했다. 사태는 점점 긴박해졌다.

1626년 6월 26일, 김광계는 소식을 전해 듣고 예안 관아로 들어갔다. 이미 의금부 서리는 이홍중의 목에 칼을 채우고 자물쇠로 잠근 후 말에 올라타도록 재촉하고 있었다. 사족들이 모두 모여들자 이홍중은 더욱 불안해하며 겁을 먹고 목 놓아 울었다. 많은 사족은 어찌하지 못하고 비통하게 바라보고만 있을 뿐이었다.25)

예안 사족은 가능한 모든 방법을 강구해야 했다. 당시 우복 정경세가 사헌부에 재직 중이었다. 정경세에게 부탁해 의금부당상 이귀를 설득하려고 한 것이다.26) 정경세는 이귀에게 편지를 보내 예안 사족의 행동은 죄가 되지만 방백을 쫓아내려던 것은 아니었다고 두둔하고, 이홍중은 단지 이유도의 8촌이라 억지로 수창자가 되었을 뿐이라는 취지의 글을 보냈다.27) 그러나 이귀는 경상감사 정온과 정경세의 논의를 강력하게 비판했다. 이들이 사정私情에 얽매여 예안 토호의 잘못을 감싸고 있다는 비판이었다. 이귀의 차자箚子는 매우 격렬했다.

> 전일 예안 유생이 감사를 몰아낸 것은 천고에 있지 않은 바이며 온 나라 사람이 다 같이 분하게 여기는 바인데, 도道가 같고 친후親厚한 사람이라 해서 시비를 돌보지 않고 모두 나서서 구원하기를 미치지 못하는 것처럼 급급하니, 신은 이러한 풍조를 자라나게 두고 억제하지 않는다면 조정에 공론이 막히고 사의私意

25) 『매원일기』(1626년 6월 26일).
26) 『인조실록』, 인조 4년(1626년) 윤6월 10일.
27) 『愚伏集』, 별집 「年譜」 참조.

가 횡류해 나라꼴이 되지 못할까 염려됩니다. 전후의 계차啓箚와 탑전에서 아뢴 바는 모두 국체를 높이고 호강을 억제하고 공론을 붙들어 국맥을 오래 가도록 하자는 논의였습니다.28)

이귀는 정온과 정경세가 영남 남인을 비호한다고 싸잡아 매도하면서 친후한 이들을 위해 조정의 공론을 어지럽힌다고 비난했다. 이귀는 같은 지역 출신 혹은 퇴계 문하라는 공통분모가 이들 '친후'한 그룹을 만들어냈다고 주장했다.

그러나 이후의 사정은 영남 사족에게 유리하게 전개되었다. 정온과 정경세의 주장을 받아들인 인조는 더 이상 이홍중을 문초하는 대신 석방하도록 명했다. 예안 사족에게는 불행 중 다행이었다.

예안 사족은 친인척 또는 학문적 네트워크를 활용해 경상감사 정온 그리고 사헌부의 정경세를 통해 자신들의 입장을 효율적으로 중앙 조정에 전달할 수 있었다. 이귀는 예안 사족을 사의私意와 향원이라고 비판했지만 예안 사족은 불의에 맞선 공론이라며 결집했다.

일의 핵심에 김광계가 있었다. 예안 향중의 공론은 김광계를 중요한 임무를 띤 유사有司로 천거했다. 김광계는 당시 도산서원의 유사직을 거의 떠밀리다시피 맡았다. 김광계 스스로 수차례 사양의 뜻을 비쳤지만 지역 사족 모두가 그를 강력하게 추천하고 있었기 때문이다. 김광계는 일기에 당시 상황을 '매우 고민스럽다'고 기록해두었다.29) 향촌 사족에 머물러 있던 김광계는 도산서원의 상유사上有司 일을 맡게 되었고, 본격적으로 향중 공론의 주요한 지도자를 자처하지 않을 수 없었던 것이다.

당시 도산서원이야말로 영남의 향중 공론을 만들고 이끌어가는 핵심

---

28) 안방준, 『默齋日記』 3, 「雜說附錄」 참조.
29) 『매원일기』(1626년 7월 27일).

장소였다.30) 김광계는 과거를 통해 중앙 관료로 출신하지 않았지만 서원의 원임院任을 수락함으로써 향촌의 공론장을 이끄는 책임을 다하게 되었다. 관리가 되지 않았지만 이른바 '군자君子'를 자임한 덕에 향촌의 도덕 공동체를 이끄는 주된 역할을 맡게 된 것이다.

송대의 주희朱熹가 강조해 마지않은 '천자로부터 서인庶人에 이르는 모든 사람의 군자화君子化'라는 원대한 교화의 첫발이 조선에서는 지방 사족으로부터 시작되고 있었다. 처음부터 모든 사람이 군자가 될 수는 없었다. 경제적 조건이나 교육 환경 등이 뒷받침되지 않으면 불가능하기 때문이다. 조선에서 군자를 자임한 주인공은 김광계와 같은 향촌 사족이었다.

국가 권력으로부터 일개 지방의 토호나 향원에 불과하다는 비난을 받은 향촌 사족은 점차 그러한 불명예로부터 벗어나야만 했다. 성리학의 이상인 자율적 도덕 공동체를 수립하기 위해서라도 자기 이익만 꾀하는 집단이라거나 자기 명예만 도모하는 무리라는 비판으로부터 거리를 두어야 했다. 쉽지 않은 길이었다. 향촌 사족에게 부여된 도덕적 책무는 그들의 사적인 이해관계와 갈등을 불러일으키지 않을 수 없었다.

이처럼 조선의 향촌 사족은 '토호'와 '산림' 사이를 어렵게 헤쳐 나가야 했다. 동시에 지방관(감사나 군수, 현감 등 국가 권력)과 '(역내) 권력을 둘러싼 일종의 긴장과 공모' 관계를 유지할 수밖에 없었다. 지방관은 향촌 사족을 쉽사리 토호나 향원으로 변질될 수 있는 세력으로 간주했으며, 사족에게 지방관은 무시할 수 없는 실질적 권력이었기 때문이다.

사실 향원[토호]과 군자[사림]는 종이 한 장 차이에 불과했다. 아니 심하게 말하면 동전의 앞뒷면과 같을지 몰랐다. 향촌 사족은 언제나 겨울에 살얼음판을 걸으면서 등에 땀이 나는 상황에 처할 수밖에 없었다.

---

30) 『매원일기』(1626년 8월 9일).

3 　'토주土主'에 대한 접빈객

김광계를 포함한 예안 사족에게 '접빈객'의 제일 대상은 바로 해당 지역의 사또였다. 예안현감[土主]이야말로 사족의 일상에 가장 큰 영향을 미치고 있었다. 예안현감에 대한 사족의 지대한 관심은 너무나 당연했다.

앞서 살펴본 도산서원 통문 사건 발생 당시 예안현감은 고인계高仁繼였다.31) 그는 1626년 3월에 예안현감으로 부임했는데, 그만 5개월여 만에 체직되고 말았다.32) 체직 이유는 정확하지 않지만 아마 이홍중 사건을 제대로 처리하지 못한 질책으로 여겨진다.33) 당시 고인계는 무능하다는 평가를 받고 있었다. 사람됨이 오활하고 졸렬한데다 귀가 잘 들리지 않아 부임 후 정사를 하리下吏들에게 모두 위임했다는 비판을 받았다. 이런 인물에게 현감을 맡긴다면 거듭 민폐를 끼치게 되므로 바로 파직해야 한다는 논의가 뒤따랐다.34) 하지만 중앙 조정의 비판과 달리 김광계는 고인계의 천성을 훌륭하다고 칭송했다. 일반적으로 무능하다는 평가를 받던 고인계였지만 예안 사족, 특히 김광계 입장에서는 '무능'을 발견할 이유가 없었던 것이다. 아마도 예안 사족과 고인계의 이해관계가 맞아 떨어졌는지도 모를 일이다.

아무튼 고인계가 파직된 후 바로 1626년 8월에 김진金瑨35)이 새로운

---

31) 고인계(1564~1647년): 자는 선승善承, 호는 월봉月峯, 본관은 개성開城이다. 1605년에 진사시에 입격하고, 이듬해 문과에 급제했다. 성균관 전적, 형조정랑, 충청도사, 예안현감 등을 역임했다.
32) 『매원일기』(1626년 8월 10일).
33) 『승정원일기』, 인조 4년(1626년) 3월 10일.
34) 『승정원일기』, 인조 4년(1626년) 윤6월 21일.
35) 김진(1583~?): 자는 여헌汝獻, 본관은 안동이다. 1623년에 문과에 급제했다. 공조정랑, 좌통례, 우통례, 예안현감 등을 지냈다.

예안현감으로 부임했다.36) 당시 통문 등의 사건으로 지방관과의 긴밀한 협조가 필요했던 터라 예안 사족은 누가 예안사또로 부임하는지 예의주시하고 있었다. 신임 현감 또한 도산서원에 들려 향중의 공론을 알아보고자 했다. 김진은 10월 중 서원 제사를 기회로 도산서원을 방문하기로 미리 통지했고37), 예안 사족은 방문 일정에 맞추어 서원에서 예안현감을 맞이했다. 김광계는 사또가 오기로 약속한 하루 전인 12일에 류시원柳時元38)과 함께 미리 서원에 가서 접대 준비를 마쳤다. 13일 아침이 되자 이영도 등 예안 사족이 서원으로 급히 모여들었다. 이들은 함께 아침밥을 먹은 후 예안현감의 사당 참배를 마중했다. 이후 조용히 현감과 현안에 대해 이야기를 나누었다. 면담을 마친 김광계 등 예안 사족은 신임 현감을 천성이 편안하고 언론이 올바른 참으로 괜찮은 사람으로 평가했다.39) 자신들과 어느 정도 생각이 같았기 때문으로 보인다.

특히 예안현감 김진은 산송 문제와 관련해 김광계를 힘껏 도와준 바 있었다. 1627년 가을에 김광계는 묘를 이장하기 위해 여러 지사地師의 도움을 받아 명암동의 좋은 장소를 발견할 수 있었다. 그런데 새로운 묏자리에 이미 누군가 몰래 땅을 파고 계체석을 쌓아둔 사실을 알게 되었다. 의도적으로 이장을 방해하려는 것이었다. 김광계는 이장이 순탄하게 이루어지지 않을까 걱정하면서 예안현감에게 도움을 청했다.40)

1627년 10월 6일, 예안현감 김진은 묏자리에 장난을 친 자가 얼속孼屬 이양일李良一이라는 사실을 밝혀냈다. 이양일 등이 일찍이 어미를 산기슭

---

36) 『승정원일기』, 인조 4년(1626년) 8월 15일.
37) 『매원일기』(1626년 10월 12일).
38) 류시원(1588~?). 자는 춘경春卿, 본관은 풍산. 류종직柳宗直의 아들이다. 1642년에 식년시 진사에 입격했다.
39) 『매원일기』(1626년 10월 13일).
40) 『매원일기』(1627년 10월 4일).

에 매장한 후 족산族山이라고 주장하며 다른 사람의 사용을 금지하려고 했던 것이다. 김광계는 아우들을 시켜 예안현감에게 이 사실을 고하는 동시에 이양일을 고소하게 되었다. 이른바 산송이 벌어진 것이다.

당시 예안현감 김진은 몸소 현장에 가서 살펴보고 이양일을 타이른 후 김광계의 집에 유리한 승소 판결을 내려주었다. 김광계는 「일기」에 예안현감의 두터운 정의에 대해 칭송하지 않을 수 없다고 기록했다.41) 그의 도움으로 순조롭게 명암동에 이장할 수 있었기 때문이다.

며칠 후인 10월 10일, 김광계는 산주인 이양일과 담판을 지었다. 이양일의 입장에서는 김광계가 아버지 묘를 이장한 후 혹 자기 어머니의 봉분을 훼손할까 두려웠다. 향촌 내 김광계의 위세를 생각하면 얼속인 이양일이야말로 자기 산을 빼앗기지 않을까 걱정하는 것이 당연했다. 이에 이양일은 김광계를 찾아와 어머니 묘를 훼손하지 않겠다는 다짐[문권]을 받아 가려고 했다. 김광계는 절대 그럴 리 없다며 이양일의 마음을 풀어주고 이장과 관련한 산송 문제를 해결했다.42)

예안현감 김진은 사족 김광계와 얼속 이양일 사이의 산송 다툼을 해결하면서 김광계의 입장을 상당히 고려해주었다. 이처럼 해당 지역 현감과의 긴밀한 협조야말로 사족의 일상에서 가장 중요한 정치 가운데 하나였다.

이보다 앞서 1613년 8월에 예안현감으로 부임한 이계지李繼祉43) 역시 김광계 집안이 잊지 못할 사또였다. 김광계는 현감 이계지 그리고 그의 아들들과 여러 차례 모임을 가졌다. 1614년 6월의 한여름 날, 김광계는 제천 대부 금응훈琴應壎44)을 모시고 관아에 들어가 현감 이계지를 만났

---

41) 『매원일기』(1627년 10월 6일).
42) 『매원일기』(1627년 10월 10일).
43) 이계지(1554~?): 자는 경수景綏, 본관은 부평富平이다. 1585년에 생원시에 입격하고, 1603년에 문과에 급제했다. 유곡찰방幽谷察訪, 장수현감, 예안현감 등을 지냈다. 『계암일록』 1613년 8월 11일자에 따르면 이계지는 1613년 8월에 예안현감으로 부임했다.

다. 김광계가 여희 형45)으로 부르는 김광적 그리고 김참도 동참했으며, 현감의 아들 이덕휴李德休가 동석했다. 당시 이계지는 금응훈을 위해 술상을 차렸다. 향소鄕所의 별감 이린李璘이 술과 안주를 가져왔고, 예안향교에서도 술을 보냈다.46)

다음 날이 되자 당연히 금응훈은 예천현감의 아들 이덕휴를 집으로 초대해 대접했다. 연회를 베풀어준 데 대한 사례였다. '접빈객'의 정치는 이런 식으로 이루어지곤 했다. 선물과 사례들이 뒤따랐다.47)

1615년 12월에 김광계는 동생과 함께 관아에 들어가 예안현감 이계지를 만나 답례했으며48), 1616년 3월 1일에도 관아를 찾은 김광계는 현감과 그의 아들 이덕휴를 만나 사례했다.49)

1616년 당시에는 집안의 재종숙 김령50) 등이 주로 현감을 접대하고 김광계는 이를 보좌하는 정도였다. 1616년 5월에 예안현감 이계지는 비암鼻巖으로 김령을 방문했고, 이때 김광계 역시 배석했다. 김광계는 소주를 지나치게 과음해 체모를 잃었다고 후회하면서도 그러한 연회는 계속 이어졌고 김광계의 참여 또한 끊이지 않았다.51) 당해 7월 여름에도 김령은 예안현감을 비암에서 접빈했다. 김광계 역시 모임에 참석했다. 생원 재종숙 김평金坪52) 그리고 류종직 등이 참여한 모임에서 이들은 비암 아래

---

44) 금응훈(1540~1616년): 금응훈은 김광계의 할아버지 김부의의 고종사촌이다. 제천 현감을 역임했으므로, 제천 대부로 불렸다.
45) 여희汝熙는 김광계의 재종숙 김호金壕의 둘째아들 김광적金光績이다.
46) 『매원일기』(1614년 6월 25일).
47) 『매원일기』(1614년 6월 26일).
48) 『매원일기』(1615년 12월 17일).
49) 『매원일기』(1616년 3월 1일).
50) 김령(1577~1641년)을 가리킨다. 자는 자준子峻, 호는 계암溪巖, 본관은 광산이다. 효로孝盧의 증손으로, 할아버지는 유綏이고, 아버지는 현감 부륜富倫이며, 어머니는 평산신씨로 부호군副護軍 수민壽民의 딸이다. 1612년에 증광문과에 급제해 승문원정자와 승정원주서를 역임했다.
51) 『매원일기』(1616년 5월 12일).

물가에 배를 띄웠다. 김광계는 당시의 풍경을 물가에 비친 달빛이 대낮 같아서 물결에 비치는 모양이 명주 비단처럼 아름다웠다고 술회했다. 좁은 배 안에서 서로 무릎을 맞대고 가까이 앉아 술을 마시며 우스갯소리로 한밤을 지새웠던 것이다.53)

토주와 사족 상호 간의 관계는 더욱 돈독해졌다. 예안현감과의 두터운 정의情意는 여러 가지 김광계의 집안 문제를 해결하는 열쇠가 되기도 했다. 1617년 3월 5일에 거인居仁의 선산에 불이 나 산소 주변 나무가 모두 타죽었다. 누군가 불을 놓은 것이 분명했다. 방화라고 생각한 김광계는 현감 이계지를 방문해 범인을 잡아 처벌해줄 것을 요구했다. 뿐만이 아니었다. 김씨 문중의 노비 문제를 해결하는 데도 현감의 도움은 절실했다.54)

그런데 1619년 2월에 현감 이계지는 관내의 살인 사건을 잘못 처리해 체직되기에 이르렀다. 그가 예안을 떠나게 되자 수많은 예안 사족이 송별연을 마련했다. 김광계 역시 참석했는데, 당시 전별연에 참석한 이들 수가 너무 많아 기록할 수 없을 정도였다고 술회했다.55) 사또가 임지를 떠난 후에도 인연은 지속되었다. 이계지는 그해 여름 무슨 이유인지 사망했는데, 김광계에게 부고가 전해진 것 역시 우연은 아니었다.56)

물론 예안에 부임하는 모든 사또와 김광계 집안이 우호적이었던 것은 아니다. 특히 1607년 4월에 부임했다가 이듬해 체직된 안담수와는 악연 중의 악연이었다. 김광계는 그의 일기에 예안현감의 실명을 모두 밝혀 두었는데 안담수만은 단지 '안공安公'으로 표기했다. 그만큼 안담수에 대한

---

52) 김평(1563~1617년): 김광계의 재종조부 김부신金富信의 셋째아들. 자는 계평季平, 호는 극재克齋이다. 1591년에 생원시에 입격했다.
53) 『매원일기』(1616년 7월 16일).
54) 『매원일기』(1617년 12월 2일).
55) 『매원일기』(1619년 2월 20일).
56) 『매원일기』(1619년 8월 29일).

좋지 않은 내용이 많아 기휘忌諱했던 것으로 보인다.

사실 김광계는 안담수를 부임 초부터 마뜩치 않게 생각했다. 1607년 5월 12일에 김광계는 김평 그리고 김광적과 함께 예안현감을 만났다. 당시 현감은 고강考講에 참석하지 않은 사족 윤동창을 매질하려고 했다. 김평이 겨우 말려 매 맞는 일을 모면할 정도였는데, 사또 안담수는 사족에게 매질 등 형장을 자주 시행하는 인물로 알려졌다.

한편 1607년 6월에 전국적으로 괴담이 퍼져나갔다. 누군가 사람을 죽여 쓸개를 훔쳐간다는 낭설이었다. 소문은 예안에까지 미쳤다. 길을 다니는 사람은 모두 칼을 차고 함께 무리지어 행군하는 군대처럼 움직였다. 당시 광산光山 김문金門의 김당金塘57)이 현감 안담수에게 소장을 올려 사건 해결을 요구했다. 이에 안담수는 다짜고짜 김당에게 칼을 씌어 옥에 가두고 이튿날 곤장 서른 대를 쳤다. 죄목은 유언비어를 퍼뜨려 불안을 조장한다는 것이었다.58)

그런데 놀랍게도 실제 예안에서 쓸개를 절취하는 살인 사건이 벌어졌다. 1607년 7월 한여름에 이중립의 노비가 길에서 살해되어 쓸개를 도둑맞았던 것이다.

    도대체 어느 시대의 변고인가? 너무나 한심한 일이다.59)

김광계는 떨리는 손으로 당시 사건을 상세하게 기록해 놓았다. 당시 이중립의 노비는 즉사하지 않고 길가는 자를 붙들고 범인은 '생강장수'라는 말을 남겼다는 소문이었다. 예안현감 안담수는 장교와 포졸을 풀어 예

---

57) 김광계의 서재종조부庶再從祖父 김부생金富生의 장남이다.
58) 『매원일기』(1607년 6월 2일).
59) 『매원일기』(1607년 7월 20일). "此何等時變也 可爲寒心"

안 근처를 돌아다니는 생강장수들을 체포했다. 마침 생강장수 중 하나가 웅담을 갖고 있었고 현감은 이를 사람 쓸개로 생각해 해당 생강장수를 옥에 가두었다. 이 소식을 들은 김광계가 알아보니 체포된 생강장수는 영천에 사는 매부 박회무朴檜茂의 노비였다. 그가 며칠 전 임참봉 댁에 들려 웅담을 구입한 사실도 알게 되었다. 김광계는 매부 집안의 노비가 관련된 사건이라 그냥 있을 수 없었다. 현감을 만난 자리에서 김광계는 매부의 노비가 웅담을 구입한 것은 이중립의 노비가 죽기 전 일이었다고 말하고, 영천 사람이 예안 땅에서 사람을 죽이고 쓸개를 도둑질할 리가 없다고 현감을 설득했다. 다음날 예안의 감옥에 여전히 그가 칼을 쓰고 잡혀 있는 것을 본 김광계는 다시 현감을 만나 노비를 풀어달라고 청원했다.60) 7월 22일에 드디어 감옥에서 풀려난 매부 박회무의 노비는 향교로 김광계를 찾아와 고맙다는 인사를 올렸다.

그런데 후일 이 사건이 문제가 되고 말았다. 예안현감 안담수는 사람을 살해하고 쓸개를 절취한 범인을 잡지 못하자 문책이 두려워 김광계가 석방을 요청한 영천의 노비(박회무의 종)가 바로 진범이었다고 주장했던 것이다. 뿐만 아니라 김광계가 집안의 노비를 비호해 풀어주라고 한 탓에 놓치게 되었다고 상부에 보고했다. 김광계는 매부 집안의 노비를 도우려다가 도리어 봉변을 당할 처지에 놓이게 되었다.

흥미롭게도 당시 김광계는 자기에게 허물을 돌리려는 현감을 비판하면서도 누군가 남을 헐뜯는 한두 명이 현감의 불안한 마음을 틈타 자기에게 죄악의 단서를 돌려 무고했으리라 판단했다. 현감을 돕는 척하면서 실은 김광계 본인을 곤란한 지경에 빠뜨리려던 자가 있다고 믿은 것이다. 김광계의 추측은 적중했다. 아이러니하게도 그는 바로 후일 김광계가 적극

---

60) 『매원일기』(1607년 7월 21일).

탄원에 나서게 된 도산서원 원장 이유도였다. 모든 일은 이유도의 농간으로 밝혀졌다. 이 사실을 알게 된 김광계는 "인심의 험악함을 예측할 수 없는 것이 이와 같다人心之險陂不可測也如此"고 탄식했다. 이유도와 김광계는 향촌 사족의 이익을 위해 함께 향중 공론을 이끌면서도 향권을 주도하기 위해 서로 반목하고 있었다.61) 향촌 내 사족은 공동의 이익을 위해서는 사또에 함께 맞섰지만 사족 내부의 갈등으로 인해 분열하기도 했다. 사또 또한 이러한 향촌 내부의 사족 간의 대립과 균열을 이용하지 않을 수 없었다.

1608년 2월에 안담수는 김광계에게 편지를 보내 마을 어른들이 자기를 비방하는 말尊里諸丈 多有怨我之言이 많다고 불만을 토로했다.62) 안담수는 '존리제장尊里諸丈'이라고 하면서도 굳이 불만의 편지를 광산김씨 문중에 보내왔다. 안담수는 겉으로 누구라고 꼭 집어 말하지 않았으나 불만의 근원지를 김광계 집안으로 확신하고 있었던 것이다.

김령의 『계암일록』을 들추어보면 당시 안담수에 대한 문중의 비방이 자세하다. 안담수의 친척인 자가 예안에 들렀다가 소문을 들었는데 사또가 탐욕스러워 '안탐수安貪手'라고 고쳐 부른다는 말이었다.63) 또한 예안 수령의 오랜 벼슬살이는 모두 오천烏川(예안의 광산김씨)에 힘입은 바라면서 수령의 탐오를 비방했다는 것이다.64) 이 소식을 들은 안담수는 화를 내며 관아를 방문한 김광계의 집안사람(금응훈, 김평 등)들을 만나주지 않거나 혹은 안으로 들이지 않은 채 뜰에 세워두고 꾸짖는 등 갖은 모욕을 가하기도 했다.65) 이처럼 뜻하지 않게 예안의 향중 공론을 이끌던 광산김문과 예안현감의 틈이 벌어지고 있었다.

61) 『매원일기』(1607년 7월 23일).
62) 『매원일기』(1608년 2월 26일).
63) 『계암일록』(1608년 3월 3일).
64) 『계암일록』(1608년 2월 27일).
65) 『매원일기』(1608년 2월 27일).

그런데 과연 마을의 존장尊長들, 특히 광산 김문의 비방을 현감은 어떻게 알았을까? 사실 향중의 소문을 고해바친 자는 이할李硈이라는 자였다.66) 그는 예안현감 안담수의 처조카인 동시에 김광계와 내외종간이었다. 김광계의 문중에 자주 드나들었는데, 몇 차례의 꾸중으로 인해 원한을 품고 현감과 김씨 문중을 이간질했던 것이다. 어쨌든 몇 달 후인 1608년 5월에 예안현감 안담수는 청렴하지 못하다는 탄핵과 함께 현감직에서 쫓겨났다.67) 보통은 현감의 전별연에 참석했던 김광계였지만 안담수의 전별연에는 참석하지 않았다. 안담수와 광산 김문의 악연은 이렇게 마감되었다.68)

한편 1637년에 신임 예안현감 김경후가 도산서원을 방문한 적이 있었다. 그는 대접이 소홀하다면서 서원의 원임들을 꾸짖었다. 이유인 즉 다음과 같았다. 현감이면 왕의 대리인이므로 북쪽 벽을 등지고 남향南向하도록 좌석을 배치해야 하는데, 당시 서원의 장무掌務가 동서로 자리를 만들어 사족들과 마주 보고 앉게 했으니 불공不恭하다는 논리였다. 향촌 사족이 사또를 상석에 앉히지 않고 동열로 마주해 세를 과시했다고 불평한 것이다.

김광계는 일기에 특별히 이 사실을 기록해둔 이유를 밝혀두었다. 대부분의 현감은 자리 배치를 민감하게 생각하지 않았던 반면 신임현감 김경후는 매우 특별했기 때문이다. 김경후는 자기가 남면함으로써 예안 사족보다 지위가 높다는 사실을 강조하려 했던 것이다. 달리 생각해보면 그동안 예안 사족은 사또를 예안의 '토주'로 인정하면서도 특별히 지위를 높이기보다는 스스럼없이 동서로 자리했던 것이다.69)

---

66) 『매원일기』(1608년 2월 26일).
67) 『매원일기』(1608년 5월 24일).
68) 『매원일기』(1608년 5월 25일).
69) 『매원일기』(1637년 2월 26일).

과연 누가 이 지역의 진정한 주인[土主]인가? 해당 지역의 권력을 둘러싼 지방관과 사족 간의 긴장과 협력, 그리고 사족 내부의 향권鄕權을 둘러싼 알력과 공조는 불가피한 일이었다.

4 향중 및 문중 모임의 주인공

1) 서원의 공익을 강조하다.

향촌 사족에게 지방관과의 협력만큼이나 중요한 일이 또 있었다. 바로 향촌 내 권력 갈등을 조정하고 중재하는 일이었다. 김광계의 '접빈객'은 김씨 문중이나 한 개인의 이익만을 위한 것이 아니었다. 김광계는 지역의 다양한 일에 관여했다. 유향소의 구성원으로 그리고 도산서원 원임으로서의 그의 역할은 매우 컸다. 특히 그는 서원의 재산과 관련한 분규에 적극 개입했다. 예안 사족 전체의 이해관계가 걸린 일이기도 했지만 서원은 교육이라는 '공익公益'과 무관하지 않았기 때문이다.

1626년 11월에 정부의 호적 조사가 실행되었다. 당시 서원이 불법으로 점탈한 노비[屬人]를 모두 정리하려는 취지에서 서원 소속 토지와 노비 명단을 보고하도록 한 것이다. 역동서원과 도산서원은 모두 세 군데의 점사店舍를 운영하고 있었는데, 이들 서원은 점사와 함께 토지를 경작할 많은 속인을 거느리고 있었다. 예안현감은 이를 모두 환수할 계획이었다. 서원의 원임을 맡고 있던 김광계는 급히 예안현감을 만나 설득을 시도했다. 당시 현감은 김광계의 말을 들어줄 생각이 조금도 없었다.[70]

이에 김광계는 원점院店 문제를 해결하고자 다시 예안 사족과 함께 읍내로 가서 정장呈狀을 올리기로 했다. 서원에 점사 — 토지와 노비 — 가

---

70) 『매원일기』(1626년 11월 18일). "是日將還家, 以號牌事甚緊急, 兩院三店皆將見奪, 不得已歷見地主, 漠然無聽用之意."

없으면 안된다는 뜻을 간곡히 진달하려던 것이었다.71) 여전히 예안현감은 자기가 결정할 바가 아니라며 결정 책임을 경상감사에게 미루고 있었다.72)

김광계는 송광국과 예안현감과의 네트워크를 활용했다. 송광국과 김광계는 족분族分이 있는 사이였는데, 송광국이 예안현감과 집안 대대로 잘 아는 사이였기 때문이다. 현감을 방문하면서 김광계는 송씨 어른[송광국]을 대동하기로 했다. 무언가 도움이 되기를 바랐으나 예안현감은 꿈쩍도 하지 않았다. 냉랭한 현감의 태도로 문제는 더욱 복잡해지기만 했다.73)

그럼에도 김광계는 서원 소속 노비를 유지하기 위해 사족과 집단 행동을 이어갔다. 1626년 12월에도 일향一鄕의 사족과 논의해 직접 호패본청號牌本廳에 정소를 올리기로 결정했다.74) 서원을 유지하기 위해서는 서원 소속 토지와 이를 경작할 작부作夫의 유지가 필수적이었다. 문제는 서원이 해당 작부(주로 作介)를 불법적으로 점유하거나 소유한 경우가 많아 국가에서 이를 환수하려던 것이었지만 지역 사족은 서원의 공적 책무를 강조하면서 이권을 내려놓지 않았다.

이처럼 김광계는 사족의 결집처인 서원의 재산 문제와 향사 문제에 적극 참여했다. 수년 후인 1631년 1월에 드디어 김광계는 도산서원 원장으로 부임하게 되었다. 여러 번의 고사에도 불구하고 결국 원장 직을 맡게 된 것이다.75) 김광계는 서원의 여러 행사와 일을 처리하느라 추운 겨울에도 불구하고 새벽부터 밤까지 차가운 마루에 앉아 건강을 해치기도 했

---

71) 『매원일기』(1626년 11월 20일). "食後以院店事, 與諸士友會邑內, 將呈書于地主, 以陳院不可無店之意. 以日暮土主罷衙不果呈, 與諸人宿鄕校."
72) 『매원일기』(1626년 11월 21일).
73) 『매원일기』(1626년 11월 28일).
74) 『매원일기』(1626년 12월 7일). "以書院屬店被奪事, 會一鄕士友相議, 欲呈訴[于]號牌本廳也."
75) 『매원일기』(1631년 1월 24일).

다.76) 점점 더 서원에 머무는 일이 늘어만 갔다.

1631년에도 도산서원 재산과 관련한 문제가 발생했다. 4월에 정부는 서원이 점유하고 있는 토지와 노비 그리고 원점의 실태를 모두 조사했다. 각 서원에 속한 토지와 노비 명단을 정리하라는 명령이 내려졌고, 원장 김광계는 서원의 대장을 옮겨 적은 후 보고할 생각이었다. 그런데 이 과정에서 집안의 김광적이 유향소의 작부도감作夫都監77)을 담당하면서 마음대로 일을 처리했을 뿐만 아니라 관아를 속이고 역동서원 소속의 백운점白雲店 토지를 도산서원으로 옮길 수 없도록 해 놓은 사실을 알게 되었다. 역동서원과 도산서원 사이의 재산을 둘러싼 갈등이 벌어질만한 상황이었다. 결국 1631년 4월 15일에 김광계는 급히 역동서원을 방문했다. 당시 역동서원에는 많은 선비가 모여 서원의 전결을 옮겨 적는 일 때문에 예안현감에게 올릴 정소呈訴를 준비하고 있었다. 김광계는 두 서원의 재산 문제를 중재하는 데 적극 관여했다. 그리고 두 서원의 유생 30여명과 함께 현감 나무송羅茂松을 방문하고 글을 올려 양자가 만족할만한 결론을 이끌어낼 수 있었다.78)

이처럼 김광계는 향촌 내부의 갈등이 벌어지는 한복판에 늘 존재했다. 갈등이 벌어지면 누군가 책임을 지고 해결해야만 했다. 이기심이든 공명심이든 모두가 뒤로 물러서기만 한다면 향중의 공론을 이끌 수 없었기 때문이다.

김광계가 서원의 재산 문제를 해결한 것은 한두 번에 그치지 않았다. 1635년 6월에 예안현감이 보낸 관문이 서원에 도착했다. 역시 각 서원의

---

76) 『매원일기』(1631년 2월 14일).
77) 유향소 임원이면서 작부作夫 곧 토지 8결結을 1부夫로 계산해 역가役價를 매기는 일을 맡아보던 직책을 말하는 듯하다.
78) 『매원일기』(1631년 4월 17일).

노비[院奴婢]와 원속[院屬]을 모두 조사해 보고하라는 명령이었다.79) 서원이 무단으로 양정良丁을 점탈하는 문제를 해결하려던 의도였는데, 당시에도 김광계는 서원 소속 노비 등의 명단을 작성한 후 현감을 만나 가능한 서원의 재산을 유지할 수 있도록 노력했다.80)

유향소의 일원으로서 그리고 서원의 원임으로서 김광계는 향중 공론을 이끄는 동시에 향촌 사족의 이익을 보호하는 데 앞장섰다. 그는 서원의 사우士友들과 함께 문안을 작성하고81) 적극적으로 현감을 만나 해명하는 등 여러 가지 일을 주도했다.82)

사족들을 만나 갈등을 조절하고 회의를 통해 설득한 후 이를 현감과 상의하는 일이 반복되었다. 매일 매일이 접빈객의 연속이었다. 이른바 사족의 '접빈객'은 그 자체가 하나의 일상이자 정치 활동이었다.

2) 읍지 간행 및 향약 시행

1628년에 김광계는 예안 읍지[宣城志]를 만드는 데 참여했다. 지역의 정보와 기억을 정리하는 읍지 간행 그리고 그와 관련한 자료 수집은 예안 사족의 중요한 임무 중 하나였다. 1628년 10월 12일에 도산서원에 수많은 사족이 모여 들었다. 김광계를 비롯해 금창원琴昌原, 금여주琴驪州 형제와 이영도 그리고 손당孫襠과 이홍중 등 지역의 주요 성씨를 대표하는 이들이 모여 「선성지」를 만들 기초 자료의 수집을 의논했다.83) 읍지에 수록할 지역의 인물, 기릴 만한 역사적 장소, 충효열을 표창할 만한 후보 추천, 어느 하나 사족의 이해관계와 관련되지 않은 일이 없었다. 가능한 많

---

79) 『매원일기』(1635년 6월 2일).
80) 『매원일기』(1635년 6월 7일).
81) 『매원일기』(1635년 8월 2일).
82) 『매원일기』(1635년 8월 3일).
83) 『매원일기』(1628년 10월 12일).

은 조상의 사적을 읍지에 기입하려는 사족들의 욕망을 조정하는 일은 녹록치 않았다.84)

향중 공론을 만들고 지역의 풍화風化를 담당하려는 사족들의 의지는 향약 시행으로 이어졌다. 잘 알려진 대로 예안향약은 퇴계 주도로 1556년에 만들어진 바 있었다. 그러나 퇴계의 문인 금난수琴蘭秀가 쓴 향약 후지를 보면 퇴계 향약이 그대로 시행되기 어려웠던 저간의 사정을 알 수 있다. 이른바 예안향약의 몇 가지 약조를 향사당鄕射堂 벽에 걸어두고 이를 사족들이 지키도록 했지만 당시 향중 의론議論이 일치하지 않아 시행되지 않았던 것이다. 1598년에 금난수는 다시 향약의 재시행을 시도했으나 역시 쉽지 않았던 것으로 보인다.85)

사족 내부의 서로 다른 이해관계와 갈등 조절의 실패는 향약 시행의 좌절로 이어졌다. 앞서 살펴본 대로 예안 사족 내부의 갈등과 이해관계 역시 항상 일치하거나 조절되는 것은 아니었다. 향촌 내부의 갈등의 씨앗은 늘 존재했다. 그럼에도 꾸준히 향약을 시행하려는 의지가 되살아나곤 했다. 향약이야말로 사족들의 공적 역할과 관련된 가장 중요한 활동 가운데 하나였기 때문이다.

1635년 겨울에 김광계는 김확86) 등과 함께 향약 조항을 수정하고87) 이를 베껴 쓴 후 유향소에 붙이도록 했다.88) 아울러 사창제를 회복시키려

---

84) 중국의 지방지를 연구한 데니스 조셉은 지방지를 '문중 족보의 확장판'이라고 보았다. 지방지에 대한 사족들의 관심은 조선이라고 예외가 아니었다. Dennis, Joseph, 2015, *Writing, publishing, and reading local gazetteers in imperial China, 1100-1700*, Harvard University Asia Center.
85) 『惺齋先生文集』 권2, 「退溪先生鄕立約條後識」
86) 金碻(1583~1665년): 자는 이실而實, 호는 정지재定止齋이다. 김광계의 8촌형 광찬光纘의 아들이다. 광찬은 일기에 찬중 형纘仲兄으로 나온다. 일기에는 이실而實로도 나온다.
87) 『매원일기』(1635년 12월 10일).
88) 『매원일기』(1635년 12월 11일).

고도 했다. 1642년에 김광계는 20년간 유명무실했던 사창의 운영을 재개할 것을 선언했다. 주자의 사창이야말로 향촌(작은 규모라면 친족 공동체의 의장義莊)의 재정 불안정 상태를 극복하기 위해 사족들이 자발적으로 재원을 마련해 운영한 복지 기획의 하나였다.89)

김광계는 향약 조목을 다시 정하고 사창을 마련해 곡식을 갹출하는 일을 예안 사족과 함께 모여 결정했다. 수차례 논의 끝에 김확과 김광계가 사창의 유사有司로 임명되었다.90) 주지하는 대로 유사는 모든 일을 주관하는 만큼 모임자리에 술을 빚고 음식을 대접하는 접빈객의 주인 노릇을 담당해야만 했다. 김광계에게 문중에 가전家傳되는 『수운잡방需雲雜方』은 단순한 조리서가 아니었다. 100여 가지에 달하는 술과 음식의 조제법이 담긴 이 책이야말로 김광계의 일상정치를 가능케 해준 주요한 자원이었다. 봄과 여름에 적당한 술과 추운 겨울에 어울리는 음식, 김광계가 즐겨 먹었던 은어회와 다양한 술은 모두 일상의 정치 수단이라고 할만 했다.91)

1643년 여름, 향약 조목의 수정을 위해 김광계를 비롯해 수많은 예안 사족이 광산 김문의 탁청정濯淸亭에 모였다.92) 저물녘이 되었으나 인원이 차지 않아 하루를 넘긴 회의는 결국 다음날인 7월 27일에야 비로소 이루어졌다. 향약에는 특히 도둑질을 엄금하는 조항이 강조되었다. 당시 해마다 흉년이 든 데다 1643년 당해 농사가 더욱 흉년이라 들판에 놓인 곡식단을 훔치는 도둑이 많아졌기 때문이다.93) 이후에도 수차례 탁청정에서

89) 주자의 사창법의 역사적 의의에 대해서는 속경남束景南, 김태완 역, 『주자 평전 하』, 역사비평사, 2015년 참조.
90) 『매원일기』(1642년 11월 20일).
91) 어빙 고프만, 『자아연출의 사회학』, 진수미 역, 현암사. 2015년. 20세기를 대표하는 사회학자 고프만은 일상적 삶의 공간에서 벌어지는 행동의 기술을 미세한 권력장 내의 자아연출로 정의한 바 있다. 통찰력 있는 설명이 아닐 수 없다.
92) 『매원일기』(1643년 7월 26일).
93) 『매원일기』(1643년 8월 4일).

는 향약 조목을 논의하는 모임이 개최되었다.94) 향촌 공론을 위한 사족들의 모임은 유향소와 서원은 물론 사족들의 집에서도 수없이 열렸다. 밤늦게까지 이어진 회의도 있었고 술을 폭음하는 경우도 발생했다. 가을 달빛을 감상하거나 배를 타고 음주하는 모습도 연출되었다. 경우에 따라 서로 다른 장소와 음식 그리고 분위기가 조성되었다. 각종 모임의 감독이자 주인공으로 참여한 김광계는 복통을 무릅쓰기도 하고 지나친 음주를 후회하거나 사소한 일로 크게 싸움을 벌이기도 했지만 끊임없이 사람들을 초대하고 또 초대되어 모임에 나갔다. 접빈객은 사족들의 일상정치 그 자체였기 때문이다.

3) 1627년의 문중 산소 이장

김광계가 개인사는 접어둔 채 향중의 공사公事에만 몰두한 것은 아니었다. 그는 집안의 장남이었기에 수많은 집안일에 관여하지 않을 수 없었다. 선산의 이장 문제야말로 김광계가 많은 신경을 썼던 부분이었다.

1626년 9월에 의성의 동생으로부터 급한 편지가 김광계에게 전해졌다. 경상감사 김시양95)은 상락공上洛公 김방경金方慶96)의 후손인데, 광산 김씨의 조상 묏자리가 상락공 묘에 너무 가까이 붙어 있으므로 강제로 천장하겠다는 뜻을 전한 것이었다.97) 얼마 후 감사 김시양이 안동으로부터 상락공의 산소에 전을 올린다는 소식을 들은 김광계는 동생들과 함께 관찰사를 만나러 출발했다. 이른바 지례재사知禮齋舍의 현장이었다. 감사의

---

94) 『매원일기』(1643년 8월 17일).
95) 金時讓(1581~1643년): 초명은 시언時言, 자는 자중子中, 호는 하담荷潭, 본관은 안동이다.
96) 상락공은 김방경(1212~1300년)의 봉호이다. 자는 본연本然, 시호는 충렬忠烈, 본관은 안동이다. 음서로 벼슬길에 나가 상장군, 행영중군병마원수行營中軍兵馬元帥 등을 역임하고, 상락군개국공식읍일천호식실봉삼백호上洛君開國公食邑一千戶食實封三百戶에 봉해졌다.
97) 『매원일기』(1626년 9월 7일).

도착을 기다린 지 한참만에야 김광계는 김시양을 만날 수 있었다. 그런데 김시양은 매우 준엄한 목소리로 이장을 명령했고 김광계를 비롯해 동생들은 그저 한마디의 대꾸도 하지 못한 채 감사의 위세에 눌려 '예예[唯唯]'를 연발하고 말았던 것이다.

후일 김광계는 용기를 내 경상감사 김시양과의 단독 면담을 추진했다. 김광계는 누누이 이장[勒遷]의 어려움을 변론했고, 그 결과 감사 김시양으로부터 강제로 명령하려던 것이 아니었다는 희망적인 대답을 들을 수 있었다. 김시양은 강제 천장은 자기의 본뜻이 아니라 서울의 동성同姓들의 강력한 주장京居同姓之論이었다고 변명했다.98)

김시양과의 담판으로 천장 문제를 해결할 수 있으리라는 김광계의 기대는 서울의 상락공 후손들이 사헌부에 소장을 올리면서 물거품이 되고 말았다. 1626년 12월에 예안의 서리가 중앙의 관지官旨를 전해온 것이다. 조정의 명령이므로 빠른 시일 안에 고조부와 선친의 묘를 이장하라는 청천벽력 같은 내용이었다. 김광계와 친지들은 매일 눈물로 걱정할 뿐이었다.99)

경상감사 관할이던 예안현감 역시 김광계 등을 관아로 불러 이장을 종용하고 나섰다.100) 또 얼마 되지 않아 서울에 사는 상락공의 후손 김영남金英男이 사헌부의 공문을 들고 직접 예안에 나타나기도 했다. 김광계를 비롯해 친지 일가는 분통해 하면서도 별다른 해결책을 내놓을 수 없었다.

결국 천장의 일이 급하게 진행되었다. 12월 29일에 경삼감사 김시양은 진보현감眞寶縣監 이영인을 발묘차사원發墓差使員으로 차출해 예안으로 보냈다.101) 예안에 도착한 이영인은 예안현감과 함께 김광계를 예안의

---

98) 『매원일기』(1626년 9월 14일).
99) 『매원일기』(1626년 12월 26일).
100) 『매원일기』(1626년 12월 27일).

관아로 불러 천장을 독려했다. 이듬해 1627년 1월 5일을 기한으로 이장을 완료하겠다는 다짐을 강요한 것이다. 김광계는 일기에 자세히 적지는 않았지만 저간의 낭패감과 상황에 위축되어 당황하는 자신을 매우 부끄러워하고 있었다.102)

해가 바뀌자 김시양의 천장 명령은 더욱 다급해졌다. 차사원 이영인 역시 경상감사의 협박에 겁을 먹고 번번이 김광계를 다그쳤다. 서울에서 왔다는 상락공의 후손 김영남 역시 함부로 구는데다 예안현감도 이번에는 전혀 김광계의 편이 아니었다.

사면초가의 어려움 속에서 김광계는 1월 10일을 기한으로 이장 준비를 시작하겠노라고 공초(供招)했다.103) 생각보다 빨리 약속한 10일이 다가왔다. 김광계는 지례재사에 도착해 이장을 서둘렀지만 차사원 이영인이 오지 않아 시작할 수가 없었다.104) 그런데 나중에 이영인은 서리를 보내 도리어 이장을 빨리 시작하지 않았다고 문책하고 나섰다. 김광계와 그의 동생들을 관아로 부른 이영인은 예안현감과 더불어 즉시 약속을 이행하라며 다그쳤다. 김광계는 현감과 차사 이영인의 준엄한 언사와 성화에 못 이겨 당일 말을 달려 지례재사에 도착했다.

김광계는 눈물을 삼키며 당시의 슬픔을 일기에 적어 놓았다. 묘에 고한 후 봉분을 허물자 벌써 날은 어둡고 눈물이 앞을 가렸지만 어쩔 수 없는 노릇이었다는 것이다.105) 여기서 조선의 향촌 사족이 조정의 관료들에게 느끼는 묘한 굴욕감을 엿보게 된다. 향촌에서는 권세를 누리다가도 현감이나 감사 혹은 중앙 관료들 앞에서 한없이 작아졌던 사족들은 다시

101) 『매원일기』(1626년 12월 29일).
102) 『매원일기』(1626년 12월 30일).
103) 『매원일기』(1627년 1월 6일).
104) 『매원일기』(1627년 1월 10일).
105) 『매원일기』(1627년 1월 11일).

한 번 과거시험의 위력을 절감했을지도 모른다.106)

그런데 국가의 변란이 도리어 김광계 집안에는 다행이 되는 일이 발생했다. 후금의 공격, 이른바 호란이 발발한 것이다. 겨울에 지례재사의 이장을 강행했던 김광계는 1월말 노적老賊[후금]의 침공으로 공사를 중단할 수 있었다. 임금께서 안동으로 몽진할 계획이 알려지면서 경상감사 역시 천장 문제에 더 이상 신경 쓸 겨를이 없었던 것이다. 김광계는 파헤친 묘를 이장하기 어렵게 되자 어쩔 수 없이 지례재사의 산기슭에 가매장하는 수밖에 없었다.107) 김광계는 이러지도 저러지도 못하던 당시의 망극한 심정을 일기에 가득 펼쳐놓았다.108)

심지어 후금의 침입과 조상 묘의 천장으로 걱정이 가득했던 김광계에게 의병유사義兵有司에 임명되었다는 소식이 날아들었다. 과연 집안의 어려운 일을 버려두고 국가의 부름에 응할 것인가 아니면 조상 묘의 망극한 변고를 들어 공무를 고사할 것인가? 친지들과 모여 의논한 결과 '상중이라도 나아간다喪中起復'는 고사에 따라 출정이 결정되었다.109)

이후 한 달여 동안 김광계는 의병을 모집하고 곡식을 갹출하는 일에 전념하다가 결국 이해 3월에 큰 병을 얻고 몸져누웠다. 몸에 붉은 반진과 이질 고열을 동반한 증세가 이어지면서 김광계의 기운은 고갈되었다. 1627년 한 해 김광계의 일기는 조상 묘의 이장을 위해 적당한 명당을 찾는 일 그리고 이로 인한 노고와 투병의 연속이었다.110)

의병유사로 잠시 멈추었던 이장 문제는 새해의 시작과 더불어 지관을

---

106) 향촌 사족이 취할 선택지는 과거에 응시해 관료로 출신하거나 아니면 성리학에 열중해 산림의 학자로 칭송받는 수밖에 없었다.
107) 『매원일기』(1627년 1월 25일).
108) 『매원일기』(1627년 2월 5일).
109) 『매원일기』(1627년 2월 8일, 2월 9일).
110) 『매원일기』(1627년 3월 17일). 김광계의 병력에 대해서는 절을 달리해 정리하고자 한다.

초빙하고 새로운 이장처를 찾으면서 본격적으로 재개되었다. 김광계는 풍수지리에 밝은 훈도 류종직柳宗直을 비롯해 지관 강익주, 이환 그리고 최씨 성의 지관 등 수많은 풍수사의 의견을 구한 끝에 10개월여 만인 1627년 10월 명암동鳴巖洞으로 이장처를 정할 수 있었다.

그런데 이때 바로 앞서 언급한 얼속 이양일의 농간이 벌어졌던 것이다. 예안현감은 경상감사의 독촉으로 이장을 미룰 수 없던 김광계의 처지를 누구보다 잘 알고 있었으므로 이양일과의 산송 문제에서 김광계의 편의를 봐주었던 것으로 보인다. 김광계의 이장 문제가 해결되어야 자기도 경상감사의 독촉에서 자유로울 수 있었기 때문이다.

1627년 11월 3일에 개토제開土祭를 시작으로 이장 작업은 순조롭게 진행되었다.111) 김광계는 산소에 소용될 회灰를 굽는 일과 부족한 회를 보충하는 일, 완성된 회를 운반하는 모든 과정을 직접 감독하는 등 수고를 아끼지 않았다.112) 건강이 좋지 않아 식은땀을 흘리는 증세로 고통받으면서도113) 12월에 비로소 방위를 확정해 금정金井을 파고114) 금정목金井木을 해당 자리에 박아 넣을 수 있었다. 12월 18일에 김광계는 몸소 예안 관청에 호소해 군정軍丁을 빌렸다. 상여를 매어 오자 이장이 마무리되었다. 이듬해인 1628년 1월 4일 김광계는 명암동의 새 산소에 가서 성묘한 후 한 달여를 기다렸다가 봉분을 완료했다. 거의 1년여에 걸친 조상 묘의 이장 작업은 김광계의 노력과 애정 어린 손길로 끝날 수 있었다.115)

문중에 대한 김광계의 책임감은 실로 숭고하다 할 정도였다. 이장 준비와 작업이 완료되는 1년여 동안 김광계는 상당한 마음고생과 험지險地

111) 『매원일기』(1627년 11월 3일).
112) 『매원일기』(1627년 11월 22일).
113) 『매원일기』(1627년 11월 26일).
114) 『매원일기』(1627년 12월 7일, 12월 8일).
115) 『매원일기』(1628년 2월 15일).

를 마다하지 않는 노고로 그만 건강을 잃게 되었다.

5   '접빈객'의 후유증과 양생훈養生訓

1) 술병酒病을 비롯한 각종 질병

예안 사족 김광계는 서원과 유향소 업무 그리고 문중의 다양한 일로 끊임없이 손님을 대접하고 또 손님이 되어 모임에 나가야 했다. 젊어서부터 술을 좋아한 그는 위장이 튼튼하지 못해 잦은 설사와 복통을 호소했다. 스스로도 '기가 약하다氣弱'고 우려할 정도였다.116) 특히 이장 준비와 마무리로 노심초사한 1627년, 김광계의 한 해 병력을 대략 정리해 보면 다음과 같다.

〈표 1〉 1627년 김광계의 병력

일시		비고
3월 18일	반진의 증상을 갖추어 적어 중명仲明 씨에게 물어보았다.	반진
3월 20일	붉은 반진이 지금까지도 사라지지 않아 이몽득李夢得을 불러 침을 맞았다.	반진
3월 28일	요즘 병을 조리하면서 아울러 여러 서책을 보고 있다.	-
4월 14일	땀을 내고는 좀 나았다.	-
4월 24일	안동에 가고 싶었으나 병 때문에 갈 수가 없었다. 종일 문밖을 나가지 않고 조리하면서 쉬었다.	
5월 12일	기운이 몹시 고르지를 않고 먹은 것도 소화가 되지를 않아서 가만히 앉아 조리하면서 쉬었다.	소화불량
5월 13일	이날 복통을 앓고 설사를 했다.	복통/설사
5월 26일	비가 자주 내리고 요즘 덥고 습해 골치가 아프고 몸이 노곤해 종일 가만히 앉아 있으니, 또한 편안하고 한가로운 듯하다.	두통/허로

116) 『매원일기』(1617년 10월 2일).

6월 2일	날씨가 습하고 더운 데다 노곤하고 음식도 소화가 되지 않아 조리하는 것을 일삼았다.	소화불량
6월 17일	요즘 더위를 먹어 과업을 전폐하고 있다.	더위
6월 23일	기운이 몹시 고르지를 않아서 가만히 앉아 조리하면서 쉬었다.	쇠약
6월 25일	갑자기 복통 설사가 생겨 자주 변소에 갔다.	복통/설사
7월 2일	기운이 몹시 고르지를 않아 가만히 앉아 조리하며 쉬었다	쇠약
8월	8월 내내 기운이 없다가 9월까지 이르게 됨.	
9월 4일	병이 심해 집안에 할 일이 있었으나 나가보지 못했다.	학질
9월 13일	날이 저물었을 때부터 사지가 쑤시고 아팠으며 오한과 신열이 오락가락하고 밤새 땀을 흘렸더니 원기가 쑥 빠졌다.	학질
9월 15일	오후에 고통스럽고 오한과 신열이 오락가락 했으므로 마침내 그저께 앓았던 것이 학질이란 것을 알게 되었다. 고통을 말할 수 없다.	학질
9월 17일	약을 먹고 처방을 써보았으나 모두 효험이 없었다. 또 크게 아파서 인사불성이 되었다.	학질/인사불성
9월 19일	침을 맞고 약을 먹었더니 학질이 재발하지 않았다.	학질
9월 21일	학질은 떨어졌다고 하나 원기가 빠져서 식은땀이 나고 오한이 나므로 출입할 수가 없었다.	학질/虛勞
11월 6일	기운이 몹시 편치 않았다. 밤에 콩죽 같은 땀을 흘려 옷과 이불이 다 젖었다. 제사에 참석하지 못하고 있다.	허로
11월 9일	기제사에 참석할 수가 없어 동생이 아이들을 데리고 대신 지냈다.	허로

일 년 내내 김광계는 복통과 설사 그리고 학질 등으로 고생했다. 연말에는 결국 제사에 참석할 수 없을 정도로 건강이 악화되어 있었다. 이듬해 그는 할 수 없이 절의 온돌방을 찾아 양생하기로 마음먹었다.117) 현사사 玄沙寺에서 열흘 정도 조리한 후 건강이 어느 정도 회복되자 비로소 귀가할 수 있었다.118)

117) 『매원일기』(1628년 1월 7일).
118) 『매원일기』(1628년 1월 17일).

김광계는 음주와 여행 등으로 기력이 소모된 탓에 자주 병에 걸린다고 판단해 1628년 봄에서 여름까지 금주를 실천하기도 했다.119) 그럼에도 김광계의 건강 상태는 그리 좋은 편은 아니었던 것으로 보인다. 1630년 일기에서도 계속해 설사와 복통을 달고 사는 모습이 그려지고 있다. 1630년 2월에는 원기가 고달프고 먹는 것도 소화가 잘 되지 않으며 식은땀을 늘 흘려 누워 있는 시간이 많아 과업을 전폐하고 있다고 안타까워했다.120) 이를 필두로 2월 내내 땀을 많이 흘리고 기운이 없는데다 소화가 되지 않는다고 하거나121) 설사 증세가 발작해 종일 곤하게 누워 있다는 기록이 잦다.122) 4월에도 원기 회복에 처방하는 보중익기탕補中益氣湯을 복용하고 배꼽 부위에 뜸을 뜨기도 했다. 설사와 복통이 자주 이어지자 4월 18일 10장의 뜸을123), 다음날 20장124), 그리고 4월 20일에 또 10장을 떴다.125) 연이은 뜸으로 4월 29일에는 도리어 원기가 상하는 느낌을 받아 잠시 치료를 멈추기도 했다. 가만히 조양調養하는 편이 나았던 것이다.126)

설사와 허로 현상은 5월, 6월 그리고 여름인 7~8월까지 계속되었다. 김광계 스스로도 평소에 병이 많다고 한탄하고 원기가 소모되어 과업을 폐하게 된 사실을 가장 안타까워했다.127) 겨울에도 역시 복통과 함께 감기로 온몸에 땀이 나고 가래가 끓어 종일 누워있는 날이 많다고 기록했

119) 『매원일기』(1628년 6월 12일).
120) 『매원일기』(1630년 2월 18일).
121) 『매원일기』(1630년 2월 22일).
122) 『매원일기』(1630년 2월 27일).
123) 『매원일기』(1630년 4월 18일).
124) 『매원일기』(1630년 4월 19일).
125) 『매원일기』(1630년 4월 20일).
126) 『매원일기』(1630년 4월 30일).
127) 『매원일기』(1630년 7월 7일).

다.128)

2) 유의(儒醫)들의 활동

김광계는 평소 배앓이가 심하고 허로 증세로 고생했다. 아울러 술을 과음하는 일이 많아 건강은 더욱 좋지 않았다. 그는 다양한 약물을 구하고 또 치료를 위해 지역 의원이나 주변의 친인척 가운데 의약에 밝은이들의 도움을 구했다.

특히 노산 재종조부 김부생129)의 도움은 절대적이었다. 1622년에 그가 사망하기 전까지 집안사람들의 질병 치료에는 항상 김부생이 동원되었다. 서자였던 김부생은 과거에 응시할 수 없자 의학에 입문했던 것으로 보인다. 김광계는 김부생과 더불어 『전가잡록田家雜錄』을 검토하기도 했다. 이를 보면 김부생은 의학은 물론 농업 등 다양한 실용지서를 공부했던 것으로 보인다.130)

김광계는 본인의 복통과 설사 증세131)는 물론 아내, 노친老親, 동생132) 등 집안사람의 질병 치료에 김부생을 모셔와 치료하도록 했다. 김광계의 노친이 학질로 음식을 전혀 먹지 못하자 김부생은 쑥뜸과 침을 놓았으며133), 1616년 5월에 마을에 전염병[染氣]이 돌자 김광계는 김부생

---

128) 『매원일기』(1631년 1월 5일).
129) 김부생金富生(1547~1622년). 김광계의 종증조부인 김유金綏의 서자이다.
130) 『매원일기』(1607년 3월 29일). "아침에 노산 재종조부를 불러와서 『전가잡록』을 살펴보았다."
131) 『매원일기』(1619년 8월 27일). "새벽에 일어났더니 복통이 곽란과 비슷해 설사를 자주 하다가 느지막이 차도가 있었다. 이실而實, 노산蘆山 재종조부가 보러 왔다. 집사람의 병도 나았다."
132) 『매원일기』(1607년 5월 29일). "이도의 병이 더욱 심해져 종일 곁에서 병구완을 했다. 덕여 형, 찬중 형, 노산 재종조부가 와서 문병했다."
133) 『매원일기』(1617년 3월 24일).

으로부터 약재를 얻어 역병을 앓던 동생에게 가져다주기도 했다.134) 또한 죽력竹瀝과 같은 고가의 약재는 전적으로 김부생에게 구득을 의뢰했다.135) 김광계는 역병의 예방과 치료에서 손이 부어오르는 일상의 증세까지 거의 대부분의 치료법을 김부생과 의논할 정도였다.136)

가까이 의원이 없는데다 구급 상황이 발생할라치면 김부생의 존재는 더욱 중요했다. 1607년에 김광계의 동생 김광보137)가 역병으로 병세가 악화되어 거의 숨이 끊어질 뻔 한 적이 있었다. 권시중을 불러 뜸 치료를 시도했지만 차도가 없자 봉화의 명의名醫 이씨를 급하게 불러 오도록 했다. 사실 권시중도 의술에 뛰어나 김광계가 자주 치료를 부탁하던 사이였다. 그런데 봉화에 가기도 전에 동생 김광보의 호흡이 거칠어지면서 곧 숨이 넘어갈 듯 위급했다. 김광계는 재빨리 김부생을 모셔와 응급 처치하도록 했고, 그날 밤 동생 김광보는 다행이 소생할 수 있었다.138) 판사 재종숙이 계단을 내려오다가 넘어져 부러진 다리를 치료하는 일 역시 김부생 몫이었다.139) 김부생은 이른바 집안의 주치의 같은 존재였다.

말년의 김광계는 오른쪽 팔뚝에 커다란 종기가 자라 고통스러워했다.140) 이른바 정종疔腫이라는, 치료가 쉽지 않은 악성 종양이었다. 당시 김광계는 김확의 서손庶孫 이성승李誠承을 불러 침과 약물을 처방받았다. 이성승 역시 서자였던 관계로 의학에 입문해 기술을 인정받고 있었다.141)

---

134) 『매원일기』(1616일 5월 8일).
135) 『매원일기』(1607일 2월 13일).
136) 『매원일기』(1617일 8월 27일).
137) 김광계의 둘째 아우 金光輔(1587~1634년). 자는 이도以道, 호는 용문龍門이다. 1618년에 생원시에 입격했다.
138) 『매원일기』(1607년 6월 6일).
139) 『매원일기』(1617년 9월 9일).
140) 『매원일기』(1642년 4월 1일).
141) 『溪巖先生文集』 권5, 「愛日堂重修記」(1642년 4월 2일).

집안에 의술이 깊은 이들이 있다면 그나마 다행이었다. 그렇지 않다면 의학에 밝은 친구들이 있어야 했다. 앞서 언급한 권시중142)은 월천 조목 趙穆의 문인으로 사족이었지만 의학에 밝은 인물이었다. 그는 일찍부터 김광계와 친분이 두터워 그의 집안을 자주 왕래했다.143) 김광계는 아내의 병이 깊어지자 권시중을 불러 의논하는 등 의사로서의 그의 실력을 상당히 신뢰했다.144) 권시중처럼 유학을 공부하면서도 의학에 밝은이들을 유의儒醫라고 했다.

가령 경북 영주의 이석간은 대표적인 유의였다. 충재 권벌權橃의 외조카이자 퇴계의 제자였던 그는 1534년(중종 29년) 사마시에 합격하고 전옥서典獄署참봉을 역임했지만 이내 벼슬을 그만두고 영주의 사족들과 더불어 읍내에 제민루濟民樓라는 의국醫局을 설치하고 많은 이를 치료하는 데 힘썼다.145) 후일 그의 처방은 『이석간경험방』으로 정리되어 필사본으로 전해졌다. 이처럼 16세기 중반 이후 향촌에는 유의들이 활동이 늘었다.146)

16세기 전후, 유의들의 활동은 이른바 사회적 책무를 다하려는 사족들의 의지와 무관하지 않았다. 많은 유의가 지방 의국에서 기술을 발휘하고 있었다. 공공 의료로는 충분치 않던 부분을 군자의 책무를 다하려던 사족들과 유의들이 메우고 있었다.147)

---

142) 權是中(1572~1644년). 자는 시정時正, 호는 야주자野舟子, 본관은 안동이다. 조목의 문인으로 『역정집櫟亭集』을 남겼다.
143) 『매원일기』(1615년 윤8월 26일).
144) 『매원일기』(1619년 9월 6일).
145) 『栢谷先生集』권1, 「戱言記」.
146) 조선의 대표적인 명의 허준 역시 유의였다. 그는 무인 집안의 서자로 태어나 의학은 물론 역사와 제자백가에 밝았다(김호, 『허준의 동의보감 연구』, 2000년, 일지사 참조).
147) 당시 유의의 활동은 전국적이었다. 경북 영주의 의국 제민루濟民樓를 비롯해(강구율 역, 『(국역) 영주삼읍지』, 소수박물관, 2012년) 강릉의 약국계 운영에 참여한 양천 허씨(이규대,

예안의 대표적 유의는 김광계의 「일기」에 이중명 혹은 이군위로 기록된 이찬이었다.148) 1627년 3월에 후금이 조선을 침략하자 김광계는 의병유사로 차출되어 과로로 인한 허로 증세로 고통 받고 있었다. 당시 김광계는 이찬을 찾아가 치료법을 의논했다.149)

이찬은 용궁에 거주하고 있었다. 김광계는 용궁을 며칠씩 방문해 다양한 약물을 제조해 귀가하곤 했다.150) 1638년 3월 24일에 용궁의 이찬을 방문해 일주일만인 4월 5일 돌아왔는데, 10여 일 사이에 이찬의 집에 환자가 끊이질 않았다. 김광계는 멀리서 약을 지으려는 환자들이 이찬의 집에 잇달아 방문해 모든 환자의 성명을 기록할 수 없을 정도였다고 기억했다.151)

용궁에 직접 갈 수 없는 경우에는 노비를 보내 처방과 약물을 받아오기도 했다. 1643년 봄에 김광계의 아내는 중병을 앓아 식음을 전폐하고 있었다. 그러자 김광계는 노비 무생戊生을 이찬에게 보내 처방전과 약물을

『조선시기 향촌사회 연구』, 신구문화사, 2009년), 경북 상주의 의국 존애원(권태원, 『存愛院』, 상주대학교 상주문화연구소, 2005년; 김형수, 「임란직후 상주 지역질서의 재편과 存愛院」, 『국학연구』 30, 2016년), 임란 이전 해광 송제민이 설립한 전라도의 의국(이종범 외, 『조선시대 홍주 송씨가의 학술과 생활』, 조선대학교 고전연구원, 2012년), 1607년의 한백겸의 청주 의국 설립(『西溪先生文集』 권3, 「醫局重設字」), 마지막으로 최근 발견된 성주의국星州醫局의 중수기重修記 등은 16~17세기에 향촌 사족의 공적 활동과 관련해 앞으로 더 많은 주목이 요구된다. 17세기 중엽 유형원은 『반계수록』에서 의국을 전국으로 확대해 설치할 것을 주장했다. 물론 운영은 당시 사족들이 하는 '약계藥契' 형식을 빌도록 했다(勸諭各鄕人士 建設醫局 如今藥契之爲). 가령 현 단위에는 1곳, 군에는 2곳, 부에는 3곳, 도호부都護府 등 대부大府에는 4곳을 마련하고 국가에서 토지와 노비 등 경제적 지원을 아끼지 않는다면 지방의 의료 상황을 개선할 수 있을 것으로 보았다(『磻溪隨錄』 補遺 권1, 「郡縣制」).
148) 이군위: 군위현감을 지낸 이찬李燦(1575~1654년)으로, 부인은 김광계의 재종숙 김령의 누이였다. 자는 중명, 호는 국창菊窓, 본관은 여주로 의술에 능해 발탁되어 인조의 병을 치료하기도 했다. 익위사사어, 종부시주부, 김산현감 등을 지냈다.
149) 『매원일기』(1627년 3월 18일).
150) 『매원일기』(1638년 3월 24일).
151) 『매원일기』(1638년 3월 27일).

받아 왔다.152) 가감승마갈근탕加減升麻葛根湯이었다. 이로 보아 김광계의 아내는 당시 유행한 온역溫疫에 감염되었을 것으로 추측된다.153) 김광계는 진찰과 함께 약물 처방을 받고 환약을 제조하기 위해 직접 약재들을 찧고 가루 내는 일을 하거나154) 한 번에 여러 종류의 약물을 조제하기도 했다. 1638년 4월에 김광계가 복용한 윤신환潤身丸 역시 이찬의 처방이었다.155)

사실 유의로서의 이찬의 명성은 하루아침에 만들어진 것이 아니었다. 그는 서애 유성룡의 생질이었는데, 주지하는 대로 유성룡은 명대의 『의학입문醫學入門』을 요약해 『침구요결針灸要訣』을 편찬할 정도로 의학에 밝았다.

『성호사설』에 전하는 일화에 따르면, 서애 유성룡이 하루는 자제들과 같이 앉았다가 숯불을 진흙에 던지니 물과 불이 서로 부딪쳐 소리가 일어났다. 유성룡이 "이것이 무슨 이치인지 알겠느냐?"고 묻자 이찬은 "습기가 성하면 복통이 생기는 이치와 같다"고 대답했다는 것이다. 유성룡은 책장의 모든 의서를 꺼내 이찬에게 주었고 후일 이찬의 의술이 전국의 으뜸이 되었다는 이야기다.156)

일화에서 드러나듯이 이찬은 명대明代의 새로운 의학을 연구한 유의였다. 그의 명성은 전국적이었다. 백호 윤휴의 글에서 이를 확인할 수 있다. 윤휴가 15세였던 1631년(인조 9년) 후금의 침략 소식이 전해지자 어머니를 모시고 피난을 떠났다. 그런데 어머니가 괴이한 병에 걸려 오래도

---

152) 『매원일기』(1643년 3월 24일).
153) 『동의보감』, 잡병편 권3, 「寒(下)」 '升麻葛根湯.' 온병 시령 즉 감염병 감모를 치료하는 약물이다. 당시 감염병이 마을에 유행해 아내와 더불어 늙은 여종이 급사했다.
154) 『매원일기』(1638년 3월 28일).
155) 『매원일기』(1638년 4월 5일).
156) 『성호사설』 권15, 「人事門」 '腹痛.'

록 낫지 않았다. 이에 윤휴는 영남의 명의 이찬을 찾아가 병을 치료할 수 있었다는 것이다.157) 이경석 또한 최명길에 보낸 편지에서 당대 최고의 명의로 이찬을 꼽았다.158)

이찬은 유의로 명성을 쌓을 수 있었고, 마침내 인조의 질병을 치료하기 위해 의약동참으로 궁궐에 들어갈 수 있었다.159) 1639년에 인조의 소갈증과 해수 증세를 치료하기 위해 입진한 그는 '현상설리고玄霜雪梨膏'라는 새로운 처방을 개발하기도 했다.160)

김광계처럼 친인척 가운데 김부생이나 이찬처럼 의학에 조예가 깊은 이들이 있다면 좋았겠지만 대부분의 사족은 의원을 모셔오기조차 쉽지 않았다. 때문에 사족들은 기본적인 구급 의학을 공부하거나 양생법을 강구했다.

약물의 구득은 매우 어려웠기 때문에 재배하는 경우도 많았다. 김광계 역시 약포藥圃를 마련해 여러 가지 약초를 재배했다.161) 일반적으로 약재가 준비되었다면 집에서 약물을 제조할 수 있었기 때문이다. 김광계는 여종들을 시켜 환약을 빚거나162) 자신이 직접 약을 만들기도 했다.163)

희귀한 약재의 구득은 더욱 큰 문제였다. 사족들끼리는 약계藥契를 이용해 서로 부조하거나164) 군현에 설치된 의원醫院 혹은 의국에서 약재를

---

157) 『白湖全書』 부록2, 「行狀」.
158) 백헌 이경석의 문집 『白軒先生集』 권29, 「與遲川-以下甲戌居廬時」. "竊聞龍宮士人李燦 素是儒者而兼通醫術 以近日耳目之所覩記 用其藥而差痼疾者甚多."
159) 『인조실록』, 인조 10년(1632년) 6월11일.
160) 『승정원일기』, 인조 17년(1639년) 10월 22일.
161) 『매원일기』(1630년 2월 24일). "종들을 시켜 약재를 모종하고 나무를 심었다使奴輩蒔藥種樹."
162) 『매원일기』(1639년 3월 28일).
163) 『매원일기』(윤6월 18일). "약을 조제하느라 어수선한 일이 있어서 일과를 접었다."
164) 『매원일기』(1639년 5월 18일). "춘경의 노친이 학질을 앓고 있어 약물을 빌려갔다."

구입했다. 군현의 의국에는 약재는 물론 의생醫生이 소속되어 진료가 가능했다.165) 김광계는 주로 안동의 의국을 방문했다. 아마 예안에는 의국이 없거나 있다 해도 안동에 비해 규모가 작았던 것으로 보인다.166)

고가의 수입 약재는 서울에서 내려온 약재상으로부터 구입했다. 이양일李陽一이라는 서울의 약장사는 수개월에 한 번씩 예안 김광계의 집에 와서 머물렀다. 혹 그는 도산서원에 들려 약을 팔기도 했다. 당시 김광계를 비롯한 많은 향촌 사족들이 중국에서 수입한 약재唐材를 이양일로부터 구득했다.167) 이듬해에도 도산서원을 방문한 이양일은 많은 수입 약재를 예안 사족에게 팔고 떠났다.168)

한편 젊어서부터 복통과 잦은 설사로 고통 받던 김광계는 원기회복을 위해 제조한 토사자환菟絲子丸의 약효를 크게 기대했다.169) 말년에 이르러 그는 노인성 안질환으로 고통 받기도 했다. 시야가 흐려지거나 눈이 어두워지는 것을 치료하려고 김광계는 세간명목산洗肝明目散이나170) 자음지황환滋陰地黃丸을 복용했다. 아울러 소풍산消風散 15첩을 조제해 연이어 복용하기도 했다.171) 이상의 약물은 혈허나 신허腎虛로 눈이 어둡고 눈동자가 커지며, 눈이 흐려지면서 꽃이 보이는 증세를 치료하는 데 사용되었다.172) 소풍산은 노인성 두풍을 치료하는 약물로, 풍이 위로 치받아 머리

---

165) "안동의국의 의원을 불러와 치료를 받았다"(1642년 5월 11일). "안동의국의 막숙莫叔을 불러와 자음지황환滋陰地黃丸을 조제했다. 그는 며칠 묵으면서 여러 약제를 처방한 후 돌아갔다"(1642년 5월 13일). 그리고 1642년 5월16일부터 자음지황환을 복용하기 시작했다.
166) 『매원일기』(1619년 10월 22일; 1638년 10월 17일).
167) 『매원일기』(1637년 5월 13일).
168) 『매원일기』(1638년 1월 19일).
169) 『매원일기』(1619년 10월 24일).
170) 『매원일기』(1641년 1월 3일).
171) 『매원일기』(1642년 5월 12일).
172) 『동의보감』 외형편 권1 「眼」 '滋陰地黃丸'.

가 어지럽고 눈이 침침하며, 코가 막히고 귀가 울리며 피부가 마비되고 가려운 증세 일반을 치료하는 데 유효했다.173)

앞서 언급한 대로 김광계는 토사자의 약효를 굳게 믿고 있었다. 젊어서부터 노년에 이르기까지 김광계의 토사자 애용은 대단했다. 1641년 가을에 그는 현토단玄兎丹을 복용하기 시작했는데 현토단의 주요 약재가 바로 토사자였다.174) 『동의보감』에 의하면 현토단은 소갈증과 정기가 새어 나가는 증세를 치료하는 약물로 장복하면 수명을 늘려주는 효과가 있었다. 김광계는 토사자 10냥, 오미자 7냥, 백복령 등을 가루 내어 풀을 쑤거나 꿀로 환약을 만들어 오랜 기간 복용했다.175)

평생을 지방 사족으로 산 김광계는 수많은 모임을 개최하고 또 회의에 참석하면서 접빈객의 나날을 보내왔다. 자기가 건강하지 않으면 수많은 향촌 내 공무와 집안 일들을 해내기 어려웠다. 평소 건강을 자신하지 못한 그는 스스로 평생의 섭생과 치료 경험을 정리해 후손에게 「양생훈養生訓」을 남기기도 했다. 「잡기雜記」라는 제목을 붙였지만 후손들에게 건강의 비결을 남겨준 셈이다. 말년까지도 금주하지 못한 채176) 술의 해로움을 경계한 그는 종종 이 글을 꺼내 읽어보면서 건강의 중요성을 환기했을 것으로 보인다.177)

3) 김광계의 양생훈과 식치食治

일찍부터 복통과 설사로 고생한 김광계는 한마디로 보약 옹호론자였다. 그는 "사람의 나이가 마흔 살이면 입에서 좋은 약이 떨어지지 않고,

---

173) 『동의보감』 외형편 권1 「頭」 '消風散' "治諸風上攻, 頭目昏眩, 鼻塞, 耳鳴, 皮膚麻痒"
174) 『매원일기』(1641년 9월 5일).
175) 『동의보감』 잡병편 권6 「消渴」 '玄兎丹'.
176) 『매원일기』(1644년 1월 3일).
177) 『매원일기』(1641년 3월 27일).

예순 살이 가까워지면 기력이 허약한 사람은 단 하루도 보약이 없어서는 안 된다"고 강조했다. 장수한 사람들은 평상시에 밥과 국을 먹듯이 약을 복용했다는 것이 김광계의 주장이었다.178)

김광계 역시 상당히 많은 약물을 복용했다. 앞서 언급했듯이 토사자환에 대한 그의 칭송은 「잡기」에도 그대로 나타났다. "경상하도의 어떤 이가 어려서부터 어쩌다가 한 번씩 굶주림으로 인해 몹시 허기져서 참고 견디기가 어려웠는데, 토사자환을 복용하고 증세가 사라졌다"는 것이다. 김광계 스스로 토사자환을 복용하고 약효를 더욱 믿을 수 있었다고 첨언하기도 했다.

향촌에서 의원의 진료를 받거나 약재를 구입하는 일은 쉽지 않았다. 이에 김광계는 약물 복용의 세 가지 어려움을 이렇게 토로했다. "사람이 비록 병이 들더라도 먼 길을 가서 약을 묻는 것이 어렵고, 비록 약을 물었더라도 약재를 모아 약을 짓는 것은 더욱 어렵고, 비록 약을 짓더라도 부지런히 날마다 약을 복용하는 것은 아주 어렵다." 치료법을 의논할 수 있는 의원과 약물을 복용할 수 있는 재력 그리고 마지막으로 규칙적으로 약을 복용해 병을 이겨내겠다는 환자의 의지가 모두 결합되어야 병을 완치할 수 있다는 뜻이다. 세 가지를 모두 갖추기는 사실상 어려웠다. 차라리 병이 들기 전에 예방하는 편이 나았다.

약물복용藥治보다는 평소의 음식물食治이 더 중요했다. 위장이 좋지 않던 김광계에게 식치는 절실한 양생법이었다. 그의 「잡기」에는 음식과 관련한 다양한 주의사항이 기술되어 있다.

먼저 김광계는 신시申時 이후에 밥을 먹지 않도록 했다. 신시는 오후 3~4시에 해당하는데 김광계는 저녁을 먹지 않는 것으로 양생의 비법을

---

178) 이하 『매원일기』의 「雜記」에서 인용함.

삼았다. 비록 배가 고프더라도 한 숟가락의 밥과 죽을 조금 먹는 데 그쳐야 한다는 것이다. 특히 음식을 적게 먹으면 글을 읽는데 편안하고, 많이 먹고 글을 읽으면 배가 부르고 노곤해 글을 읽을 수 없다고 강조했다.

한편 노인이 될수록 숙면을 취하고 음식을 알맞게 먹으며 몸을 피곤하게 하지 않는 것이야말로 '양생의 대법大法'이라고 했다. 또한 싱겁게 먹어야 한다고도 했다. 김광계는 정축년(1637년)의 경험을 들어 소식의 효능을 주장했다. 동짓달 한밤중에 밥을 먹으려다가 갑자기 친족의 부음을 듣고는 다만 청채菁菜(순무)만 조금 먹었는데, 이날 밤은 앉아 있어도 졸리지 않았고 정신이 맑고 상쾌했다는 것이다.179)

김광계는 특히 술과 두부를 함께 먹은 결과 위장이 약해지고 설사증세가 심해졌다고 판단했다. 이에 두부를 먹지 말라고 권장했다. 사실 김광계 본인은 두부를 매우 좋아해 절에 들릴 때마다 중에게 요청해 두부를 만들어 놓도록 했다. 심지어 말을 듣지 않는 경우 중을 매질하기도 했다. 그토록 좋아했던 두부를 김광계는 설사병과 복통의 주범이라고 생각했던 것이다.

두부에 대한 주의는 김광계만의 생각이 아니었다. 앞서 언급한 영주의 유의 이석간 역시 두부나 일체 면류가 비위에 좋지 않다고 보았다. 이에 위장이 좋지 않은 사람이거나 설사가 잦은 이들에게 두부를 권하지 않았다.180) 『동의보감』에도 두부는 맛은 달지만 독성이 있다고 설명했다. 많이 먹으면 배가 팽창해 죽을 수 있으므로 특히 술과 함께 먹지 말라고 경고했다. 설사가 잦은 이들 역시 피해야 한다는 것이다.181)

---

179) 『동의보감』雜病篇 권8, 나력瘰癧조에 유사한 구절이 전한다["自非斷慾絶慮食淡 雖神聖不可治也"].
180) 『李石澗經驗方』, 「飮食類」 "豆腐及一切麪末之類 不益於脾胃."
181) 『동의보감』湯液篇 권1 「穀部」 '豆腐'. "性平—云冷, 味甘, 有毒. 盆氣和脾胃 ; 豆腐有毒, 性令而動氣, 能發腎氣· 頭風· 瘡疥 ; 多食則膨脹殺人, 喫酒則甚. 惟飮令水卽消矣(俗方) ; 中寒, 多泄, 多屁者, 忌食"

김광계는 자기의 약한 위장과 설사병의 주요 원인을 두부 이외에 술 때문으로 생각했다. 잦은 음주 그리고 과음으로 인해 여러 번 낭패를 경험한 그는 술에 대한 경계의 말을 많이 남겼다. 조금이라도 지나치게 술을 마시면 두통과 복통이 일어나고 빈번한 설사로 원기가 크게 상하니, 이때는 술을 엄금하며 동시에 해장술을 마시지 말아야 한다. 또한 술은 눈을 크게 상하게 만든다고도 했다. 술 한 방울을 마시더라도 마시지 않은 것만 못하다는 것이었다. 이상은 모두 김광계의 경험에서 우러나온 훈계들이었다.

마지막으로 김광계는 막걸리 대신 소주를 권장했다. 막걸리는 담痰을 생기게 하고 기氣를 막기 때문이라는 주장이었다. 막걸리로 갈증을 멈추게 할 때도 조금만 마시도록 하며 차게 먹도록 했다.

그렇다고 금주만 했겠는가. 기묘년(1639년) 5월 그믐, 김광계는 설사 증세가 있어 술을 끊었다. 그러자 음식이 더욱 맛있고 노곤한 증상도 전혀 없었으며 글을 읽는데도 재미가 있었다. 술을 먹고 목이 말라 물을 계속 마셔대지도 않고 또 술기운에 낮잠을 자지 않으니 밤에 잠자리마저 편안했다. 김광계는 이전의 모든 고통이 음주 습관에서 기인한 것으로 결론지었다. "지난날의 각종 병이 술 때문이니 경계하지 않을 수 있겠는가?"[182] 김광계는 본인을 탓하는 동시에 후손들을 위한 경계의 말로 금주禁酒를 강조하고 또 강조했다.

6 맺음말

지금까지 17세기 전반 예천의 사족 김광계의 삶을 살펴보았다. 당대 전형적인 향촌 사족으로서의 김광계의 삶은 한마디로 '접빈객'의 연속이

---

182) 『매원일기』, 「雜記」 "前日種種所患 皆酒之所爲 可不戒哉"

었다. 여말선초에 수입된 성리학이 시대를 거듭하며 확산되고 아울러 학문적으로 깊어지면서 임란을 전후한 시기의 향촌에는 군자 혹은 사림의 삶을 지향하는 지식인이 더욱 늘어갔다. 이들은 유향소 활동을 통해 혹은 서원을 근거로 지역 사회의 정치 문제에 깊숙이 개입했다. 향촌 사족은 한편으로는 지역의 호강 혹은 향원이라는 비판을 받으면서도 다른 한편으로는 자율적 도덕 공동체의 일원이라는 지식인士으로서의 책임 의식을 분명히 갖게 되었다. 17세기 전반 예안 사족 김광계는 일기를 통해 바로 이러한 조선 향촌 사족의 삶을 고스란히 보여준다.

김광계는 광산김씨 문중의 개인을 넘어 예안이라는 향촌 공론의 리더였다. 뿐만 아니라 예안을 넘어 영남의 사족이라는 정체성을 갖고 있었다. 성리학의 내면화는 사족 김광계로 하여금 개인적으로 성숙한 도덕적 삶을 추구하도록 했지만 여기에 그치지 않고 향촌 내의 다양한 공적 활동에 직간접적으로 개입하도록 내몰았다.

퇴계 이황이 지적했듯이 향촌의 여러 일에 지나치게 나서면 명예욕을 추구한다는 비난을 받을 터이지만, 그렇다고 비난을 걱정해 뒤로 물러나거나 혹은 조금의 위선도 인정하지 않고 비판한다면 도리어 사회의 악이 퍼지는 것을 방기한다고 힐난받을 수도 있었다. 향촌 사족은 행동거지가 '시중時中'을 얻지 못하면 곧바로 '향원'이라는 불명예를 뒤집어쓰기 십상이었다.

김광계의 향촌 내 활동 또한 그러했다. 한편으로 오랫동안 폐지되었던 향약을 재건하고 사창계를 다시 만들어 지역 공동체의 안녕을 도모했다고 평가받을 수도 있지만, 다른 한편으로는 자기 근거지였던 서원의 재산을 지키는 데 전력을 다했을 뿐이라고 폄하될 수도 있을 것이다.

김광계는 수차례 도산서원의 재산을 환수하려는 국가의 의지에 반해 예안 사족의 이익을 대변하는 데 앞장섰다. 뿐만 아니라 예안 사족의 힘을 모아 경상감사 혹은 예안사또의 권위에 도전하기도 했다. 이장을 강요당하던 시기에는 국가 권력 앞에서 무력한 자신을 한탄하면서도 서원을 방문한 사또들의 자리 배치를 두고 사족의 권위를 지키려고 애쓰기도 했다.

하물며 향촌 내 사족의 이해관계가 항상 일치하는 것만도 아니었다. 김광계는 살인 누명을 쓰고 투옥 중이던 집안의 노비를 구하려다가 도리어 무고를 당하기도 했으며, 사또를 비방했다가 사실이 알려지면서 문중 전체가 애를 먹기도 했다. 그런데 이러한 사건의 배후에 김광계와 더불어 향중 공론을 이끌던 주요 문중 인사들이 개입되어 있었다.

향촌 사족의 갈등과 연대는 유향소와 서원 등지의 모임과 향중 회의를 통해 이루어졌다. 접빈객이 끊임없이 이어졌다. 김광계는 서원이나 향소는 물론 자기 집에서 수없이 손님을 맞이했다.

수십 종이 넘는 음식과 술의 레시피(『수운잡방』)는 김광계의 향촌 활동을 돕는 중요한 자원이었다. 여름에 대접하는 음식과 술은 겨울과 달랐다. 초대받은 사람의 건강과 나이에 따라서 음식과 술은 주의 깊게 선택되었다. 식치食治는 접빈객의 저류에 흐르는 주요한 정신이었다. 예방이야말로 병든 후의 치료보다 효과가 컸기 때문이다.

이상 모든 활동은 향촌 사족으로서의 김광계의 삶 자체가 정치적 일상의 연속이었음을 말해준다. 이렇게 평생을 살다간 매원의 일기야말로 수신제가하고 제가 후 치국해야 마땅한 성리학자들 가운데 관리로 입신하지 않고 향촌에 남았으나 집안으로 물러나지 않고 혹 명예를 위해 나선다는 비판을 두려워하지 않으며 군자로 살려고 한 향촌 사족의 생생한 기록 '그 자체'가 아닐 수 없다.

〈참고문헌〉

1. 원전 및 국역본
『溪巖先生文集』
『溪巖日錄』
『東醫寶鑑』
『李石澗經驗方』
『매원일기』
『武陵雜稿』
『默齋日記』
『栢谷先生集』
『白軒先生集』
『白湖全書』
『私淑齋集』
『西溪先生文集』
『惺齋先生文集』
『星湖僿說』
『承政院日記』
『愚伏集』
『朝鮮王朝實錄』
『退溪先生文集』
『弘齋全書』

2. 단행본
Dennis, Joseph, 2015, *Writing, publishing, and reading local gazetteers in imperial China, 1100-1700*, Harvard University Asia Center.
강구율 역, 『(국역) 영주삼읍지』, 소수박물관, 2012,
권태원, 『存愛院』, 상주대학교 상주문화연구소, 2005.
김호, 『허준의 동의보감 연구』, 일지사, 2000.
束景南(김태완 역), 『주자 평전(하)』, 역사비평사, 2015.
어빙 고프만, 진수미 역, 『자아연출의 사회학』, 현암사, 2015.
이규대, 『조선시기 향촌사회 연구』, 신구문화사, 2009.
이종범 외, 『조선시대 홍주 송씨가의 학술과 생활』, 조선대학교 고전연구원, 2012.
이태진, 『한국사회사연구』, 지식산업사, 1986.
피터 K. 볼, 김영민 역, 『역사 속의 성리학』, 예문서원, 2010.

한국국학진흥원 편, 『일기를 통해본 조선후기 사회사』, 새물결, 2014.

3. 논문
김호, 「조선초기 『疑獄集』 간행과 '無冤'의 의지」, 『한국학연구』 41, 2016.
김형수, 「임란 직후 상주 지역질서의 재편과 存愛院」, 『국학연구』 30, 2016.
박현순, 「16~17세기 禮安縣 士族社會 硏究」, 서울대학교 박사학위논문, 2006.

3장

『매원일기』를 통해 본 예안 사족 김광계의 관계망

김명자

이 글은 「'梅園日記(1603~1645년)'를 통해 본 예안 사족 金光繼의 관계망」,『大丘史學』129(대구사학회, 2017년)에 실린 논문을 수정, 보완한 것이다.

1 머리말

관계망은 기술, 지식, 정보 등을 공유하는 사람이나 조직의 공식 또는 비공식 결연을 의미한다. 전통사회에서는 주로 직접적 교유를 통해 관계망을 형성했으나 21세기 들어서는 인터넷을 통한 사이버 관계망도 생기는 등 관계를 맺는 방식이 매우 다양해졌다. 관계망은 정서적 삶을 유지하기 위해 필요할 뿐만 아니라 개인의 위상을 확대하거나 강화하는데 기여하기도 한다. 관계망을 통해 권력, 정보, 자원 등을 획득할 수 있기 때문이다.

관계망의 내용과 층위는 다양하지만 여기서는 사회적 관계망을 다루고자 한다. 사회적 관계망의 내용은 역사적 상황에 따라 모습이 조금씩 다르다. 조선시대 붕당정치기에 주로 남인 입장을 견지한 영남에서는 인조반정 이후 정치적 진출이 좌절되자 향촌에서의 위상 강화에 주력했다. 정치적 진출, 경제적 기반 확대 못지않게 관계망도 사족의 위상 강화에 중요한 역할을 했다. 관계망은 주로 혈연, 학연, 지연 등을 통해 형성되었으며, 개인이 속한 지역, 가문, 학문적 사승 관계가 개인의 능력이나 성취보다 우선되기도 했다. 사족이 관계망의 형성, 확대, 강화에 집중할 수밖에 없던 이유이다.

조선시대사에 대해서도 정치사, 사회사, 경제사 등 카테고리 중심의 연구에서 최근 관계망에 대한 연구 성과가 학계에 보고되고 있다. 주로 일기, 간찰 등의 자료를 통해 향촌 사족의 교유 내용과 장소 등을 다루고 있는데, 이를 통해 관계망 형성에 혈연, 지연, 학연뿐만 아니라 사환仕宦도 중요한 요소라는 점1), 관계망은 세대를 이어 계승된다는 점2), 교유 장소별 관계망의 대상과 성격이 다르다는 점3) 등이 밝혀졌다. 그리고 사족의 관계망은 중앙 정치와도 밀접하게 관련되어 있다는 사실도 확인되었다.4)

그러나 관계망의 개념, 역할, 기능 등을 포함한 연구 방법론에 대한 천착은 여전히 미흡한 편이다. 연구가 시작 단계에 있기 때문이기도 하다. 사회학을 비롯한 인접 학문의 연구 성과를 활용하면 관계망 연구에 큰 도움을 받을 수 있을 것이다.

이 글에서는 『매원일기』(1603~1645년)를 통해 예안 오천의 매원 김광계의 관계망을 다루고자 한다. 이 일기는 김광계가 20~60대에 걸쳐 쓴 것으로, 모두 18책으로 이루어져 있다. 중간에 빠진 부분도 있어 일기를 쓴 햇수는 약 28년이며, 필사본이다. 오천 광산김씨 후조당에서 소장하다가 2017년 현재 한국국학진흥원에 기탁 보관 중이다.

『매원일기』는 김광계와 오천의 광산김씨를 비롯한 다양한 인물과 사건을 통해 당대 일상을 잘 보여준다. 김광계가 오천의 후조당, 탁청정 등

---

1) 전경목, 「'미암일기'를 통해 본 16세기 양반관료의 사회관계망 연구 – 해배 직후 시기를 중심으로」, 『조선시대사학보』 73, 2015년.
2) 김정운, 「17세기 예안 사족 김령의 교유 양상」, 『朝鮮時代史學報』 70, 2014년.
3) 김선경, 「16세기 성주 지역 사족의 교유 공간과 감성」, 『歷史研究』 24, 2013년; 김명자 「'河窩日錄(1796~1802년)'을 통해 본 豊山柳氏 謙巖派의 관계망」, 『大丘史學』 124, 2016년.
4) 김명자, 「순조 재위기(1800~1834년) 하회 풍산류씨의 현실 대응과 관계망의 변화」, 『국학연구』 29, 2016년.

여러 공간을 출입한 내용, 예안과 경상도의 여러 고을을 다니며 만난 사람과 사건 및 장소, 제사를 지낸 사실과 내용, 과거 응시와 과거 길에 만난 사람들, 도산서원 원장 역임과 병자호란 당시 향촌 활동 등의 내용이 풍부하게 담겨 있다. 이 글에서는 그중 관계망 속에 놓인 김광계의 모습을 보여주는 내용에 초점을 맞추어 그의 관계망을 재구성해볼 생각이다.

〈매원일기〉, 한국국학진흥원 제공

16세기 후반부터 예안의 사족 사회는 '퇴계학'을 중심으로 재편되었고, 17세기에는 성리학적 예제禮制가 사회 저변으로 확대되기도 했다. 김광계가 이러한 흐름을 어떻게 인식했고, 어떻게 대응했는지는 그의 관계망 속에서 그대로 드러날 것이다. 김광계가 형성한 관계망의 양상을 알아보기 위해 먼저 광산김씨 예안파의 혼인, 사회경제적 기반, 의병 활동, 도산서원 원장 역임 등의 현황을 통해 김광계가 물려받은 사회적 자산 및 관계망을 확인할 것이다. 이어 김광계 대의 혼인, 교유, 친족 사이의 유대, 학문적 사승 관계, 향촌 활동 등을 통해 오천과 향촌에서 김광계가 형성한 관계망의 내용을 살펴보고자 한다. 우리는 김광계가 형성한 관계망을 통해 17세기 전반 광산김씨 예안파 및 예안 사족의 관계망의 내용과 특징의 일면도 짐작할 수 있을 것이다.

2 관계망의 승계와 새로운 관계망의 형성

1) 광산김씨의 위상과 승계된 관계망

『매원일기』는 1603년부터 시작된다. 일기의 저자 김광계는 23세로, 이미 혼인을 했다. 20대는 본격적 사회 활동과 사회적 관계를 맺어갈 시기로, 선대로부터 물려받은 관계망의 토대 위에 김광계는 새로운 관계망을 만들어나갔다. 우선 관계망의 토대가 되는 오천 광산김씨의 사회경제적 위상과 아울러 선대로부터 물려받은 관계망의 양상을 살펴보자.

오천의 광산김씨는 광주 토성으로, 고려 말에 무반으로 진출해 재경 관인이 되었다. 14세世 김연金璉 대부터 문반으로 전향했으며, 15세기 초 김무金務가 안동김씨의 사위가 되어 안동으로 이거한 이후 후손들이 안동 지역에 세거하게 되었다. 김무는 4남 2녀를 두었는데, 4남 김효지金孝之가 예안 오천에 살던 황재黃載의 사위가 되어 예안으로 거주지를 옮겼다. 그는 후사가 없어 종손인 회淮의 아들 효로孝盧(1455~1534년)를 수양하면서 오천 광산김씨의 가계가 효로의 후손으로 이어졌다.5)

오천에는 김효로 대부터 세거하게 되었다. 그는 2남 2녀를 두었는데,

---

5) 『光山金氏 禮安派譜』(대경출판사, 1977년).

110

첫째아들 운암雲巖 김연金緣(1487~1544년)은 문과에 급제하고 관찰사를 역임했으며, 둘째 탁청정 김유(1491~1555년)는 생원이었다. 사위는 순천 김씨로 용궁현감을 역임한 김우金雨6)와 훈도를 지낸 봉화금씨 금재琴梓였다. 김연의 아들은 후조당 김부필(1516~1577년), 읍청정 김부의(1525~1582년)이고, 김유의 아들은 산남山南 김부인金富仁(1512~1584년), 양정당養正堂 김부신金富信(1523~1566년), 설월당 김부륜(1531~1598년)이었다. 금재의 아들은 일휴당日休堂 금응협琴應夾(1526~1596년), 면진재勉進齋 금응훈琴應壎(1540~1616년)이었는데, 김부필 형제와 금응협 형제가 모두 퇴계 이황에게 수학해 오천을 '군자리'로 부르게 되었다. 이후에도 광산김씨는 가학을 통해 퇴계학을 계승하는 동시에 당대의 뛰어난 학자들에게 수학한 인물을 많이 배출했다.

그중 후조당 계열의 혼인 양상을 살펴보면, 김연은 영천의 창녕조씨와 혼인했는데, 장인은 진사 조치당曺致唐이고, 조부는 군수를 역임한 조말손曺末孫이었다. 김연의 첫째아들 김부필은 진주하씨 직장直長 하취심河就深의 딸을 배우자로 맞이했고, 둘째아들 김부의는 안동권씨와 혼인했으며, 가평이씨와 재혼했다. 사위는 창원에 거주하는 김해김씨의 현감 김난종金蘭宗, 안동에 거주하는 고성이씨의 참봉參奉 이용李容, 청송에 거주하는 밀양박씨의 생원 박사눌朴思訥이었다.

이 밖에도 16세기까지 오천의 광산김씨는 봉화금씨[예안], 순천김씨, 영천이씨[예안], 남양홍씨[봉화], 안동권씨[안동, 봉화, 예안], 평강채씨[예안], 선산김씨[선산], 창원황씨[상주], 상주김씨[상주], 밀양박씨[영주] 등 예안, 안동, 봉화, 의성, 상주, 영주 등의 유력 사족 가문과 혼인했다.

---

6) 『光山金氏 禮安派譜』(대경출판사, 1977년)에는 현감을 역임했다고 하나 다른 자료에는 확인할 수 없어 표기하지 않았다.

혼인과 광산김씨의 경제적 기반은 매우 밀접한 연관이 있었다. 이러한 사실은 광산김씨 예안파의 분재기를 통해 확인할 수 있다. 김효로는 김효지의 처 황씨로부터 예안의 전답 136.6두락을 물려받았다. 한편 김효로 자녀들에 관한 1550년의 화회문기를 보면, 김효로의 전답은 예안 474두락, 풍산 47두락, 남양 13두락, 양주 5두락 이상, 안동 3두락, 미상 120두락이었다. 여기서 남양과 양주의 전답이 눈에 띄는데, 이는 김효로의 처 양성이씨가 물려받은 것이었다. 한편 김부필의 전답은 예안 269두락, 풍산 43두락, 남양 32두락, 임하 18두락, 청송 안덕 69두락, 공주 21두락, 진주 79두락, 사천 144두락, 선산 103두락, 합해 778두락이었다. 예안, 안동 풍산, 임하, 청송, 공주의 전답은 김연에게서 물려받았고, 진주, 사천, 선산, 남양의 전답은 김부필의 처가에서 물려받은 것이었다. 김해의 전답은 예안, 안동 풍산, 선산, 진주, 남양, 예천 용궁 등에 있는데, 그중 예천 용궁의 전답은 처가와 외가로부터 물려받은 것이었다. 김해의 아들인 김광계의 전답은 예안, 안동 풍산, 선산, 남양, 예천 용궁, 의성, 현풍 등에 있었다. 그중 의성과 현풍의 전답은 부인이 친정에서 상속받은 것이었다.[7] 광산김씨는 토지 개간, 선대로부터 물려받은 전답 등을 통해 경제 기반을 확대했는데, 처가와 외가로부터 물려받은 전답도 경제 기반 확대에 큰 몫을 차지했다.

16세기 중반 이후 예안과 안동 지역의 사족 사회는 이황 문인들이 주도했다. 예안에는 광산김씨, 진성이씨, 봉화금씨, 영천이씨 등이 있었다. 향촌 사회의 변화가 광산김씨의 혼인에도 반영되었다. 김부필은 후사가 없어 김부의의 아들 김해金垓(1555~1593년)가 뒤를 잇게 되었는데, 김해는 이황의 조카인 예천 용궁에 사는 이재李宰의 딸을 아내로 맞이했다. 이

---

[7] 김영나, 「15~17세기 光山金氏 禮安派의 田畓所由樣相의 변화」, 『영남학』 15, 2009년.

재는 김부필, 김부의 등과 이황에게 동문수학한 사이였다. 광산김씨가 진성이씨와 처음으로 혼인하게 되는데, 이 혼인은 향촌 사회에서 정치적·경제적 기반 외에 학맥이 중요한 요소가 된 사실을 보여준다.

한편 16세기 후반~17세기 초반에 예안의 사족 사회에서는 이황의 고제 중 한 명인 월천 조목(1524~1606년)을 중심으로 한 학문적 관계망이 강력하게 형성되었다. 김중청金中淸, 배용길裵龍吉, 김택룡金澤龍, 김해, 금경琴憬 형제 등이 조목 문하에 출입하면서 향촌에서의 위상을 강화시켜 나갔다. 이는 임진왜란 당시 예안 지역의 의병 구성에서도 명확하게 드러났다. 임진왜란은 동아시아 질서를 변화시켰고, 조선 사회 전반에 걸쳐 매우 심각한 영향을 미쳤다. 조선은 전쟁에 대한 준비가 제대로 되어 있지 않았기 때문에 왜군의 공격에 제대로 대응할 수 없었지만 이러한 상황을 역전시키는데 의병이 큰 역할을 한 것은 주지의 사실이다.

김광계의 아버지 김해는 예안의 의병장이었는데, 그의 의병부대 조직을 보면 대장大將 김해, 도총사都摠使 금응훈琴應壎, 정제장整齊將 김택룡金澤龍, 김기金圻, 부장副將 김광도金光道, 김광적金光績, 군량총軍糧摠 이영도李詠道, 군관軍官 김강金墹, 김평金坪, 채연蔡衍, 장서掌書 금경琴憬, 유사有司 류의柳誼, 박몽빙朴夢騁 등을 비롯해 기병 55명, 보병 244명, 모두 367명으로 구성되었다.8) 김해, 김택룡, 금경 등 조목의 문인이 조직의 핵심을 맡았다.

의병 조직 중에는 김해, 김기, 김광도, 김광적, 김강, 김평 등 광산김씨가 다수를 차지했다. 이는 임진왜란 이후 월천계와 더불어 광산김씨가 향촌 사회 재건에 앞장설 수 있는 명분을 제공하고 위상을 강화하는데 크게 기여했다.

---

8) 金龜鉉, 「壬辰倭亂中의 安東義兵」, 『鄕土慶北』 창간호, 1987년, 29쪽.

광산김씨의 위상은 향촌 사회의 대표적 기구 중의 하나인 도산서원의 원장 역임 현황을 통해서도 확인할 수 있다. 특히 예안은 임진왜란 이후 도산서원을 중심으로 사족의 결집을 도모했기 때문에 도산서원은 명실상부한 사족의 대표 기구라고 할 수 있었다.9) 〈표 1〉은 도산서원 건립 이후 확인 가능한 시기부터 『매원일기』가 끝나는 시기와 비슷한 17세기 전반까지의 원장 역임자를 보여주고 있다.10)

　　중복 인원을 포함해 47명의 원장 중 광산김씨 19명(40%), 봉화금씨 14명(30%), 진성이씨 5명(11%) 순이다. 광산김씨의 비중이 가장 높다. 그 밖에도 임진왜란 당시 의병에 참여한 사람이나 그의 후손이 높은 비중을 차지하고 있다. 의병 조직에 참여한 인물 중 원장을 역임한 사람으로는 금응훈, 김택룡, 금경 등이 있다. 금응훈은 김효로의 외손자이고 이영도는 금응훈의 외숙이었다. 금경과 금개는 부포에 거주하는 금난수琴蘭秀의 아들이었다. 김택룡은 임진왜란 이후 아들과 함께 오천에 가끔씩 출입했다. 광산김씨는 임진왜란 당시 의병 활동을 한 성씨들과 혼인이나 다른 여러 가지 형태로 교유를 이어갔으며, 이들이 16세기까지 향촌 사회를 주도한 대표적 성씨였다.

〈표 1〉 17세기 전반 도산서원 원장

연도	성명	본관	연도	성명	본관	연도	성명	본관
1596	琴應壎	봉화금씨	1616	金坪	광산김씨	1633	李詠道	진성이씨
	琴憬	봉화금씨	1616	李詠道	진성이씨	1634	琴愷	봉화금씨
1598	金圻	광산김씨	1616	李義遒	진성이씨	1634	李詠道	진성이씨

9) 김형수, 「임진왜란 이후 월천학맥과 예안지역사회의 재건」, 『조선후기 사족과 예교질서』, 소명출판, 2015년, 305쪽.
10) 우인수, 「도산서원을 움직인 사람들」, 『조선서원을 움직인 사람들』, 글항아리, 2013년, 280~281쪽.

1600	金圻	광산김씨	1618	金垍	광산김씨	1635	金光繼	광산김씨
1602	金澤龍	예안김씨	1619	金澤龍	예안김씨	1637	李詠道	진성이씨
1603	金圻	광산김씨	1622	李詠道	진성이씨	1638	洪有煥	남양홍씨
1604	金澤龍	예안김씨	1623	琴憬	봉화금씨	1640	金光繼	광산김씨
1605	琴應壎	봉화금씨	1624	琴憬	봉화금씨	1641	金光繼	광산김씨
1607	琴應壎	봉화금씨	1625	李有道	진성이씨	1642	金光繼	광산김씨
1609	琴憬	봉화금씨	1626	禁忄業	봉화금씨	1643	金鳴遠	안동김씨
1610	李有道	진성이씨		金光繼	광산김씨	1644	金瑛	순천김씨
	金坪	광산김씨	1627	琴愷	봉화금씨	1645	金確	광산김씨
1612	琴應壎	봉화금씨	1628	金確	광산김씨	1647	金確	광산김씨
1612	琴憬	봉화금씨	1629	金確	광산김씨	1649	金光岳	광산김씨
1614	琴應壎	봉화금씨	1631	金光繼	광산김씨	1650	金確	광산김씨
1615	琴應壎	봉화금씨	1632	金光繼	광산김씨			

2) 새로운 관계망의 형성

광산김씨는 확대된 사회경제적 기반을 배경으로 오천에 후조당, 읍청정, 탁청정, 양정당, 설월당, 일휴당[금응협의 호] 등을 비롯한 여러 건물과 침류정枕流亭11), 침락정枕洛亭12), 자개서당子開書堂, 운암사雲巖寺 등의 정사와 사찰을 건립해 마을 경관을 형성했다(아쉽게도 1976년에 안동댐이 건설되면서 오천 마을은 수몰되고 일부 건물만 안동시 와룡면 오천마을에 옮겨 놓아 당시의 마을 경관을 짐작할 수 없게 되었다). 아울러 오천 인근의 능동, 방잠, 거인 등에 재사를 건립해 조상을 추모하는 등 성리학적 예제를 실천해나갔다. 당호의 주인은 후대에 예안파의 파시조로 분파되지만 17세기 초반

---

11) 김유의 종고모부인 김만균金萬鈞이 우암愚岩 위에 세웠으나 세월이 흘러 퇴락하자 김유가 중수했다.
12) 대청 뒤쪽 벽에 '운암정사雲巖精舍'라는 편액이 걸려 있다.

에는 파별 분기가 확인되지 않았다. 마을은 자연스럽게 나이가 많거나 학식이 뛰어난 인물을 중심으로 운영되었다.

이를테면 1603~1616년까지 오천은 제천현감을 역임해 '제천 할아버지'로 불리던 금응훈을 중심으로 움직였다. 오천에는 봉화금씨도 있었는데, 금재가 김유의 사위가 되면서 오천에 살게 되었다. 금응훈은 금재의 둘째아들이었다. 김광계의 할아버지 항렬은 대부분 사망했고 아버지 항렬 중 학문과 덕망이 높았던 재종숙 북애北厓 김기金圻(1547~1603년)도 일기를 작성할 당시 사망해 금응훈이 마을 존장 역할을 했다.

김광계는 바깥에 출입하거나 금응훈이 외출했다가 돌아오면 그를 찾아가 인사를 드렸다. 개인적인 고민이 생기거나 마을에 일이 발생할 경우에도 금응훈과 함께 의논했다.

> 김계도와 김시헌은 곧 상락공[김방경(1212~1300년)]의 후손인데 선친의 분묘가 상락공 묘와 가까이 있기 때문에 법사法司에 정문을 올려 이장하도록 하려 한다고 한다. 듣고 나니 우려되고 걱정되는 마음 견딜 수 없다. 바로 편지를 가지고 내려가서 제천 할아버지를 뵈었다.13)

김해의 묘는 능동에 있었는데, 김방경의 분묘 바로 아래였다. 한편 김방경 묘 위에는 김효로 묘가 있었다. 김방경 묘는 실전했으나 1594년에 김해의 묘지를 조성하던 중 김방경의 묘지석이 출토되어 위치를 알게 되었다. 이후 안동김씨 쪽에서 광산김씨의 묘지 이전을 요구하는 소지를 올렸다. 영주에 사는 매부 박회무朴檜茂가 이러한 사실을 한양에서 편지로 알려오자 김광계는 이 문제를 의논하기 위해 금응훈을 찾아갔던 것이다.

---

13) 『매원일기』(1608년 2월 19일)(이하 아래에서는 날짜만 표기한다).

이 시기 마을의 중심 공간은 금응훈의 집인 제천 댁으로, 일기에는 일휴당, 하양댁, 자개서당으로 나오는 곳이다. 금응훈은 이황의 손자이자 생질인 이영도李詠道(1559~1637년)가 찾아올 때 김광계를 부르곤 했다. 안동 와룡 이계에 거주하는 권굉權宏(1575~1652년) 형제도 제천 댁에 머물며 김광계와 자주 만났다. 그 밖에 김광계는 금응훈을 통해 여러 고을의 지방관, 관찰사, 좌수와 별감 경차관 등을 만나는 가운데 교유 폭을 넓혔다.

능동에 있는 김방경의 묘소(아래)와 김효로의 묘소(위)

> 예천 통문과 전경업全景業14) 씨의 편지를 보니 전라도 사람 고경리高敬履란 자가 성혼과 정철을 위해 억울함을 풀어줄 것을 청하면서 성혼의 지행志行을 지극하게 칭송하고 또 오현 종사에 관한 일을 논하면서 회재晦齋[이언적李彦迪]를 거론하지 않았다. 그의 의도는 성혼을 오현의 반열에 올리려고 몰래 우리 회재를 배척하려고 한 것이다. 임숙영任叔英도 성혼과 정철을 위해 소를 올려 운운했다고 한다.15)

1608년 5월 14일에 김광계는 제천 댁에서 예천으로 보내온 통문과 전경업이 보낸 편지를 받았는데, 제천 댁은 광산김씨의 정치사회적 이슈에 대한 관심을 공유하는 공간이었다. 그때 함께한 사람은 김광계보다 윗

---

14) 전경업은 김령의 둘째 자형으로 『광산김씨예안파보』에는 전경적全景迪으로 기록되어 있다.
15) 1608년 5월 14일.

항렬에 속한 판사判事 재종숙[김지金址], 생원 재종숙[김평金坪], 내성 재종숙[김령], 사수 형[김광도(1563~1622년)] 등이었다. 김광계는 아버지가 임진왜란 당시 사망했기 때문에 아버지 대신 윗 항렬과의 모임에 참석했던 것으로 판단된다.

한편 김광계는 비슷한 연배 중에는 김확金確(1583~1665년으로 자는 이실而實이다)과 금발琴撥(1573~1642년으로 자는 자개子開이다)과 가장 빈번하게 만났다. 일기에서 김확은 700여회, 금발은 500여회로 기록되어 있다. 김확은 김유의 현손으로 가계는 김유金綏→김부인金富仁→김전金㙉→김광찬金光纘→김확으로 이어진다. 김광계와는 9촌이었다. 금발은 금응협의 양자였다. 생부는 금응훈이지만 금응훈의 형 금응협의 뒤를 이을 아들이 없었기 때문이다. 김광계는 김확, 금발과 어울려 놀거나 자개서당, 침락정 등에서 함께 공부하기도 했지만 대외 활동은 주로 김확과 함께했다. 병자호란 당시 김광계가 의병장에, 김확이 부장에 추천되었고 〈표 1〉에서 알 수 있듯이 도산서원 원장도 여러 번 역임했다. 이처럼 김광계에게 김확은 학문과 사회 활동을 함께 하는 동학이자 벗이기도 했다.

김광계는 학문을 익히는데 매우 착실했다. 이른 시기의 스승으로는 대암大庵 박성朴惺(1549~1606년)과 조목을 언급할 수 있는데, 김광계가 가장 일찍 스승으로 모신 인물은 박성이었다. 박성의 아버지는 김연의 사위 박사눌이었고, 어머니는 김광계의 증조부 김연의 딸이었다. 혈연적 관계망이 학문적 관계망으로 연결된 경우이다. 김광계는 청송에 사는 박성을 자주 찾아갔다. 1603년 10월 20일~25일, 1605년 1월 8일~12일, 1605년 4월 20일~25일, 1605년 10월 10일~14일에 박성을 찾아가 며칠씩 머물며 함께 공부했다. 1605년에는 여러 차례 박성을 찾아갔는데, 박성은 김광계에게 다음과 같이 당부했다.

이에 [박성이] "내가 늙어서 병이 들어 죽을 때가 되었으니 너를 위해 말하지 않을 수가 없다. 너는 마땅히 알아야 할 것이다"라며 또 타이르기를 "너는 부디 과거에 골몰하지 말고 위기지학에 전념해야 할 것이다. 과정을 엄격하게 세워 하루에는 모름지기 하루의 공부가 있어야 하며 스승을 존경하고 벗들과 친하며 독실하게 실천하고 힘써 배운다면 아마도 일생을 헛되이 저버리지는 않을 것이다"라고 하고 또 "『소학』을 더욱 익숙하게 읽어야 한다"라고 했다.

박성은 김광계를 아껴 많은 조언을 해주었다. 김광계는 박성을 통해 내면을 성장시키는데 큰 도움을 받았으며 평생 힘써 배우려는 자세를 갖게 되었다.

일기에는 김광계가 조목 문하에 출입했다는 내용은 없지만 여러 가지 정황상 조목의 영향을 받았을 것으로 짐작된다. 17세기 초반에 예안 지역 사족 사이에서는 조목을 중심으로 학문적 관계망이 형성되었을 뿐만 아니라 아버지 김해가 조목에게서 수학했고 김광계의 8촌형 김광찬(1564~1613년)은 조목의 딸을 부인으로 맞이해 광찬 형의 장인이 되었기 때문이다. 조목이 '정신이 혼미'16)했을 때나 아파 누워 있을 때 김광계는 금응훈, 김평, 김령 등 집안 어른을 모시고 여러 차례 병문안을 가기도 했다.

1607년 5월 7일에 김광계는 이황의 고제 중 한 명이자 안동권의 대표적 학자인 류성룡의 사망 소식을 듣게 되는데, 그의 문하에 출입했는지는 알 수 없다. 다만 류성룡의 아들이자 우복愚伏 정경세(1563~1633년)와 여헌 장현광(1554~1637년)의 문인인 수암修巖 류진柳袗(1582~1635년으로 자는 계화季華이다)과는 매우 가깝게 지냈다. 류진과의 교유는 김광계가 새로운 관계망을 형성하고 확장하는 중요한 연결고리가 되었다. 풍산류씨의 류암은 김광계의 매부인데, 류암과 류진은 류자온柳子溫의 현손이었다.

---

16) 1605년 10월 11일.

류암은 류자온→류공권柳公權→류경심柳景深→류성구柳成龜→류암으로 이어지고, 류진은 류자온→류공작柳公綽→류중영柳仲郢→류성룡柳成龍→류진으로 이어졌다.

김광계는 류암, 류진과 하회와 오천을 오가며 함께 공부하거나 일족과 어울렸다. 김광계는 1609년 겨울에 한양에 과거시험을 치르갈 때 류암, 류진과 함께 갔다. 거기서 김광계는 류진을 통해 대사헌 최관崔瓘, 감찰 조정순趙廷淳을 비롯한 여러 사람을 만났고 류성룡과 장현광의 문인인 전식 全湜 및 정경세의 문인 고인계高仁繼, 전이성全以性, 전극항全克恒 등과도 인사를 나누었다.17) 김광계는 관직으로 나가지 않았기 때문에 한양의 인사들과는 이후 교유가 지속되지 않았지만 전식, 고인계, 전성지 등 영남 출신 인사들과는 지속적으로 교유했다.18)

김광계의 교유에는 박회무도 빼놓을 수 없다. 박회무는 오천과 멀지 않은 영주에 살았기 때문에 오천에 자주 드나들었다. 이들은 함께 공부도 하고 집안의 어려운 일도 함께 처리했다. 김광계는 부친의 묘지 때문에 송사에 휘말리고 묏자리를 새로 마련하는 과정에서 어려운 일을 겪었는데, 그것을 박회무와 함께 해결해나갔다. 정구가 도산서원을 방문했을 때 박회무도 같이 갔고, 병자호란 당시 박회무가 영주 지역 의병장을 맡는 등 김광계와 학문적, 사회적 입장을 함께했다.

이처럼 20대의 김광계는 선대로부터 물려받은 사회경제적 기반을 배경으로 박성에게 나아가 학문을 익히고, 김확, 류진, 류암, 박회무 등과 교유하는 가운데 관계망을 형성해나갔다. 그런데 1605년의 박성 사망, 1606년의 조목 사망, 1607년의 류성룡 사망, 1616년의 금응훈 사망 등은 김광계가 이전 세대로부터 물려받은 상징적 관계망의 단절을 의미했다.

17) 1609년 10월 27일 11월 10일.
18) 1609년 10월 27일 11월 10일.

이황 주요 제자들의 연이은 사망 이후에 예안과 안동 지역에서 이황의 고제의 학문적 명성을 계승하거나 이를 뛰어넘는 인물이 배출되지 않음으로써 안동권의 학문적 분위기는 다소 위축되었다. 16세기 중반 이후 향촌사회가 학문을 중심으로 재편되었기 때문에 예안과 안동 지역의 학문적 위축은 이 지역 사족의 기반을 약화시킬 수 있었다. 이러한 상황에 김광계는 어떻게 대응했을까?

3 정구 문하의 출입과 관계망의 확장

1) 정구 문하의 출입

김광계는 이른 나이에 박성과 조목 등에게 나아가 학문을 익혔으며, 이들과 관련된 여러 사람과 교유했다. 이는 선대로부터 물려받은 혈연적·학문적 관계망의 연장이었다고 할 수 있다. 김광계는 한강 정구 문하에 출입하는 가운데 학문적 관계망을 본격적으로 형성해나갔다. 정구는 김광계의 학문적 위상을 높이는데 큰 영향을 끼친 인물이기도 하다.

1607년(선조 40년)에 정구가 안동부사로 부임하면서 두 사람의 만남이 시작되었다. 1607년 3월에 정구가 도산서원을 방문했을 때 김광계는 정구를 처음 만났고 같은 해 4월 24일~26일에 김광계가 안동 관아에 찾아가 정구에게 경서의 어려운 부분을 물어보면서 본격적인 스승과 제자 사이가 되었다. 6월 25일~26일에 정구가 도산서원에서 안동 예안의 사족과 『심경』을 강독할 때 김광계도 함께했다.

김광계는 정구에게 단순히 학문만 배운 것이 아니라 정구가 추진하는 일련의 사업에도 동참했다. 정구가 안동, 예안 및 인근 사족에게 이황의 상례 교정을 의뢰했을 때 김의정金義精, 이이경李以敬, 류인식柳仁植, 권기權紀, 김득연金得硏, 이의준李義遵, 김성지金性之, 손청원孫淸遠, 박로朴櫓 등과 함께 참여했고19), 정구가 예안현감을 통해 예안 사족에게 예천 출신의 권문해(1534~1591년)가 편찬한 『대동운부군옥大東韻府群玉』의 필사를 요청했는데 그때도 김광계가 참여했다.20) 김광계는 정구가 고향으로 돌아간 이후에도 그와의 교류를 지속했고, 정구를 통해 정구의 지인 및 문인들과도 교유했다.

〈표 2〉 정구를 통해 만난 인물

일시	장소	목적	만난 사람
1607년 3월	도산서원	정구에게 인사	鄭宗祐, 全土憲, 鄭迪, 裵尙益, 李埕, 鄭唯黙 등
1607년 4월 24~26일	안동 관아와 향교	정구가 마련한 연회	鄭 都事, 安 察訪, 任 參奉[任屹], 安東 判官, 盧景任(풍기 군수), 申亮 등
1607년 윤6월 22~25일	안동 관아	정구 귀향 시 인사	安霮, 權春蕙, 李琚, 蔡夢硯, 權暐[權海美]21), 鄭士毅, 鄭 都事, 李岦, 李臀, 金得硏, 權仁甫[權宏], 權文啓, 金克嶷 3형제, 金中淸, 都諧甫, 徐敏甫, 任 宗甫, 朴 上舍, 吳景虛[吳汝檥], 朴樅茂[朴季直], 南驥慶
1607년 11월 27~29일	안동 관아	정구 방문	李埼
1608 10월 8~9일	청천서원	정구 방문	李簹, 宋遠器, 裵應褧, 金軸, 鄭錘, 李以直, 郭永禧, 李天封, 李埼, 柳宗直 등
1616년 7월 19일~8월 2일	영주 애전 부석사	정구 방문	李簹, 李天封, 李埕, 李山+別, 李天封, 李綸, 任 參奉[任屹], 金漢, 鄭迪, 琴是詠, 申壏, 孫榆, 李以直, 柳尙之, 成安義, 金逢吉[金止善], 金應久, 李厚慶, 趙纘韓 등

---

19) 1607년 5월 20일.
20) 1607년 9월 11일. 이때 필사한 『대동운부군옥』 1부를 성주로 가져갔으나 나중에 화재로 소실되었다.
21) 권위權暐(1552~1630년)가 1601년에 문과에 급제한 후 호조좌랑, 예조좌랑 등을 거쳐 해미현감을 지내 붙여진 이름이다.

정구와 함께 만난 인물 중에는 권굉, 김득연, 김중청, 김지선, 이립, 임흘 등 이미 알던 인물도 있었지만 정구를 통해 새롭게 알게 된 정구의 친인척을 포함한 문인 및 지역 명사도 있었다. 1607년 11월 27일에 김광계는 안동 관아를 방문해 정구를 만났는데, 그때 이육李堉(1557~?)도 이틀 연달아 만났다. 이육은 1588년에 문과에 급제했으며, 정구 문인이었다. 1608년에 김광계가 청천서원으로 정구를 방문했을 때도 이육을 만났다. 김광계는 청천서원에서 돌아오는 길에 정구의 문인 이천봉李天封의 집에 묵었는데, 정구가 중풍 치료를 위해 1616년 7월 18일부터 8월 초순까지 영주 애전 초정에서 목욕하고 부석사에서 몸조리를 할 때도 이천봉을 만났다. 정구와 맺어진 인연이 지속된 것이다. 정구가 부석사에 머물 때 영남의 여러 인사가 그곳을 다녀갔는데, 그때 김광계는 금시영琴是詠, 신환申瓛, 손약孫禴, 광주목사를 역임한 성안의成安義, 영주 수령 조찬한趙纘韓, 그 밖에 영주에서 온 김봉길金逢吉, 김견金鋻[자는 응구應久], 창녕에서 온 이후경李厚慶 등과 인사를 나누었다. 김광계는 정구를 통해 기존의 관계망을 재확인하거나 새로운 관계망을 형성하는 기회를 만들었다.

2) 혼인을 통한 관계망의 확장

이미 언급한 대로 16세기까지 오천 광산김씨의 혼인 관계망의 지역적 기반은 예안, 안동, 예천, 영주, 청송 등이었다. 김광계 본인은 의성의 광주이씨 생원 이산악李山岳의 딸과 혼인했고, 첫째아우 광실光實(1585~1651년)은 예천 용궁의 여주이씨 이윤수李潤壽의 딸을 배우자로 맞이했다. 둘째아우 광보光輔(1587~1634년)는 영주의 옥천전씨 전시헌全時憲의 딸과 혼인했다. 매부 반남박씨 박회무와 풍산류씨 류암은 일기가 시작되는 1603년 이전에 이미 혼인했고, 일기에는 영해의 재령이씨 이시명李時明

(1590~1674년)이 매부가 되는 것과 막내 광악光岳(1591~1678년)이 의성에 사는 영천이씨 이민환李民宬의 딸과 혼인하는 내용이 나온다.

> 혼례를 행했다. 동네 친족이 모두 보러왔다. 요객繞客은 이 횡성李橫城[이정회李庭檜], 성주城主[안담수安聃壽], 이 화숙李和叔[이시청李時淸]이고 요객을 맞이하는 사람은 제천 할아버지, 청송 아재, 생원 재종숙이다. 성주는 바로가고 이 횡성은 밤중에 바삐 갔다.

이것은 1607년 11월 12일에 있은 김광계의 누이와 이시명의 혼례에 대한 기사이다. 혼례를 치를 때 진성이씨의 이정회(1542~1613년), 예안 현감 안담수, 이시명의 형인 이시청이 신랑을 데리고 왔다가 현감은 바로 돌아가고 이정회는 밤에 온계로 돌아갔다는 내용이다.

이시명은 현감을 역임한 이함李涵의 아들로 광산김씨는 재령이씨와 처음 혼인했다. 김광계의 조카 이怡도 이시명의 손녀와 혼인했다. 한편 김광실의 둘째아들 김례金砅는 할아버지를 이어 진성이씨와 혼인했고 재혼은 전주류씨와 했다. 김기의 둘째아들 광업도 전주류씨 류성춘의 딸을 부인으로 맞이했고, 김평의 둘째 광일도 류수잠의 딸과 혼인했다. 이는 광산김씨가 17세기 후반 이후 퇴계학파 내에서 안동 임하의 의성김씨와 전주류씨, 영해의 재령이씨 등이 중심인 학봉鶴峯[김성일]계 또는 '갈암葛庵[이현일]학단'과 연결망을 형성하는 주요한 계기가 되었다.

김광계의 아우 광악의 혼인 날짜는 1607년 12월 19일로 정해졌는데, 아내는 이민환의 딸이었다.22) 이민환의 아버지는 관찰사를 역임한 이광준李光俊이었다. 이민환은 1600년(선조 33)에 문과에 급제했고 영천군수,

---

22) 1607년 12월 10일.

동래부사, 호조참의, 형조참판, 경주부윤을 역임하는 등 의성의 명망 있는 사족에 속했다. 김광계와 김광악의 처가가 의성이어서 이들은 빈번하게 의성에 드나들었고, 이를 계기로 의성현감 박몽거朴夢琚, 이사손李士遜, 김구정金九鼎과 의성 지역의 대표적 사족인 아주신씨의 신흘申仡 및 그의 아들 신달도申達道[자는 형보亨甫], 신열도申悅道[자는 진보晉甫] 등과 교유하게 되었다. 신달도와 신열도는 정구와 장현광 문하에 출입했는데, 이들은 나중에 장현광의 핵심 문인이 된다. 1603년에 장현광이 의성현감을 역임하면서 의성 지역의 문풍을 크게 진작시켰는데 이때 장현광에게 나아가 배운 것이 계기가 되었다.

김광계는 아들이 없어 아우 광실의 셋째아들 렴磏으로 후사를 잇도록 했다. 렴은 성주의 광주이씨 이윤우李潤雨(1569~1634년)의 딸과 혼인했다. 이윤우는 1606년(선조 39년)에 급제한 후 예조정랑, 사간원정언, 성균관대사성 등을 역임했고 정구에게서 수학했으며 김령, 학사鶴沙 김응조金應祖(1587~1667년으로 자는 효징孝徵이다) 등과 더불어 17세기 초반 영남 지역의 공론을 주도하는 위치에 있었다. 그런데 김광계의 첫째아우의 셋째아들도 이윤우의 손자와 혼인해 광산김씨는 광주이씨와 중첩 혼인을 했다.

이로써 김광계 당대에 혼인으로 안동권의 동쪽으로는 영해까지 공간적 관계망을 넓혔고, 안동권의 남서부로는 의성과 성주까지 공간적 관계망을 확대했다.23) 특히 성주 지역의 혈연적 관계망 구축에는 김광계가 정구 문하에 출입하면서 형성한 관계망이 영향을 미쳤다고 볼 수 있다.

---

23) 한편 『하와일록河窩日錄』에서 19세기 안동 지역의 혼인은 특정 성씨와 집중화, 공고화되는 경향을 보인다(김명자, 앞의 논문, 2016년).

3) 향촌 사족 및 일족과의 결속

김광계는 혼인과 학문 활동을 통해 성주 지역까지 공간적 관계망을 확장했지만 예안, 안동 지역 사족과의 교유에도 심혈을 기울였다. 대표적 인물로는 류성룡의 문인이자 유연당 김대현金大賢의 아들인 망와忘窩 김영조金榮祖(1577~1648년으로 자는 효중孝仲이다), 심곡深谷 김경조金慶祖(1583~1645년으로 자는 효길孝吉이다), 학사鶴沙 김응조金應祖(1587~1667년으로 자는 효징孝徵이다), 학음鶴陰 김념조金念祖(1589~1652년으로 자는 효수孝修이다) 형제, 권춘란權春蘭 문인으로 안동 와룡 이계에 사는 권굉權宏(1575~1652년으로 자는 인보仁甫이다), 학봉 김성일의 조카 김시온金是榲(1598~1669년으로 자는 자첨子瞻이다) 등이 있었다. 김영조 형제는 영주와 안동 풍산에 거주했는데, 이들은 대과 혹은 소과에 합격했고 관찰사, 장령 등의 관직도 역임하는 등 명성이 높았다. 김광계는 김확, 류진, 권굉, 김시온, 김영조 형제를 비롯한 비슷한 연배들과 오천, 하회, 영주, 안동, 임하의 여강서원, 안동 풍산의 병산서원, 오천의 자개서당, 안동 서후의 봉정사 등에서 만나 공부하거나 향촌 문제를 논의하거나 술자리를 갖기도 했다.

금응훈의 사망 이후 오천의 연장자 그룹은 좌수 재종숙 김호(1534~1616년), 판사 재종숙 김지(1551~1620년), 생원 재종숙 김평(1563~1617년), 내성 재종숙 김령(1577~1641년) 등이었다. 그런데 재종숙들도 금응훈과 비슷한 시기에 사망해 1620년대 전후부터 김령이 존장의 위치에 있었다. 그는 문과에 급제해 여러 관직을 거쳐 주서를 역임했고, 학문과 덕망으로 영남 사족 사회에서 명망이 높았다. 그러나 인조반정 이후 두문불출하며 대외 활동을 자제했기 때문에 김광계와 김확이 광산김씨를 대표해 향촌 활동에 적극 참여했다.

이 시기 오천의 중심적인 공간도 자연스럽게 탁청정[상주 댁]과 설월당으로 옮겨갔다. 일기에는 탁청정이 50여 회 이상 기록되어 있다. 친족 단위 모임이 가장 많았던 곳이다. '논의할 일'이 있거나 '상의할 일'로 탁청정에 가기도 했고 동네 친지들이 모여 이야기를 나누거나 술을 마시기도 했다. 특히 김확 형제를 만나러 자주 갔다. 설월당은 김부륜의 아들 김령의 집으로 일기에 20여 회 이상의 기록이 나온다. 설월당 역시 마을 혹은 향촌에 일이 있거나 외부 손님이 올 때 방문하곤 했다. 유사를 개정하는 일[24], 혹은 상의할 일이 있어 동네 친지들이 모이기도 했다. 김령이 마을 존장 위치에 있었기 때문이기도 했다. 그러나 1628년 이후에는 설월당이 거의 언급되지 않는데, 이 역시 김령이 대외 활동을 자제한 것과 관련이 있을 것이다.

김광계는 탁청정, 설월당, 읍청정, 양정당 등을 드나드는 가운데 제사, 동성끼리의 모임과 놀이, 마을의 여러 문제에 대한 공동 대응으로 혈연적 관계를 돈독히 했으며, 이곳을 방문하는 외부 인사들과도 인사를 나누는 가운데 관계망을 확대했다. 1627년 1월에 정묘호란이 발발했을 때 영남 호소사가 예안 지역 의병장으로 김광계, 부장으로 김확을 추천했다. 김광계는 조상의 묘를 이전하는 일로 시복緦服 중이어서 의병장을 사임했지만[25] 이는 그가 당시 예안의 대표적 인물로 부상했음을 알려준다.

4 '장현광 계'와의 교유와 위상 강화

1) '장현광 계'와의 교유

17세기 초반에 이황의 고제 중 조목, 류성룡 등이 잇따라 사망하게 되자 퇴계학파의 근거지였던 예안, 안동 지역의 학문이 침체하는 대신 성주의 정구를 거쳐 17세기 전반에는 상주의 정경세와 인동의 장현광이 영남의 대표적 학자로 성장하게 되었고, 이들의 연고지인 상주, 성주, 인동 등

---

24) 1616년 6월 22일.
25) 1627년 2월 29일.

이 영남학파의 새로운 중심지로 부상했다.26)

김광계는 의성의 아주신씨, 영천이씨, 안동김씨 등과 교유망을 형성했

경상도 지도 (서울대 규장각 제공)

는데, 이들은 장현광이 의성현감을 역임할 당시 그의 문하에 출입했다. 일기에는 김광계가 의성현감 장현광을 만났다는 기록은 없다. 그런데 1626년 7월에 김광계의 8촌형 김광도金光道(1604~1677년으로 자는 사수士修이다)가 도회都會의 제술製述로 가야산에 갔다가 장현광이 김광계에게 쓴 편지를 전해준 사실로 미루어 이전부터 교류가 있었음을 알 수 있다.

1636년 4월 20일~5월 23일에 김광계는 장현광이 거주하는 인동과

---

26) 金鶴洙, 『17세기 嶺南學派 연구』, 한국학중앙연구원박사학위논문 2007년.

'여헌학'의 본산인 부지암서당不知巖書堂[동락서원]을 방문하는데, 이는 김광계의 학문적 관계망에 커다란 변화를 주는 상징적 사건으로 간주될 수 있다. 한편으로는 김광계의 학문적 관계망이 '여헌계'와 연결되는 것을 의미하기도 하고 다른 한편으로는 '여헌계'가 예안에 확산되는 것을 의미하기 때문이다. 그는 장현광을 만나러 가는 길에 의성→인동→성주→현풍 등지를 거쳤는데, 이는 기존의 관계망을 재확인하는 동시에 새로운 관계망을 형성하는 여정이기도 했다.

〈표 3〉 1636년 4월 20일~5월 20일 김광계의 여정

일자	장소	만남 사람
4월 20일	일직현	權省吾, 全□久
4월 21일	북금곡촌	李建
4월 22일	인동 읍내	張應一[張經叔], 張泰來[張慶遇], 朴愰 등
4월 23일	반저촌 매원촌	張乃範, 李道昌, 李道長 등
4월 24일	상지	金㲊, 尹敏吉 등
4월 25일	화원현 논공	朴狃衢, 郭以昌 형제, 朴東衡, 朴振立
4월 26일~5월 4일	솔례	遜志, 郭維翰 형제, 郭子固[郭衛國], 郭希天, 郭嶋, 郭慶覃, 朴振立, 朴東䩄, 郭岅, 李珀, 郭慶覃 형제 등
5월 8일	상지	尹敏吉
5월 9일	부지암서당	張應一, 朴愰, 朴惰, 金慶長, 張宗亨 등
5월 10~11일	인동 읍내	申進甫, 羅允素[仁州府使], 李秀俊 등
5월 12~13일	부지암서당 오산서원	金慶長, 金德承, 張慶達, 申悅道[申進甫], 朴愰, 張宗亨, 仲孝 등
5월 14~21일	해평 수촌 여자갑촌	韓世龍[開城府], 申悅道, 通彦, 金德承, 朴孝述, 盧世謙 형제 등
5월 22~23일	군위 장동 일직현	柳元慶[생질], 李廷彬

김광계는 부지암서당에서 장현광을 만난 소회와 부지암서당 및 주변 풍광에 대해 이렇게 기술하고 있다.

여헌 선생이 선산에서 배를 타고 와서 부지암서당에 머무른다는 것을 듣고 강가 누각에서 인사를 했는데 덕스러운 풍모가 크고 깊으며 풍채가 위엄이 있어서 바라보니 나도 모르게 마음이 취해 진심으로 복종하게 되었다. …… 사당은 바로 선생이 학문을 닦고 휴식을 취하는 곳이다. 앞에는 큰 강이 닿아 있고 멀리 넓은 들을 안고 있으며 길게 뻗은 수풀이 짙게 드리워지고 넓은 들이 아득하며 집 뒤로는 큰 대나무가 수천 그루로 참으로 아름다운 경치이다.

김광계는 장현광에 대해 존모하는 마음과 장현광의 부지암서당에 대한 풍경을 아름답게 묘사하고 있다. 성주[현재의 칠곡]의 매원촌梅院村에서는 사돈댁을 방문해 이윤우의 아들 이도창李道昌과 이도장李道長을 만났다. 장내범張乃範, 신열도申悅道, 장태래張泰來, 이수준李秀俊 등 장현광의 핵심 문인들과도 교유했다. 장현광의 아들 장응일張應一은 10년만에 만났고 장내범도 10여년 만에 만났다고 했다. 그 밖에 인동부사 나윤소, 개성에서 장현광을 보러온 한세룡韓世龍을 비롯해 몇몇 곽씨와는 처음으로 인사를 나누었다.

16세기 중후반에 광산김씨 예안파가 이황의 직전 제자를 배출할 당시에는 학문적 상이성이 드러나지 않았지만 17세기 전반에는 정치적 사안과 학문적 사안마다 의견을 달리하는 경향을 보이기도 했다. 이를테면 설월당 김부륜의 아들 김령의 경우 조목의 도산서원 종향에 반대했지만 양정당 김부신의 아들 김평은 조목의 종향을 지지했다.[27] 김광계는 장현광

---

[27] 이상현, 「月川 趙穆의 陶山書院 從享論議」, 『北岳史論』 8, 2001년, 47~48쪽, 64~65쪽.

을 방문해 흠모하는 마음을 가졌지만 김령은 1639년에 장현광을 오산서원의 길재사당에 배향하고자 한다는 인동의 통문에 대해 "사사로운 정으로 묘우에 제향하는 폐습"이라고 언급한28) 것으로 미루어 장현광의 문인들에 대해 부정적 입장을 갖고 있었음을 알 수 있다.

김광계는 장현광 및 그의 문인들과 교유하는 가운데 학문적 관계망을 영남 서남부 지역으로 확대할 수 있었다. 김해가 조목 문인이어서 김광계 역시 월천계29)로 언급할 수 있지만 그는 특정 정파에 한정되지 않고 여러 스승을 모시는 가운데 유연하게 학문적 관계망을 넓혀 나갔다.

2) 김광계의 위상 강화

17세기 전반에 오천과 향촌에서 김광계의 위상은 더욱 확고해졌다. 이러한 사실은 도산서원 원장의 역임 사실을 통해 확인할 수 있다. 〈표 1〉에서 1598년, 1600년, 1603년에는 김기가, 1610년에는 김평이, 1618년에는 김령이, 1626년, 1631년, 1632년, 1635년, 1640년, 1641년, 1642년에는 김광계가, 1628년, 1629년, 1645년, 1647년에는 김확이 원장이었으며, 김광계는 1630~1640년대 원장을 가장 많이 역임했다. 1630년대 이후에는 김광계가 김확과 더불어 광산김씨와 예안의 향촌 사회를 주도했음을 알 수 있다.

김광계는 1636년 12월 19일에 청나라가 조선을 침략했다는 소식을 접했고, 같은 달 23일에 남한산성에서 온 유지有旨를 보았는데 거기에는 영남에서 의병을 일으키고 군량을 내어 의병을 도와 달라는 내용이 담겨 있었다. 김광계는 김령을 비롯한 오천의 여러 어른을 만난 이후 김령의 맏아들 김요형金耀亨(자는 백달伯達), 김평의 아들 김광수金光遂(자는 맹견孟堅)

---

28) 1639년 10월 27일(『국역 계암일록』 6, 347~348쪽).
29) 『月川先生門人錄』(필사본, 광산금씨 후조당 소장).

와 함께 향교에서 회문回文을 내 의병에 관한 일을 예안의 사족과 의논하고자 했다. 25일에 예안 향교에 80여 명이 모여 의병을 꾸렸는데, 김광계가 대장, 김확이 부장이 되었다. 영남의 다른 지역에서도 의병 조직이 속속 꾸려졌으며, 상주에서는 전식이, 안동에서는 이홍조李弘祚가, 영주에서는 박회무가, 봉화에서는 조이주趙以周가 의병장이 되었다. 김광계는 이들과 연락을 주고받는 가운데 의병을 조직하고 영남을 지키기 위한 대책을 함께 논의했다.

현재 침락정 전경

당시 오천에서 김광계에게 가장 중요한 공간은 침락정이었다.30) 김광계는 오천에서 공부할 때 침락정을 주로 이용했는데, 이것은 1608년에 김광계가 지은 건물이었다. 일기에서는 침락정을 침락서재枕洛書齋 혹은 강재江齋로 표현하고 있기도 했다. 김광계는 침락정을 찾아온 인사들과 학문을 토론하거나 강학하기도 했고 제사를 지내거나 친구를 만나거나 술을 마시거나 오고 가는 길에 쉬거나 일정 기간 묵기도 했다. 이곳의 경치가

---

30) 후조당, 탁청정, 읍청정 등과 함께 현재 안동 '오천군자리' 내에 위치한다.

비암의 위치(서울대 규장각 제공)

좋아 예안 현감들이 와보고 싶어 했으며 벗들도 이곳에 머물길 김광계에게 요청하기도 했다.

　침락정과 몇 백 보 떨어진 곳에 운암사가 있었다. 이것은 증조부 김연이 건립했다가 임진왜란 당시 불타 1606년에 김광계가 중창한 것이었다.31) 김광계는 이곳에서도 여러 날 머물며 공부하거나 휴식을 취하기도 했다.32) 침락정 가까운 물가에는 비암[반석]이 있었는데, 김광계는 여기서 오천의 친족 및 벗들과 놀거나 예안 관아와 향교에 오갈 때 다른 사람들과 만나는 약속 장소로 이용하기도 했다. 김광계는 20~30대에는 주로 제천댁 혹은 탁청정으로 찾아오는 외부 사람들과 교유했으나 40~50대에는 외부 인사가 김광계를 직접 방문하는 경우도 많았다. 이는 김광계가 오천을 대표하는 위치에 있게 되었음을 의미한다.

　김광계의 학문적 명성이 널리 알려지면서 가깝게는 아우와 생질을 비

---

31) 운암사雲巖寺는 예안현 남쪽 7리 어탄산魚呑山 위에 있다(『宣城誌』 佛宇條).
32) 김광계가 공부한 장소로는 용수사도 있는데, 이는 오천에서 몇 리 떨어져 있다. 공부를 하거나 일족의 모임을 갖거나 예안현감을 비롯한 벗들과의 모임 장소로 이용했다.

롯해 여러 지역의 젊은 인재가 그를 찾아왔다. 현풍의 곽유한郭維翰 형제, 이숙발李俶發, 구사공具思恭, 이은李븝, 이장형李長亨, 이시겸李時謙, 배한장裵漢章, 신의방辛懿方, 안동판관을 역임한 신경辛曔의 아들 신의방辛懿方, 심광수沈光洙, 이병연李炳然의 아들 이효李曉 등이 김광계를 방문해 학문을 논하기도 했고 사사로운 정을 나누기도 했다.

이처럼 김광계는 혼인, 학문 활동, 의병 활동 등을 통해 맺어진 관계망을 기반으로 40대 이후에는 광산김씨와 예안을 주도하는 위치에 있었고 그의 공간적 관계망도 영해, 성주, 인동 등으로 확대되었음을 알 수 있다.

5 맺음말

16세기 후반부터 예안과 안동의 사족 사회는 '퇴계학'을 중심으로 재편되었다. 퇴계 이황과 그의 문인 중에는 월천 조목, 서애 류성룡, 학봉 김성일 등의 뛰어난 학자가 배출되어 학문이 꽃을 피웠다. 임진왜란 이후에는 이들이 앞장서 성리학적 예제를 실천해나갔다. 그런데 17세기 초반에 퇴계의 고제 그룹의 연이은 사망으로 이 지역의 학문적 분위기가 상대적으로 위축되었다.

이러한 상황 속에서 예안의 오천 김광계의 관계망의 양상은 어떠했는지를 앞서 살펴보았다. 김광계가 20~60대에 걸쳐 쓴 『매원일기』에서 많은 부분을 차지하는 것이 오천의 후조당, 읍청정, 탁청정, 양정당, 설월당, 일휴당 등을 중심으로 한 친족과 외부 인사들과의 교유이다. 김광계는 혈연 공동체를 중심으로 한 제사, 유희, 친교, 마을의 공동 이익을 비롯한 여러 활동에 적극적이었으며 광산김씨와 혼인으로 맺어진 사람들, 함께 공부하는 사람들, 지방관을 비롯한 향촌의 여러 사람과 매우 자주 만났다. 김광계의 일상은 교유의 연속이었다.

김광계의 일상을 통해 드러난 교유 내용과 특징을 요약하면 다음과 같다. 김광계가 본격적으로 사회 활동을 시작한 것은 20대부터라고 할 수 있었다. 광산김씨는 혼인, 학문, 경제적 기반, 의병 활동 등을 통해 향촌에서 명망 있는 사족이 되었다. 이를 물려받은 김광계는 박성, 조목 등에게 나아가 학문을 익히고 류진, 류암, 박회무 등과의 교유를 통해 정경세의 문인들에게까지 관계망을 넓혔다.

김광계는 의성의 광주이씨와 혼인했는데, 막내아우 광악도 의성의 대표적 사족인 이민횡의 딸을 배우자로 맞이했다. 의성에는 장현광의 문인이 많았는데, 김광계는 자연스럽게 이들과 교유했다. 김광계는 성주 출신의 정구가 안동부사로 부임하자 그의 문하에도 출입했다. 이를 계기로 성주 지역 사족과 교유하게 되었고, 아들 렴이 성주의 광주이씨 이윤우의 딸과 혼인해 이 지역 사족과의 관계망이 더욱 확고해졌다.

17세기 전반에 상주의 정경세와 인동의 장현광이 영남의 대표적 학자로 성장하게 됨에 따라 이들의 연고지가 영남 지역 학문의 중심지로 부상하게 되었다. 김광계는 1636년에 '여헌학'의 본산인 인동의 부지암서당을 방문해 장현광을 만났다. 이는 김광계의 학문적 관계망을 인동으로 확대하는 동시에 '여헌계'의 관계망이 예안으로 확산되는 것이기도 했다.

김광계는 1630~1640년대에 예안의 대표적인 사족 기구인 도산서원 원장을 가장 많이 역임했고, 병자호란 당시 예안 의병을 앞장서 조직할 만큼 향촌에서의 위상이 높았다. 이와 함께 일휴당, 탁청정, 설월당을 통해 오천을 방문하는 인사들과의 교유는 줄어들고 1630년대 이후에는 김광계를 직접 방문하는 사람이 많아졌다. 그중에는 김광계의 명성을 듣고 찾아온 젊은 인재들도 있었다.

김광계는 정구, 장현광 문하에 출입하는 가운데 조목 문인이던 아버지의 관계망을 뛰어넘어 새로운 관계망을 형성하고 확장했다. 학문과 덕망으로 향촌에서의 위상도 확고해졌다. 다만 17세기 중후반 이후 오천 내에서 파별로 학문적 분기가 드러나고 문중 활동이 본격화되는 가운데 김광계의 관계망이 후손들에게 그대로 계승, 확대되었는지, 생존을 위한 새로운 관계망을 모색했는지에 대한 논의는 차후의 과제로 남기겠다.

〈부표〉 『매원일기』를 중심으로 한 광산김씨 예안파의 세계世系와 혼인

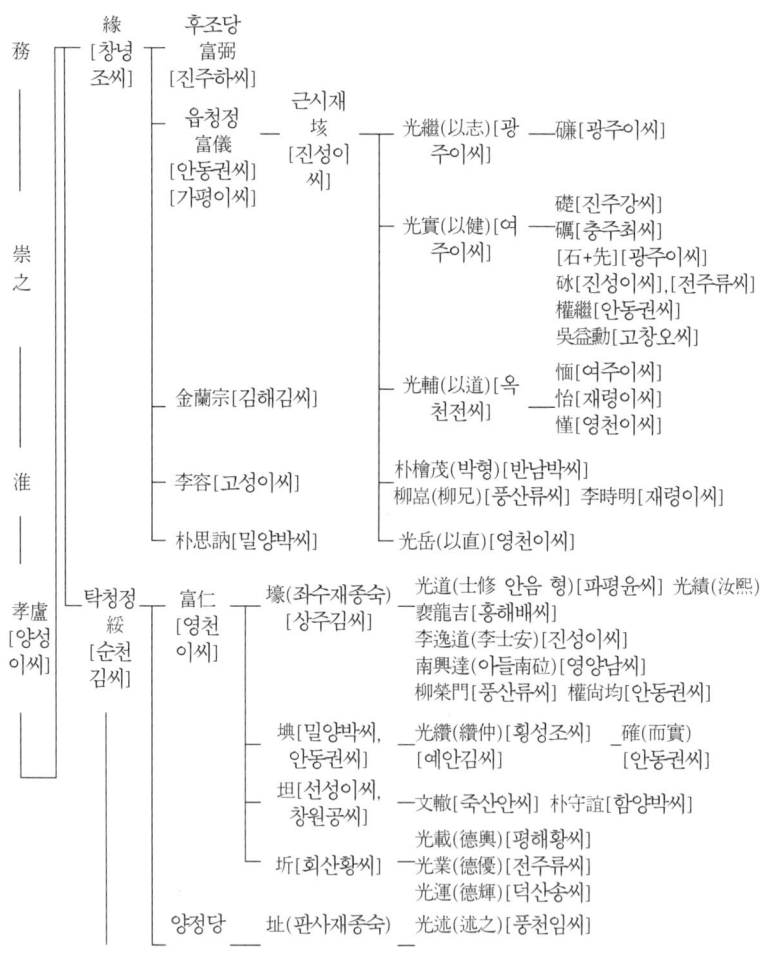

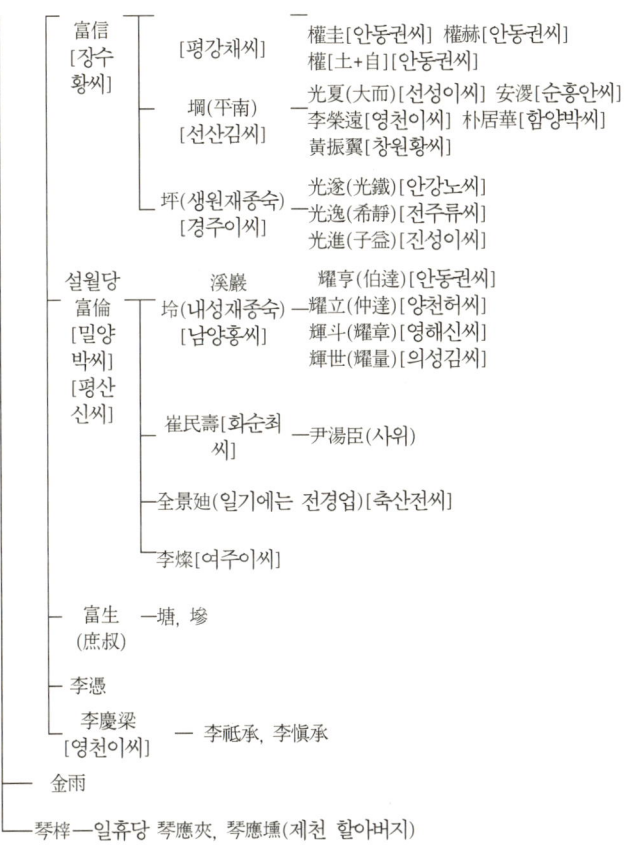

참고문헌

『光山金氏 禮安派譜』, 대경출판사, 1977년.
『국역 계암일록』, 한국국학진흥원, 2013년.
『매원일기』, 필사본, 한국국학진흥원 소장.
『月川先生門人錄』, 필사본, 광산김씨 후조당 소장.
『宣城誌』, 필사본, 안동대학교 소장.
고영진, 「양반관료 류희춘의 관계망」, 『사회적 네트워크와 공간』, 태학사, 2009년.
金龜鉉, 「壬辰倭亂中의 安東義兵」, 『鄕土慶北』 창간호, 1987년.

김명자,「'河窩日錄(1796~1802)'을 통해 본 豊山柳氏 謙巖派의 관계망」,『大丘史學』124, 2016년.
_____,「순조 재위기(1800~1834년) 하회 풍산류씨의 현실 대응과 관계망의 변화」,『국학연구』29, 2016년.
김선경,「16세기 성주 지역 사족의 교유 공간과 감성」,『歷史硏究』24, 2013년.
김영나,「15~17세기 光山金氏 禮安派의 田畓所由樣相의 변화」,『영남학』15, 2009년.
김정운,「17세기 예안 사족 김령의 교유 양상」,『朝鮮時代史學報』70, 2014년.
金鶴洙,「17세기 嶺南學派 연구」, 한국학중앙연구원박사학위논문, 2007년.
김형수,「임진왜란 이후 월천학맥과 예안지역사회의 재건」,『조선후기 사족과 예교질서』, 소명출판, 2015년.
우인수,「도산서원을 움직인 사람들」,『조선서원을 움직인 사람들』, 글항아리, 2013년.
이상현,「月川 趙穆의 陶山書院 從享論議」,『北岳史論』8, 2001년.
전경목,「'미암일기'를 통해 본 16세기 양반관료의 사회관계망 연구 – 해배 직후 시기를 중심으로」,『조선시대사학보』73, 2015년.

4장

광산 김씨 예안파의 병자호란 대응 양상
— 『매원일기』와 『계암일록』을 중심으로

김강식

1 ___ 머리말

조선후기에 벌어진 병자호란은 조선후기 사회에 많은 영향을 끼친 전쟁이었다. 그동안 병자호란에 대한 연구는 상당히 진척되었다. 지금까지 병자호란에 대한 연구 성과를 정리하면1), 전쟁의 전반적인 문제를 다룬 연구2), 지역 차원에서 병자호란 시기의 전투를 다룬 연구3), 병자호란 때의 근왕병과 의병에 대한 연구4), 병자호란의 결과와 이후에 끼친 영향을 다룬 연구5), 병자호란 전후의 대외관계를 다룬 연구6) 등으로 구분할 수

---

1) 吳宗祿, 「壬辰倭亂~丙子胡亂時期 軍事史 硏究의 現況과 課題」, 『軍史』 38, 국방군사연구소, 1999년: 강석화, 「정묘병자호란 연구의 현황과 과제」, 『한국 역대 대외항쟁사 연구』, 전쟁기념관, 2014년.
2) 국방부전사편찬위원회 편, 『병자호란사』, 1986년: 국사편찬위원회 편, 『한국사』 29: 조선중기의 외침과 그 대응, 1995년.
3) 경상북도·영남대학교 편, 『경북의병사』, 1990년: 권순진, 「丙子胡亂 金化 栢田戰鬪 考察」, 『軍史』 96, 국방부 군사편찬연구소, 2015년: 柳承宙, 「병자호란의 전황과 금화전쟁 일고」, 『史叢』 55, 역사학연구회, 2002년.
4) 李章熙, 「丁卯·丙子胡亂時 義兵 硏究」, 『국사관논총』 30, 국사편찬위원회, 1991년. 권내현, 「정묘호란 의병장 정봉수의 활약과 조선왕조의 인식」, 『한국사학보』 42, 고려사학회, 2011년: 장정수, 「병자호란시 조선 勤王軍의 남한산성 집결 시도와 활동」, 『한국사연구』 173, 2016년: 金泰鷹, 「虎溪 申適道의 生平과 義兵活動」, 『退溪學』 8, 안동대 퇴계학연구소, 1996년.

있다.

일반적으로 말하는 병자호란은 1627년에 일어난 정묘호란丁卯胡亂과 1636년에 일어난 병자호란을 합쳐 부르는 말이다.7) 전자는 광해군이 폐위되고 인조가 즉위한 후 나타난 친명배금정책으로 야기된 후금後金의 침입을 말하며, 후자는 조선의 척화斥和에 대한 보복으로 일어난 청의 침입을 말한다. 이 두 차례의 전쟁에 대해서는 두 전쟁의 차이에도 불구하고 대부분의 경우 두 전쟁을 포괄해서 연구하고 있는데, 의병 연구의 경우에 정묘호란 시기의 의병과 관서, 양호 지방의 의병 연구가 주를 이루고 있다.8)

병자호란 시기의 각 지역의 대응 양상에 대한 연구는 병자호란의 전체사 복원에서 중요한 전제이다. 이 점에서 병자호란 시기, 각 지역의 구체적 대응 양상을 다루는 연구는 병자호란사 이해를 위한 좋은 사례가 된다. 경상좌도 예안현에 거주한9) 광산김씨 예안파 가문에 남아 있는10) 『매원

---

5) 朴珠, 「병자호란과 이혼」, 『조선사연구』 10, 조선사연구회, 2001년; 강성문, 「丁卯·丙子胡亂 期의 捕虜 送還 硏究」, 『軍史』 46, 국방부 군사편찬연구소, 2002년; 허태구, 「丙子胡亂 이해의 새로운 시작과 전망 – 胡亂期 斥和論의 성격과 그에 대한 맥락적 이해」, 『奎章閣』 47, 서울대 규장각한국학연구원, 2015년.
6) 全海宗, 「丁卯胡亂 時의 後金軍의 撤兵 經緯」, 『白山學報』 2, 1967년; 全海宗, 「丁卯胡亂의 和平 交涉에 對해」, 『亞細亞學報』 3, 亞細亞學術研究會, 1967년; 한명기, 『정묘·병자호란과 동아시아』, 푸른역사, 2009년; 허태구, 「병자호란 講和 협상의 추이와 조선의 대응」, 『조선시대사학보』 52, 조선시대사학회, 2010년; 김창수, 「18~19세기 병자호란 관련 현창과 기억의 유지」, 『조선시대사학보』 81, 2017년.
7) 국사편찬위원회 편, 『한국사』 29: 조선 중기의 외침과 그 대응, 1995년.
8) 병자호란 시기의 의병은 자기 고장을 지키는 전방 의병, 향리를 뛰어넘어 활동하면서 전방 출정을 목표로 하는 의병으로 구분한다(李章熙, 「丁卯·丙子胡亂時 義兵 硏究」, 『국사관논총』 30, 국사편찬위원회, 1991년, 184쪽). 전자의 예는 관서의병, 후자의 예는 양호와 영남의병을 들 수 있다고 한다.
9) 이수건, 『영남학파의 형성과 전개』, 일조각, 1995년; 안동군자리문화선양사업회, 『군자리 그 문화사적 성격』, 토우, 2001년.
10) 한국학중앙연구원 편, 『古文書集成 一』, 한국학중앙연구원 출판부, 2011년. 광산김씨 예안

일기』와11) 『계암일록』은12) 예안현의 지역 사회가 병자호란을 맞아 전란을 극복하는 과정을 상세하게 보여주는 중요한 의미를 가진 자료이다. 본고에서는 이 자료를 중심으로 예안현에서 병자호란에 대응하는 양상을 구체적으로 살펴보고자 한다. 이를 위해 크게 시기적으로 정묘호란과 병자호란으로 구분해 의병 활동을 중심으로 그것을 밝혀보고자 한다.

2   정묘호란

인조반정으로 정권을 잡은 서인이 노골적인 친명배금정책을 펴자 후금은 조선에 대해 경계심을 갖기 시작했다. 후금은 대륙 정복을 위해서도 배후의 조선을 확실히 장악해 둘 필요가 있었다. 이에 광해군을 위해 보복한다는 명분을 내걸고 전쟁을 택했다. 후금은 1627년 정월에 3만 명의 병력으로 조선을 침략했는데, 이것이 정묘호란이다. 정묘호란은 1627년 1월 중순부터 3월 초까지 약 2개월 동안 계속되었다. 압록강을 건너 의주를 점령한 후금의 주력 부대는 용천, 선천을 거쳐 안주성 방면으로 남하하고, 일부 병력은 가도假島의 모문룡毛文龍을 공격했다. 조선군은 곽산의 능한산성凌漢山城을 비롯해 곳곳에서 후금군을 저지하려 했지만 실패했으며, 가도의 모문룡도 패해 신이도身彌島로 도망쳤다.13)

후금군의 침입이 조정에 알려지자 인조는 장만張晩을 도체찰사都體察

파보 간행소 편, 『光山金氏禮安派譜』, 1997년.
11) 국방부전사편찬위원회 편, 『병자호란사』, 1986년: 국사편찬위원회 편, 『한국사』 29: 조선 중기의 외침과 그 대응, 1995년.
12) 『계암일록』은 경상도 예안에 살았던 김령(1577~1641년)의 일기인데, 계암은 그의 호다. 김령은 오천의 설월당에서 거주했다.
13) 국방부전사편찬위원회 편, 『병자호란사』, 1986년: 국사편찬위원회 편, 『한국사』 29: 조선 중기의 외침과 그 대응, 1995년, 45~90쪽.

使로 삼아 적을 방어하게 하고, 여러 신하를 각지에 파견해 근왕勤軍을 모집했다. 그동안 후금군은 남진을 계속해 안주성을 점령하고, 평양을 거쳐 황주까지 진출했다. 당시 평산에 포진했던 장만은 개성으로 후퇴했다. 전세가 극도로 불리하자 김상용金尙容이 유도대장留都大將이 되어 서울을 지키고, 소현세자昭顯世子는 전주로 남하했다. 그 사이에 인조는 전란을 피해 강화도로 들어갔다. 한편 각지에서는 의병이 일어나 후금군의 배후를 공격하거나 군량을 조달하는 등 분전했다.14)

1) 의병의 창의

후금군이 서북 지방을 침입하자 국왕 인조는 각지에 격문을 보내 의병의 봉기를 호소했다. 1627년 1월 19일, 죄기교서罪己敎書를 발표해 자기 과실을 자책하고 온 백성이 분발해 난국을 타개하도록 호소했다.15) 이때 김장생金長生을 양호호소사兩湖號召使16), 장현광張顯光을 영남호소사로 삼아 의병을 창의하고 근왕하도록 했다.17) 예안현에서 김령18)은 1627년 1월 25일에 용궁의 이형의 편지로 오랑캐가 변란을 일으켰다는 소식을 들었다.

정묘호란을 당해 예안에서 의병을 일으키게 된 동기는 두 측면에서 살

---

14) 국방부전사편찬위원회 편, 『병자호란사』, 1986년: 국사편찬위원회 편, 『한국사』 29: 조선 중기의 외침과 그 대응, 1995년, 45~90쪽.
15) 『인조실록』, 5년 1월 19일.
16) 김장생은 고향 연산에 의병청을 설치하고, 각 읍에 격문을 보내 의병 창의를 독려했다(우인수, 「정묘호란시 삼남지역 號召使의 활동과 그 의미」, 『朝鮮史硏究』 20, 조선사연구회, 2011년).
17) 국방부전사편찬위원회 편, 『병자호란사』, 1986년, 92~98쪽.
18) 금령(1577~1641)의 자는 자준, 호는 계암, 본관은 광산이다. 아버지는 현감 금부륜이며, 어머니는 평산 신씨로 부호군 신수민의 딸이다. 『매원일기』의 필자인 금광계(1580~1646년)의 7촌 숙부이다. 인조반정 후에 조정에서 여러 번 불렀으나 출사하지 않고 절의를 지키다가 경상도 예안현 오천리에서 와석종신臥蓆終身했다.

펴볼 수 있다. 첫째, 개인의 입장에서 보면 김광계19)는 상을 당한 입장이었지만 국왕에 대한 충성 때문이었다.

내[김광계]가 새로 망극한 참변을 당해 형편이 참으로 전쟁터로 달려 나갈 수 없는 처지여서 정랑 재종숙 및 여러 사람에게 의논해보니, 모두들 이렇듯 황급하게 주상이 욕을 당하고 신하가 죽기를 각오해야 할 때를 당해 신하된 자로서 결단코 핑계를 대고 물러설 수 없는데다가, 하물며 국가에 집안까지 쳐들어온 도적이 있다면 고례古禮에 '상중이라도 일어나 나아간다'는 글이 있으니, 시복緦服의 연고 때문에 나가지 않아서는 안 된다고 했다. 어쩔 수 없이 애써 향교로 들어갔더니, 김확金確, 백달伯達이 이미 먼저 와 있었고, 백온伯昷(김율金瑮), 형 문보文甫, 임보任甫 등 여러 사람도 와 모였다.20)

둘째, 조정에서 영남 지방에 호소사 정경세鄭經世와 장현광을 보내 의병 창의를 독려했기 때문이다. 1627년 1월 14일, 후금군이 조선을 침략해 10여 일만에 의주를 돌파해 남하하자 소현세자가 전주로 피난하고, 인조는 강화도로 피난했다. 조정에서는 경상도에는 정경세와 장현광을 경상좌우호소사로 임명했다.21) 장현광은 경상좌도호소사, 정경세는 경상우도호소사로 활동했는데, 두 호소사는 예안현에서 만나 정경세를 호소사의 상사上使로 정해 활동했다. 두 호소사는 경상도의 상도에 머물면서 활동했지

---

19) 김광계(1580~1646년)의 본관은 광산. 자는 이지, 호는 매원이다. 아버지는 금해고, 어머니는 진성리씨로 퇴계의 조카 이재의 딸이다. 처음에 대암 박성에게 배우다가 안동부사로 부임한 정구를 통해 학문을 크게 성취했다. 경상감사 금시양이 천거해 동몽교관 등에 임명되었으나 나아가지 않았다. 정묘호란에 장현광이 의병장으로 삼았으나 파했으며, 병자호란에 다시 의병을 일으켜 서울을 향해 행군하려 했으나 군사를 해산했다.
20) 『매원일기』 권2, 정묘년(1627년, 인조 5년) 2월 9일.
21) 『인조실록』 권15, 5년 1월 19일.

만, 정묘호란은 단기간에 진행되어 호소사의 활동 기간이 짧아 두 사람의 관계를 파악하기가 어려운 실정이라고22) 한다.

당시 정경세는 두 아들을 잃고 장례를 치르기 위해 고향으로 내려오다가 청주에서 말머리를 돌려 한성으로 향하던 중 수원에서 호소사에 임명된 소식을 들었다. 이에 경상도호소사의 임무를 원활하게 하기 위해 종사관 이윤우李潤雨 외에 강대진과 박한을 종사관으로 더 차출하겠다고 했으며, 산척이나 포수를 모집하기 위해 공명첩空名帖과 서얼허통첩庶孼許通帖을 발급하고, 경상도의 문관들은 한성으로 올라오기보다는 곡식이나 의병이나 의병을 모으도록 하겠다는 것을 허락받았다.23) 한편 1월 25일, 소현세자가 분조해 남쪽으로 내려갔고, 인조가 강화도를 향해 떠난 것과 동시에 정경세는 경상도로 출발했다. 호소사 정경세는 종사관 이윤우 등 3인을 거느리고 2월 3일에 상주에 도착했으며, 2월 8일에 옥성에 도착해 조정에 서장을 올려 보고했다. 14일에는 함창, 16일에는 용궁, 17일에는 예천, 20일에는 안동을 순행했다. 정경세는 경상좌도에 도착해 격문을 발하고 의병과 군량을 모집했으며, 경상도관찰사 김시양과 회합하고 우도호소사 장현광과도 만나 협의했다.24)

아울러 조정에서는 분조分朝하면서 각지에 초토사招討使를 보내 의병 창의를 독려했다. 이때 공주의 분조에서 의병을 모집하는 일로 안동에는 초토관招討官 김만고金萬古가 왔다.25) 이에 호응해 예안에서도 동궁이 공주에서 호남으로 내려온다고 하자, 안동의 의병소에서 분조에 문안하기 위해 갈 수 있는 자들을 모집하기도 했다.26)

---

22) 우인수,「정묘호란시 삼남지역 號召使의 활동과 그 의미」,『朝鮮史硏究』20, 조선사연구회, 2011년, 85~86쪽.
23) 정경세,『愚伏先生別集』권3, 경연일기, 인조 5년 1월 24일.
24)『우복선생별집』권6, 부록. 연보. 인조 5년 1, 2, 3월조.
25)『계암일록』4, 정묘년(1627년, 인조 5년) 2월 12일.

2) 경상도 의병의 구성과 조직

정묘호란 때 경상도에서의 의병 구성과 조직에는 호소사의 역할이 컸다. 장현광과 정경세가 호소사에 임명된 사실이 바로 경상도에 전해졌으며, 지역별로 의병장을 자체 선정하는 논의가 고을 단위로 이루어졌다.27) 이때 현지에 거주하던 장현광은 신속하게 대처할 수 있었다.28) 1월 28일, 호소사 장현광이 여러 읍에 공문을 보내 각 고을별로 의병장을 지정했다.

> 안동은 김시추金是樞, 예안은 이영도李詠道, 영천은 권주(黑+主), 예천은 장여한張汝翰, 풍기는 곽진(山+晉), 봉화는 권극명權克明, 진보는 김위金渭, 청송은 조준도趙遵道, 영해는 이시명李時明, 용궁은 정윤목鄭允穆이었다.29)

그러나 정경세가 한성에서 아직 내려오지 못한 상황이었기 때문에 그가 내려오기 전까지는 장현광 주도로 일이 진행될 수밖에 없는 상황이었다. 2월 3일, 상주에 도착한 정경세는 도내에 격문을 보내 통유하고 경상도관찰사 김시양을 만나 시국에 대해 논했다. 2월 4일, 정경세는 선산에 도착해 호소사 장현광과 만나 호소사의 구성과 조직에 대한 의견을 교환했다. 이때 정경세가 호소사의 상사를 맡았다.30)

장현광은 의병이 되기 위해 나온 선비들을 모두 거느리고 전쟁터로 서둘러 나아가려고 했지만 막 도착한 정경세는 선비들을 전쟁터로 보내도

---

26) 『계암일록』 4, 정묘년(1627년, 인조 5년) 2월 9일.
27) 『계암일록』 4, 정묘년(1627년, 인조 5년) 1월 25~26일.
28) 우인수, 「정묘호란시 삼남지역 號召使의 활동과 그 의미」, 『朝鮮史研究』 20, 조선사연구회, 2011년, 89쪽.
29) 『계암일록』 4, 정묘년(1627년, 인조 5년) 1월 28일.
30) 『계암일록』 4, 정묘년(1627년, 인조 5년) 2월 6일.

도움이 되지 않으므로 각자 의곡을 내 군량에 보태도록 했다.31) 이어서 호소사 종사관 박윤보朴潤甫가 예안현에 들어왔으며32), 오후에 박윤보는 안동으로 향했다.33) 경상도호소사로부터 이준李埈이 군량의 총책임자로 관량관管粮官에 차출되어 다시 여러 읍에 광량유사管粮有司를 각각 지정했다.34)

이후 호소사 장현광이 의성에서 안동으로 들어왔다.35) 그런데 장현광은 나이가 들어 잘 잊어버려 2일의 함창 모임, 12일의 행군 명령, 이영도가 의병장에서 체임된 일 등 관아의 일을 조치하고 마련하는 일 등에 관해 호소사 정경세에게 말해 주지 않았다. 실제 5일에 두 호소사가 서로 만나 일을 의논할 때 장경세는 이영도가 이미 교체된 줄도 몰랐다고 한다.36)

정묘호란 시기에 예안현의 의병 구성과 조직은 지역 사족이 중심이 되어 전개되었다. 첫째, 정묘호란 시기에 경상도에서 의병의 구성과 조직은 대부분 향교에 설치된 의병소義兵所(의병청義兵廳)을 중심으로 활발하게 논의를 거쳐 진행되었다. 관련 자료를 구체적으로 살펴보면 다음과 같다.

① 변방 소식이 매우 다급해 향중이 의병에 관한 일 때문에 크게 모였다고 한다. …… 떠날 때 들으니, 김확金碻이 의병장이 되었다고 한다.37) 의병 회의에 덕여 무리 및 요형, 광철, 광술, 금호겸, 처겸 등이 모두 갔다. 오직 김확만 사양

---

31) 『우복집별집』 권8, 부록 언행록.
32) 『계암일록』 4, 정묘년(1627년, 인조 5년) 2월 10일.
33) 『계암일록』 4, 정묘년(1627년, 인조 5년) 2월 11일.
34) 『계암일록』 4, 정묘년(1627년, 인조 5년) 2월 9일.
35) 『계암일록』 4, 정묘년(1627년, 인조 5년) 2월 13일.
36) 『계암일록』 4, 정묘년(1627년, 인조 5년) 2월 11일.
37) 『매원일기』 권2, 정묘년(1627년, 인조 5년) 1월 26일.

하고 가지 않았다.38) …… 의병 회의에서 여러 사람 의견이 금창업琴昌原(금업)을 장수로 삼고, 이영도를 부장副將으로 삼자고 했는데, 이영도가 달아나 피해 한참 뒤에 임의로 바꾸어 김확을 부장으로 했으니, 아주 졸속하게 얼버무린 것 같았다.39)

② 이영도가 호소사로부터 의병장에 차출되었기 때문에 회피할 수 없어 다시 향교에서 모여 의논했는데, 김확, 요형, 광술 및 제군이 모두 향교로 갔다.40)

③ 큰아이가 재계의 날을 맞아 서기書記 당번 때문에 잠시 가서 연고를 말하고 왔다.

④ 오시에 김광계와 김광보41)가 오고 조금 있다가 김확도 왔다. 두 호소사의 첩장牒狀이 이르렀는데, 김광계를 의병장으로 삼은 것 때문에 김광계는 꽤나 난처해했다. 군관 조직붕趙直朋이 김광계의 출석을 요청하는 일 때문에 왔다. 김확과 요형이 또 의병소로 갔는데, 이영도와 금여주 등이 모두 집회소에 왔다고 한다.42)

⑤ 오시에 큰아이가 김확과 함께 또 의병소로 가고 김광계도 갔는데, 김광계는 부득이해 간 것이었다.43)

⑥ 오시에 아이들이 의병소에 들어갔다. 우리 읍의 의병장은 바꾸기를 수시로 해 군사의 대오와 여러 가지 일이 아직 실마리를 찾지 못했다. 호소사 장현광이 제대로 살피지 못했기 때문이다.44)

---

38) 김확金碻(1583~1665)의 자는 이실, 호는 정지재이다. 김광계의 8촌 형인 김광찬의 아들이다. 김광찬은 일기에 찬중형으로 나오며, 이실로도 나온다.
39) 『계암일록』 4, 정묘년(1627년, 인조 5년) 1월 26일.
40) 『계암일록』 4, 정묘년(1627년, 인조 5년) 1월 29일.
41) 광보는 김광계의 둘째아우 금광보(1587~1634년)를 말한다. 자는 이도以道, 호는 용문龍門이다.
42) 『계암일록』 4, 정묘년(1627년, 인조 5년) 2월 8일.
43) 『계암일록』 4, 정묘년(1627년, 인조 5년) 2월 9일.
44) 『계암일록』 4, 정묘년(1627년, 인조 5년) 2월 10일.

⑦ 김광계, 김확 및 김참이 왔다가 그 길로 향교에 갔는데, 장차 이 일을 장현광과 장경세에게 보고할 예정이었다.45)

⑧ 큰아이가 향교의 의병소에 들어갔다가 초저녁에 돌아왔다. 정제장整齊將 김율金㻋이 금여주(금개琴愷)와 일 때문에 다투고 단자를 올려 사임을 청했는데, 언사가 대개 좋지 않았다. 김명원도 사직서를 올렸다.46)

⑨ 향교에 머물렀다. 호소사의 전령에 27일을 군사를 동원할 시기로 삼고, 각 고을의 의병장에게 군사를 거느리고 함창으로 와 모이라고 했다.47)

⑩ 오시에 큰아이가 의병 집회소에 들어갔다. 우리 읍의 의병은 15명으로, 내일 충주로 떠날 예정이다. 의병장 금창원은 나이가 많아서 영장領將을 보내 인솔해 가게 할 예정이다.48)

이처럼 예안현에서의 의병 활동은 향교의 의병소에서 지역 사족의 회의를 통해 결정했는데, 회의는 보통 오시午時에 열었다. 1월 26일, 안동에서 열린 의병 회의에 김령의 장남 김요형과 조카들이 모두 참석했다.49)

둘째, 예안현의 의병은 구성과 조직 과정이 순조롭게만 진행된 것은 아니었다. 의병의 구성과 조직을 둘러싸고 각 군현별로 크고 작은 갈등이 내재해 있었다. 대표적으로 예안에서는 의병에서 가장 중요한 의병장 차출을 둘러싼 지역 내 사족 간의 갈등이 있었는데, 이 내용이 날짜별로 잘 나타나 있다. 사실 위험한 직접적인 의병 활동은 피하고 싶은 일반인의 보편적인 대응 자세를 그대로 보여주는 사례이기도 하다.50) 구체적으로 살

---

45) 『계암일록』 4, 정묘년(1627년, 인조 5년) 2월 12일(우인수, 「인조대 산림 장현광의 정치적 활동과 위상」, 『한국학논집』 52, 계명대 한국학연구원, 2013년).
46) 『계암일록』 4, 정묘년(1627년, 인조 5년) 3월 3일.
47) 『매원일기』 권2, 정묘년(1627년, 인조 5년) 2월 21일.
48) 『계암일록』 4, 정묘년(1627년, 인조 5년) 3월 5일.
49) 『계암일록』 4, 정묘년(1627년, 인조 5년) 1월 10일.

펴보면, 예안현에서는 정묘호란 소식을 접한 후 바로 유력 사족들이 모여 의병을 일으킬 것을 논의했는데, 문제는 의병장을 누가 맡는가의 문제였다. 서로 맡기를 꺼려하면서 작은 갈등이 야기되었다. 이런 모습을 자세하게 살펴보면 다음과 같다.

1월 26일, 예안 지역 사족들의 합의에 의해 금업과 이영도가 각각 의병장과 부장으로 추대되었지만 이영도가 계속 회피하면서 변명해 김확을 부장으로 대신하도록 했다.51) 이영도는 우격다짐으로 김확을 부장으로 삼았고, 장서掌書 너덧 명 중에는 김요형도 참여하게 되었다. 그런데 김요형은 "병 때문에 내 곁을 떠날 수 없어 이 임무를 감당할 수 없다. 게다가 이영도는 남의 말을 듣지 않고 자기주장만 내세우는 것을 좋아해 모든 일을 모두 이익과 폐해를 따져보지 않고 바로 실행해 버리니 말할 수조차 없다"52)고 한다.

그 후 2월 18일경 이영도가 안동을 거쳐 예천에 가 호소사 정경세를 만났는데, 이것은 이미 호소사 장현광이 의병장의 직임을 교체했기 때문에 정경세를 설득하기 위해서였다. 정경세는 장현광이 차정한 대로 김광계를 의병장으로 삼고, 김확을 부장으로 삼은 사안에 대해 장현광과 매번 의견을 달리하지 않으려고 했다. 대신 이영도는 다른 지역의 의병에는 없는 의병도유사義兵都有司가 되어 직임을 맡으면서 일선에서 물러나게 되었다.53) 호소사의 전령에 김광계를 의병장으로 삼고, 김확을 부장으로 삼는다고 했다. 이익산李益山(이영도)이 처음부터 의병장이었으나 이 임무를

---

50) 우인수, 「정묘호란시 삼남지역 號召使의 활동과 그 의미」, 『朝鮮史硏究』 20, 조선사연구회, 2011년, 90~92쪽.
51) 『계암일록』 4, 정묘년(1627년, 인조 5년) 1월 26일. 『매원일기』 권2, 정묘년(1627년, 인조 5년) 1월 26일에는 김확이 의병장이 되었다고 기록하고 있다.
52) 『계암일록』 4, 정묘년(1627년, 인조 5년) 1월 29일.
53) 『계암일록』 4, 정묘년(1627년, 인조 5년) 2월 18일.

면하고자 해 예천에서 호소사를 만나 사양해 면직되고, 대신 김광계와 김
확에게 임무가 주어진 것이다. 김확과 함께 역시 호소사에게 사직서를 올
렸으나 면직되지 못했다.54)

그런데 이틀 후 예안 사정을 모르는 호소사 장현광에 의해 이영도를
의병장으로 삼는다는 관문이 와서 부득이 이영도가 의병장을 맡지 않을
수 없게 되었다.55) 이영도가 호소사로부터 의병장에 차출되었기 때문에
회피할 수 없어 다시 향교에서 모여 의논했다.56) 하지만 호소사의 전령에
"김광계를 의병유사로 삼는다고 했는데, 유사有司라는 것이 어떤 일을 하
는 것인지 모르겠다"57)고 하거나 "의병청에서 거듭해 사람을 보내와 들
어오기를 재촉했으나 기운이 몹시 고르지를 않아 나갈 수가 없었다"고58)
했다.

한편 두 호소사의 첩장에 김광계를 의병장으로 삼은 것 때문에 김광계
는 난처해했다. 이어 군관 조직붕이 김광계의 출석을 요청하는 일 때문에
왔다. 이영도는 의병장의 직임에서 갈리고 긴요하지 않은 직임을 맡았다.
군기軍器나 군량 같은 임무는 별로 힘을 쏟을 일이 아니니 수단도 다양하
다 할만 했다.59) 김광계가 임무를 어떻게 수행하면 좋겠는가를 물었다.
김광계는 지금 시복緦服을 입고 있으나 절대로 물러나 피할 수는 없으므로
속히 직무에 나가야 할 것이다. 오시에 큰아이가 김확과 함께 의병소로 가
고 김광계도 갔는데, 김광계는 부득이해 간 것이었다.60)

54) 『매원일기』 권2, 정묘년(1627년, 인조 5년) 2월 18일.
55) 『계암일록』 4, 정묘년(1627년, 인조 5년) 1월 28일.
56) 『계암일록』 4, 정묘년(1627년, 인조 5년) 1월 29일.
57) 『매원일기』 권2, 정묘년(1627년, 인조 5년) 2월 10일(김만열金萬悅이 의병은 장수가 군사
를 거느려야 하고, 유사는 동참해 검열하고 단속하는 것이라고 했다).
58) 『매원일기』 권2, 정묘년(1627년, 인조 5년) 2월 8일.
59) 『계암일록』 4, 정묘년(1627년, 인조 5년) 2월 8일.
60) 『계암일록』 4, 정묘년(1627년, 인조 5년) 2월 9일.

이렇게 예안현의 의병장 바꾸기를 수시로 해 군사의 대오와 여러 가지 일이 실마리를 찾지 못했다. 그것은 호소사 장현광이 제대로 살피지 못했기 때문이다.61) 이영도가 처음 의병장이 되었으나 사피하고 선뜻 나서지 않다가 호소사 장현광이 다시 차정하는 바람에 하는 수 없이 잠시 맡았으나 다시 김휴金烋가 체직시키기를 시도했기 때문에 군량조판관軍粮措辦官이 되었다. 이렇게 장현광의 일처리가 착오를 일으키는 것은 잘 살피지 않기 때문이었다. 한 예로 지난번에 종사관 박윤보가 다시 이영도를 의병장으로 추대했으나 이영도가 매우 꺼려했다. 이에 급하게 안동으로 가서 보고해 정할 일이 있다는 핑계로 호소사 장현광과 서로 죽이 맞아서 물러날 수 있었다고62) 한다. 김령은 이러한 장현광의 처사를 못마땅하게 보았다.

> 호소사 장현광이 또 이영도의 술책에 빠져 다시 이영도를 모량관으로 삼고, 김광계를 의병장으로 삼았으며, 김확을 부장으로 삼았다. 장현광의 처사가 이와 같은 지경에 이르렀으니, 애석하고 한탄스럽다. 산림山林의 중망重望은 단지 산림에 있기에 합당할 뿐이므로 한 번 세상에 나오면 잃는 것이 적지 않으니 한스럽다.63)

김광계, 김확, 김참이 왔다가 향교에 갔는데, 장차 이 일을 장현광과 장경세에게 보고할 예정이었다. 이는 읍의 의병이 모두 호소사 장현광의 명령에 일정함이 없기 때문에 지금까지 실마리를 찾지 못했다.64) 호소사

---

61) 『계암일록』 4, 정묘년(1627년, 인조 5년) 2월 10일.
62) 『계암일록』 4, 정묘년(1627년, 인조 5년) 2월 15일.
63) 『계암일록』 4, 정묘년(1627년, 인조 5년) 2월 16일. 호소사 장경세의 종사從事에 대해 시론이 그를 비난해 시끄러웠다(『계암일록』 4, 정묘년[1627년, 인조 5년] 2월 30일).
64) 우인수, 「인조대 산림 장현광의 정치적 활동과 위상」, 『한국학논집』 52, 계명대 한국학연구원, 2013년.

정경세는 일을 조치하는 것이 볼 만하지만 매번 장공張公(장현광)에게 가로막히니 한탄스러운 일이다.65) 부장이라는 호칭은 호소사 장경세가 전혀 상관 없다고 여겨 다른 읍은 모두 폐지하고 유사라는 호칭을 썼으나 우리 읍은 이영도가 자신을 모면하기 위해 장현광을 설득해 김확을 부장으로 삼았다. 때문에 김확은 부장이라는 호칭을 애써 피했다.66) 김요형은 서기로, 김초金礎는 의병대장의 자제로서 함께 간다고 했다. 김확은 부장이라는 호칭을 피하고 스스로 참모參謀라는 명칭을 썼다.67)

한편 김광계도 두 호소사를 만나 사직서를 올려 의병장의 직임에서 체임되었다. 오후에 두 호소사를 뵙고 하직인사를 올린 다음, 여러 사람과 동행해 이중명의 집으로 돌아와 잤다.68) 3월 1일에는 김광계가 상을 당한 것 때문에 금업으로 다시 의병장이 교체되었다.69) 김광계가 복제服制 때문에 체임해 주도록 글을 올리자 장경세가 처음에 김확으로 대신하려 했으나 모두가 김확은 살이 찌고 몸이 둔해 불편하다고 해서 이에 금업으로 대신했다.70) 이후 화의가 맺어졌기 때문에 의병이 해산되었다.

이처럼 정묘호란 때 예안현의 의병장은 30여 일 동안 의병장이 금업-이영도-김광계-금업으로 계속 바뀌었다. 이러한 모습은 갑자기 전쟁을 당해 지역 사족들이 어떻게 전쟁에 대응했는가를 생생하게 보여주고 있는 사례이다.

셋째, 두 호소사의 활동으로 의병이 결집해 호소사의 진영이 짜여졌다.

---

65) 우인수, 「愚伏 鄭經世의 정치사회적 위상과 현실대응」, 『퇴계학과 유교문화』 49, 경북대 퇴계연구소, 2011년.
66) 『계암일록』 4, 정묘년(1627년, 인조 5년) 2월 16일.
67) 『계암일록』 4, 정묘년(1627년, 인조 5년) 2월 26일.
68) 『매원일기』 권2, 정묘년(1627년, 인조 5년) 2월 29일.
69) 『계암일록』 5, 정묘년(1627년, 인조 5년) 3월 1일.
70) 『계암일록』 4, 정묘년(1627년, 인조 5년) 3월 1일.

정경세와 장현광의 지휘 아래 진영陣營이 구체적으로 어떻게 짜여 활동이 이루어졌는지에 대해서는 문헌에 자세한 기록이 남아 있지 않다. 그러나 여러 자료를 참고하면 두 호소사 장현광과 정경세 아래 조도사(관령관) 이준, 장현광의 종사관 김령 등 2명, 참모 배상룡, 향군 주관 이지화, 정경세 종사관 이윤우 등 3명, 경상좌도의병대장 이민성, 경상우도의병대장 박민, 각 지역 의병장으로 예안의 이영도 외 경상도 군현의 20명의 의병장으로 막부가 조직되었다. 다만 의성의 경우에는 정경세의 문인 신적도申適道와 정구의 문인 권수경 두 명이 의병장에 임명되었다.71) 그들은 대부분 경상도 각 지역에 퍼져 있던 동문과 문인이었다. 그리고 경상도를 좌도와 우도로 나누어 각기 의병대장을 두고, 그 아래 군현 단위로 의병장을 선임했다. 또 조직에 별도로 관량관을 두고, 각 지역에는 관량유사를 두어 군량 수집을 총괄케 한 것이 또 다른 특징이라고72) 할 수 있었다.

정묘호란 시기 경상좌도 예안현의 근왕병과 의병 조직을 살펴보면 다음과 같다.

〈표 1〉 정묘호란 시기 경상좌도 예안현의 근왕병과 의병 조직73)

직책	이름	참고사항
경상좌도 호소사	장현광	연로, 문제 야기
경상우도 호소사	정경세	상사
조도사 (관량관)	이준	호소사로부터 관량관에 차출

71) 신적도는 1627년의 정묘호란 때 호소사 장현광의 천거로 의병장이 되어 활동했으며, 병자호란 때는 남한산성까지 진격해 활동한 인물이다(『호계선생문집』 권5, 부록, 행장). 金泰鴈, 「虎溪 申適道의 生平과 義兵活動」, 『退溪學』 8, 안동대 퇴계학연구소, 1996년).
72) 우인수, 「인조대 산림 장현광의 정치적 활동과 위상」, 『한국학논집』 52, 계명대 한국학연구원, 2013년, 41쪽.
73) 〈표 1〉은 『매원일기』, 『계암일록』에서 나오는 내용을 추출해 작성했다.

호소사 종사관	이윤우, 강대련, 박한, 박윤포	
금산 참모	조교수	
호패군적어사	신계영	
군관	조직명	
초토관	김만고	공부 분조
사제관		세금 독촉
차사원	침관	안기 찰방
의병장	김령,74) 금업	의병장 체임
의병 부장(참모)	금확	장현광이 부장으로 삼음
의병장	이영도	관향유사로 교체, 호소사 종사관 박윤보 온 이후 장현광이 차정, 김휴가 체직 시도해 군량조관관 (모량관), 의병 도유사
의병 장서	김요형	서기
의병장	김광계	장현광 차정
관량유사	김율, 김확	정제장 김율로도 나옴
	김명원	사임 처리

  그런데 예안현의 의병 조직을 살펴보면, 정묘호란 시기에 예안현에서는 광산김씨가 도산서원 원장을 역임하면서 향론을 주도하고 있었는데 이들이 의병 활동도 주도하였다. 김령은 1617년에 도산서원 원장이 되었으며, 이어 원장에 오른 김확은 김령의 조카였다.75) 때문에 이들 광산김씨가 예안현에서 의병 활동을 주도할 수 있었다. 김령의 장남 김요형은 장서 3~4명 중에 들어갔으며76), 김령의 아들들은 의병소에서 중추적 역할

---

74) 김정운, 「17세기 예안 사족 金㙉의 교유 양상」, 『조선시대사학보』 70, 2014년.
75) 박현순, 「16~17세기 예안현 사족연구」 서울대 대학원 국사학과 박사학위논문, 2006년, 143쪽; 김정운, 「17세기 예안 사족 金㙉의 교유 양상」, 『조선시대사학보』 70, 2014년, 262~263쪽.
76) 『계암일록』 4, 정묘년(1627년, 인조 5년) 1월 27~28일.

을 했다. 2월 8일에는 호소사의 첩정으로 김광계를 의병장으로 삼겠다고 했으며, 의병에서 중추적 역할을 했다.77) 그러나 김령은 체계적이지 못한 의병에 대해 매우 비판적이었다.78) 김령은 의병의 필요성에 대해서는 공감하면서도 실질적 운영이 외부 세력에 의해 이루어지는 데 대해 아주 부정적으로 보았다.

의병이 조직화되자 두 호소사가 선산에서 만나 일을 논의했다. 정경세가 상사上使가 되었는데, 종사관 세 명은 이윤우, 강대진, 박한이었다. 그리고 여러 읍에 통문을 돌려 의병을 일으키자고 했다. 이에 호소사 장여헌이 이영도를 13읍의 관향유사管餉有司로 삼았지만, 그는 의병장이 되자마자 곧바로 바꾸었다.79)

이때 안동 의병은 권인보權仁甫와 김자첨金子瞻을 좌우 부장으로 삼고, 류진柳袗을 장수로 삼았다. 류진은 이때 상주에 있었는데, 군사들은 김자첨을 달가워하지 않았다고80) 한다. 이후 상주 지역 의병장으로는 류성룡의 아들로 상주에 이거한 류진을 선임했다.81) 류진은 화살을 만드는데 필요한 대나무를 구하기 위해 사람을 연일과 흥해로 보내기도 했다.

넷째, 의병장으로 인해 여러 문제가 발생하기도 했다. 김시추가 안동진의 의병장으로 전령에다 성명을 쓰고 수결해 이영도에게 보냈는데, 김시추는 군사들에게 인심을 크게 잃었다.82) 하지만 김시추가 안동 의병장이 되었고, 부장은 권굉權宏과 이의준李義遵이었다. 김시추는 맘대로 하기를 좋아하고 사리를 알지 못하며, 기세를 부리며 남을 업신여기고 억눌러

---

77) 『계암일록』 4, 정묘년(1627년, 인조 5년) 1월 27~28일.
78) 『계암일록』 4, 정묘년(1627년, 인조 5년) 1월 27~28일.
79) 『계암일록』 4, 정묘년(1627년, 인조 5년) 2월 7일.
80) 『계암일록』 4, 정묘년(1627년, 인조 5년) 1월 25일.
81) 류진, 『修巖集』 권2, 書. 與琴士益處謙 정묘.
82) 『계암일록』 4, 정묘년(1627년, 인조 5년) 1월 28일.

인심을 크게 잃었다. 또 그가 안동진장安東鎭將이라고 자임하며, 인근 읍도 아울러 통제하느라 예안 의병에 전령을 보내자, 예안 의병장 이영도가 첩정을 올려 체통을 잃기도 했다. 심지어 김시추는 군병에 확보에 주력해 항복한 왜인을 참퇴장斬退將으로 삼으려고 하자, 여러 군사들이 놀라 다른 읍으로 옮겨 가기도 했다.83)

한편 김자첨이 안동 의병장이 되었지만 사자士子들에게 인심을 잃어 명령을 할 수 없게 되었다. 그것은 장현광이 모든 명령을 막하의 여러 사람을 통해 시행했기 때문에 사람을 차출하거나 교체하는 것을 기억하고 살필 수 없었기 때문에 생긴 일이었다.84) 김확이 향교에서 김자첨이 읍의 의병소에 통문은 보내면서 첩정을 올리지 않았다며 성을 냈다는85) 말을 듣기도 했다.

이영도의 병통도 김시추와 비슷해 사람들이 모두 비웃었는데, 이영도가 이러한 병통을 고치기는 했으나 끝까지 그러한 습관을 버리지 못했으며, 오직 유진만이 제대로 해 사람들이 그를 기뻐하고 따랐다고86) 하였다.

한편 의병 운영과 관련해 문제가 발생하기도 했다. 의병장이 간혹 관량유사로 임명되기도 했지만, 예안읍에서는 김율과 김확이 그렇게 되었다. 하지만 많은 문중에서 관량유사를 선출하도록 해 폐단이 되었다.87) 정제장整齊將 김율이 김광계와 김확에게 난잡스럽게 굴었으며,88) 금개(금여주)와 일 때문에 다투고 단자를 올려 사임을 청했는데, 언사가 좋지 않았다. 또 김명원도 사직서를 올렸는데, 지난번에 김광계 무리가 함녕으로

---

83) 『계암일록』 4, 정묘년(1627년, 인조 5년) 2월 10일.
84) 『계암일록』 4, 정묘년(1627년, 인조 5년) 2월 17일.
85) 『계암일록』 4, 정묘년(1627년, 인조 5년) 2월 2일.
86) 『계암일록』 4, 정묘년(1627년, 인조 5년) 2월 2일.
87) 『계암일록』 4, 정묘년(1627년, 인조 5년) 2월 9일.
88) 『계암일록』 4, 정묘년(1627년, 인조 5년) 2월 10일.

갈 때 김명원도 마땅히 가야 했지만, 이유 없이 가지 않아서 김광계가 향교의 종에게 곤장을 쳤기 때문이었다.89) 한편 감사 김시양金時讓은 본인의 접대에 필요한 기구를 각 읍에 배정해 공분을 샀으며,90) 윤영尹煐 등이 김확에게 군관으로 나올 것을 요청하기도91) 하여 문제가 되기도 했다.

의병의 여러 문제점은 장가長歌로 표현되어 전해졌다. 『계암일록』에 따르면, 최근 안동에서 부르는 장가가 두 곡 있는데, 한 곡의 의병가는 오로지 김자첨을 조롱하는 것이고, 나머지 한 곡은 권첨權詹에 관한 곡이라고 한다. 오로지 권첨성오權詹省吾를 노래했으나 자첨과 숙경叔京도 안에 들었다고 한다. 그 노래가사는 "듣고 나니 놀랍고 섬뜩하다. 안동은 순박한 곳이라 일컫는데, 하루아침에 이와 같이 경박해졌으니 순박한 풍속은 비로 쓴 듯하다. 그러나 자첨도 스스로 부른 실수가 없지 않고 성오가 언급된 것은 더욱 탄식할 만하다."는92) 내용이었다.

다섯째, 예안현의 경우 실제 의병의 동원은 하층민을 중심으로 이루어졌다. 예안현에서도 각 면 단위로 군사를 모집하고 군량을 모으도록 했다. 특히 의병의 모집은 신분과 직책을 막론하고 건장한 젊은이들로 했다. 예안현에서는 대부분 노비가 동원되었다. 사족은 대부분 군량으로 대신했다. 이미 조정에서도 장현광과 장경세를 호소사로 삼아 종들로 하여금 의병을 모으도록 했는데,93) 이에 종 의현義賢, 양금良金, 일생一生 등이 모두 의병으로 뽑혔다.94)

실제 두 호소사가 모두 와서 10일에 의병이 충주에 모이기로 하고 각

---

89) 『계암일록』 4, 정묘년(1627년, 인조 5년) 3월 3일.
90) 『계암일록』 4, 정묘년(1627년, 인조 5년) 2월 12일.
91) 『계암일록』 4, 정묘년(1627년, 인조 5년) 1월 27일.
92) 『계암일록』 4, 정묘년(1627년, 인조 5년) 5월 4일.
93) 『계암일록』 4, 정묘년(1627년, 인조 5년) 1월 25일.
94) 『계암일록』 4, 정묘년(1627년, 인조 5년) 2월 2일.

각 잘 훈련시키도록 했다. 이때 안동은 100명이고 예안은 15명인데, 영장 領將을 각각 정해 길을 나서기로 했다.95) 밥을 먹은 뒤 무쇠[戊金], 권쇠 [權金], 근쇠[近金], 끝천[㐬遷] 등이 와서 하직 인사를 했다. 그들은 상주로 갈 예정인데, 우선 가서 진중에 머물렀다.96) 이때 경상도의 군사는 건장한 장정을 뽑아 바로 서울로 올라가게 조처했다.97)

3) 경상도 의병의 활동
(1) 의병의 활동

정묘호란 때 예안현에서는 의병이 조직되어 활동했다. 의병은 순수한 의병 활동과 함께 군량을 모집하고 운반하는 일을 담당했다. 먼저 예안현의 의병 활동을 날짜별로 살펴보자. 두 호소사가 한 달여 동안 경상도 도내에 격문을 돌리고 여러 군현을 순행하면서 의병을 모으고 군량을 조달했다. 이후 두 호소사가 협의해 군사를 사열하고 군량을 조달해 경상도 의병 전체를 세 부대로 나누어 순차적으로 전진시켜 한강을 방어하고 있는 곳으로 달려가 구원하기로 계획을 세웠다.98)

이에 1627년 2월 27일에 경상도 지역의 18읍 의병장과 참모들이 함창에 모여 앞으로의 일정을 논의했는데, 3월 10일 충주에 의병 전체가 집결하는 것으로 결정했다.99) 이때 김령은 향교에 머물렀는데, 호소사의 전령에 27일을 군사 동원 시기로 삼고, 각 고을의 의병장에게 군사를 거느리고 함창으로 와 모이라고 했기 때문이었다.100) 그리고 각 군현 별로 집

---

95) 『계암일록』 4, 정묘년(1627년, 인조 5년) 3월 1일.
96) 『계암일록』 4, 정묘년(1627년, 인조 5년) 1월 22일.
97) 『계암일록』 4, 정묘년(1627년, 인조 5년) 1월 28일.
98) 『우복집별집』 권8, 부록, 연보, 인조 5년 3월 을해조.
99) 『계암일록』 5, 정묘년(1627년, 인조 5년) 2월 23일, 3월 1일.
100) 『매원일기』 권2, 정묘년(1627년, 인조 5년) 2월 21일.

결시킬 의병 인원이 할당되었는데, 안동부는 100명, 예안현은 15명이었다.101) 예안읍의 의병 15명은 28일에 충주로 떠날 예정이었는데, 의병장 금창원이 나이가 많아 영장領將을 보내 인솔해 가게 할 예정이었다.102) 김명원은 기약하고도 오지 않았다. 김령이 아침 일찍 밥을 먹고 길을 떠났는데, 김확, 김광계, 백달伯達이 동행했고, 김초金礎도 따라나섰다.

일행은 송율리松栗里에서 말먹이를 먹이고, 예천 읍내에서 잤다.103) 이때 군사를 동원할 시기가 박두했는데도 군사는 아직 조련되지 못했고 병장기도 갖추어지지 않은 상태에서 장수의 임무를 맡은 자는 일각도 다른 곳으로 나갈 수 없다고 했기 때문에 김령은 집으로 돌아갈 수 없었다고104) 한다.

그런데 3월 24일은 군사를 호궤犒饋하는 날이었다. 그러나 호소사가 다시 명령을 전해 각 읍의 의병에게 우선 행군을 멈추라고 했다. 오직 의병장 및 그와 함께 일하는 약간의 사람만 27일 날 함창에 모이기로 했다.105) 바로 이어서 호소사의 명령으로 각 읍의 의병이 행군해 함창에 모이기로 했다. 그러나 장맛비로 인한 흙탕물이 행군에 방해될 것 같아 어찌해야 할지 몰랐다고106) 한다.

이후 김광계가 향교에서 집으로 돌아왔다. 군사 동원 시기에 관한 일로 함창에 가야 하므로 김령은 이웃집으로 나가서 잤다.107) 다음날 길을 떠나려고 했으나 김확과 여러 사람에게 일이 있어 지연되어 떠나지 못했

---

101) 『계암일록』 5, 정묘년(1627년, 인조 5년) 3월 1일, 5일.
102) 『계암일록』 4, 정묘년(1627년, 인조 5년) 3월 5일.
103) 『매원일기』 권2, 정묘년(1627년, 인조 5년) 2월 27일.
104) 『매원일기』 권2, 정묘년(1627년, 인조 5년) 2월 22일.
105) 『계암일록』 4, 정묘년(1627년, 인조 5년) 2월 24일. 『매원일기』 권2, 정묘년(1627년, 인조 5년) 2월 23일.
106) 『계암일록』 4, 정묘년(1627년, 인조 5년) 2월 23일.
107) 『매원일기』 권2, 정묘년(1627년, 인조 5년) 2월 25일.

다.108) 한편 전날 김광계와 김확도 향교에서 돌아와 촌집에 나가 자고 길을 나서려다가 못 가고, 다음날 출발할 예정이었다고 한다. 김명원이 오기로 했으나 오지 않아 김광악이 대신 떠나기로 했다. 김확은 가고 싶어 하지 않았으나 김광계가 요구했기 때문이었다고109) 한다.

김광계가 아침 일찍 길을 나서 용궁 읍내를 지나면서 들으니, 두 호소사가 용궁에 있는데 함창으로 길을 나설 것이라고 했다. 여러 사람과 함께 지나는 길에 이중명李仲明 형제를 만나보고, 함창에 당도하자 날이 저물었다. 두 호소사가 이미 모임자리에 당도했고, 각 고을의 의병장이 의논할 일로 상도上道 18고을에서 모두 모여서 소란스러웠으며, 읍내의 인가가 적어 점사店舍를 얻기가 어려웠다.110)

김광계가 아침에 들어가 두 호소사를 만나고 사직서를 올려 의병장의 직임에서 체임되었다. 호소사 종사관 이무백李茂伯을 만나보고, 장응일張應一, 박진경朴晋慶 등 여러 사람을 만났다. 오후에 두 호소사를 만나 하직 인사를 올린 다음, 여러 사람과 동행해 이중명의 집으로 돌아와 잤다.111)

실제 예안현의 의병은 화의가 성립되어 실제로 구체적인 활동을 하지는 않았다. 김령이 향교에 들어가 사람들을 충주로 보내려는데, 호소사의 관자關字가 와서 화친이 장차 성사될 것이므로, 군인들은 우선 올려 보내지 말라고 했다.112) 이보다 앞서 18읍의 의병장이 함창에 모였는데, 두 호소사가 모두 와 10일에 의병이 충주에 모이기로 하고, 각각 잘 훈련시키도록 했다.113)

108) 『매원일기』 권2, 정묘년(1627년, 인조 5년) 2월 26일.
109) 『계암일록』 4, 정묘년(1627년, 인조 5년) 2월 26일.
110) 『매원일기』 권2, 정묘년(1627년, 인조 5년) 2월 28일.
111) 『매원일기』 권2, 정묘년(1627년, 인조 5년) 2월 29일.
112) 『계암일록』 4, 정묘년(1627년, 인조 5년) 2월 1일.
113) 『계암일록』 4, 정묘년(1627년, 인조 5년) 3월 1일.

그러나 감사가 가까운 읍의 군사에게 분부해 죽령을 지키라고 했기 때문에 김령의 마을에서 차출된 끗천과 권쇠는 병들고 나이가 많아 뒤로 빠지고, 근쇠는 남한산성으로 올라가고, 무쇠는 죽령으로 갔었다.114) 그런데 무쇠가 임진의 진영에서 돌아왔다. 그것은 화의가 이미 이루어져서 오랑캐 군사가 물러나 서로西路에 머물고 있어 군사들을 돌려보냈기 때문이었다. 저녁에 근쇠도 돌아왔다.115)

한편 의병의 해체를 둘러싸고 혼란이 일기도 했다. 정경세는 3월 2일에 용궁을 거쳐 다시 상주로 돌아왔다.116) 3월 6일에 호소사가 전령을 보내 강화가 이미 결정되었기 때문에 여러 도의 관군이 모두 왔다가 중도에 그만 돌아갔으므로 각 읍의 의병은 우선 보내지 말고 다시 지시가 있을 때까지 기다리라고 했다. 이 때문에 의병의 출정은 정지되었다.117) 그것은 화의를 맺은 후금군이 물러났기 때문에 군사를 파한다는 국왕의 유지를 8일에 받고서 군사들로 하여금 돌아가 농사를 짓도록 했기 때문이었다.

더욱이 감사 김시양金時讓에게 7일에 내린 유지諭旨에서는, "근래 여러 곳에서 치계한 것을 살펴보니 도적들이 서쪽으로 물러난 것이 확실한 듯하니, 각처의 군사들은 모두 그만두고 돌아가 농사를 짓도록 하라"고 했다. 이에 감사가 이미 도내에 유지를 전파하고 호소사도 각 읍의 의병장에게 명령을 전달해 의병을 해체하였으니, 그것은 모두 의병의 군량 때문이었다.118)

하지만 3월 19일, 강화도 행조로 향하던 정경세는 충청도 괴산에서 왕명을 받고 상주로 돌아왔다. 그것은 아직 후금군이 완전히 물러간 것이

---

114) 『계암일록』 4, 정묘년(1627년, 인조 5년) 2월 2일.
115) 『계암일록』 4, 정묘년(1627년, 인조 5년) 3월 29일.
116) 『우복집별집』 권8, 부록, 연보, 인조 5년 2월.
117) 『계암일록』 4, 정묘년(1627년, 인조 5년) 3월 6일.
118) 『계암일록』 4, 정묘년(1627년, 인조 5년) 3월 11일.

아니기 때문에 각 읍의 의병을 해산시키지 말고 당분간 정돈해 대기하라는 명을 받았기 때문이었다.119)

이에 앞서 감사에게 유지가 내려와 군사를 해산했기 때문에 의병도 해산했으나 의병의 군량 때문에 호소사 장경세가 먼저 계달하고 행조行朝의 뒤를 따라가다가 괴산에 이르러 명을 받들고 돌아왔는데, 오랑캐 군사가 여전히 퇴각하지 않았기 때문이었다. 그래서 각 읍의 의병에게 해산하지 말고 대오를 갖추어 기다리도록 다시 명령했다.120) 이후 호소사 정경세는 의병을 모으고 의곡을 수집하는 데 중요한 역할을 한 의병장들에 대한 추천과 보고를 하면서 호소사 활동을 마무리하고,121) 조정으로 복귀했다.

(2) 의병 군량의 모집과 부담

정묘호란 때 예안 의병의 군사 활동은 거의 없었으며, 대부분 군량 모집과 운송을 담당했다.

영주, 예천, 풍기 등의 가까운 읍은 모두 군량을 우선시해 의병은 아직 논의되지 않았다.122) 아마 일의 형편이 그러했을 것이다. 김요형 무리가 다시 의병 회의에 들어갔다. 오시에 이홍익李弘翼이 이영도의 뜻을 전하기 위해 왔다. 이는 이웃 읍과 같이 의량義糧을 모으고자 한 것인데, 의병 모집은 힘이 미치지 못했기 때문이다. 이 계책은 참으로 그럴듯하다. 김확도 회의에 들어갔다. 밤에 제군들이 돌아와서 회의의 곡절을 자세히 들었다.123)

---

119) 『계암일록』 5, 정묘년(1627년, 인조 5년) 3월 19일.
120) 『계암일록』 4, 정묘년(1627년, 인조 5년) 3월 19일.
121) 『인조실록』 권16, 5년 5월 1일.
122) 李樹健, 「光山金氏 禮安派의 世系와 그 社會·經濟的 基盤-金緣家門의 古文書 分析」, 『歷史教育論集』 1, 1980년.
123) 『계암일록』 4, 정묘년(1627년, 인조 5년) 1월 27일.

이때 군량은 8결에 16되를 내 상주로 운반하게 했는데, 김경남金京男에게 지워 출발했다.124) 김경남이 군량을 상주로 운반하고 돌아왔으며,125) 이준은 조租 100석을 의곡으로 내놓기도 했다.126) 남한산성에 가져갈 군량은 9명의 인부가 16말을 운반하도록 했다. 인부 1명당 무명 1필로 값을 정하고, 또 그러한 쌀말이 축날 것을 염려해 토지 1결당 쌀 1되를 더 내게 했다. 그러나 김령은 먼 지방의 백성이 남한산성에까지 쌀을 운반하도록 한 것은 아주 형편없는 계책이라고 비판했다.127)

한편 예안현의 군민은 전쟁 중 각종의 부담을 감당했다. 첫째, 군사로 징발 당했다. 호패도감戶牌都監이 인정人丁을 점검했다. 경상도의 호패어사戶牌御史는 충주의 김진金搢이었는데, 며칠 안으로 경상도에 당도할 것이라고 말하지만 앓고 있는 병이 위급해서 실제 올지는 알 수 없는 일이었다.128) 1627년에는 호패군적어사戶牌軍籍御史 신계영辛啓榮이 조령을 넘어 예천에 들어왔으며, 감사는 하도下道에서 의성에 들어왔다가 안동에 당도했다.129) 이때 서북 변방의 경계 때문에 군정軍丁을 징발하여 촌마을이 소란스러웠다고130) 한다.

둘째, 관리의 수탈과 독촉이 지나쳐 문제였다. 감사 김시양은 부임 이후로 백성을 강탈하고 가죽을 벗겨 내 모조리 앗아가기를 오래도록 했는데, 포탈한 베를 다 가져가 그것이 몇 천백 동同이 되는지 모르며, 그것으

---

124) 『계암일록』 4, 정묘년(1627년, 인조 5년) 1월 27일.
125) 『계암일록』 4, 정묘년(1627년, 인조 5년) 2월 2일.
126) 『계암일록』 5, 정묘년(1627년, 인조 5년) 6월 21일.
127) 『계암일록』 4, 정묘년(1627년, 인조 5년) 2월 11일.
128) 『계암일록』 4, 병인년(1626, 인조 4) 8월 20일.
129) 『계암일록』 4, 정묘년(1627년, 인조 5년) 1월 16일.
130) 『계암일록』 4, 정묘년(1627년, 인조 5년) 1월 21일.

로 임금의 총애를 굳힐 계획이었다고 한다. 이에 사람들이 김시양을 정조
鄭造에 비유하곤 하지만 방자한 짓거리는 정조보다 심했다. 또 그가 자기
몸을 살찌우기 위해 오직 많이 챙기는 것에만 힘쓰자, 온 도의 백성이 아
우성치며 주먹을 불끈 쥐지 않은 사람이 없었다. 이에 김령은 치구致寇할
자들이 안으로는 훈구대신에서부터 밖으로는 이러한 무리에까지 이르렀
다고131) 한탄하였다.

특히 감사 김시양은 난리가 극심한 지경을 당해서도 백성의 가죽을 벗
기기를 더욱 심하게 했다. 지난달에 군량 이외에 민간에서 내도록 요구한
것은 당군량唐軍粮 및 남한산성으로 군량을 운반하는데 드는 세미稅米, 삼
별미三別米, 인동仁同의 사포량射砲粮 등을 한꺼번에 독촉했다. 김령은 '지
금이 어떠한 때인데 이와 같이 포학하게 거두어 들이는가.' 하고 한탄하고
있다. 또한 이른바 당량唐粮은 난리가 일어나기 전에 모문룡毛文龍 장군에
게 준 것이니, 사리에 맞지 않는 것이라고132) 했다. 실제 득복得卜이 안동
의 당량을 받아 갔다. 당량이라는 명목은 사리에 아주 어긋나는 것으로 나
라가 백성을 위한다면 할 수 있는 일이 아니었다.

또 전세田稅와 삼두량三斗糧을 독촉하기를 세찬 불길과 같이 하자, 이
시기에 백성의 가죽을 벗기기가 여전하니, 분통이 터지고 원통하다고 김
령은 말하였다.133) 특히 여러 전세로 쌀과 콩, 당량, 삼두량을 한꺼번에
내라고 독촉하자, 내일 출발해 가흥창可興倉으로 갈 것이라고 예안 현감은
감사의 명령을 두려워하여 독촉하기도134) 했다.

그리고 사제관이 관첩官帖을 갖고 와 세금을 독촉하는 경우도 있었다.

---

131) 『계암일록』 4, 정묘년(1627년, 인조 5년) 1월 27일.
132) 『계암일록』 4, 정묘년(1627년, 인조 5년) 2월 8일.
133) 『계암일록』 4, 정묘년(1627년, 인조 5년) 3월 14일.
134) 『계암일록』 4, 정묘년(1627년, 인조 5년) 3월 27일.

감사의 명령으로 세미, 삼두미, 군량, 당량, 노세路稅를 합쳐 추가로 거둔 쌀을 모두 계산하면, 1결 당 내는 쌀이 1섬 남짓이었다. 이에 대해 김령은 "어찌 뒤늦게 이것을 마련할 수 있겠는가. 봄 굶주림이 바야흐로 극심하고 도적으로 인한 난리가 한창인데, 이때가 어느 때라고 세금을 가혹하게 거두며 조금도 참작하지 않고 도리어 평소보다도 심하게 하는가."라고 한탄했다. 그런데도 안기安奇 찰방察訪 심관沈慣을 차사원差使員으로 삼아 독촉했다.135)

3   병자호란

1636년(인조 14년) 12월부터 이듬해 1월까지 조선에 대한 청나라의 제2차 침입으로 일어난 전쟁이 병자호란이다.136) 병자년에 일어나 정축년에 끝났기 때문에 병정호란이라고 부르기도 한다.

후금의 1차 침입 이후 조선에서는 후금의 파약破約 행위로 군사를 일으켜 후금을 치자는 척화배금斥和排金을 주장하는 여론이 급격하게 늘어났다. 1636년에 후금에서 국호를 바꾼 청은 몇 차례 협박하다가 같은 해 12월에 12만 명의 군사를 이끌고 태종太宗이 친히 출병했다. 이것이 협의의 병자호란이다. 청군은 수도 심양을 떠나 압록강을 넘어 5일 만에 서울을 압박해왔다. 인조는 강화도로 피난하려고 출발했지만 청의 별동대가 길을 끊어버리는 바람에 남한산성으로 피신해 45일 동안 항전했다.

작은 전투는 계속되었지만 각지의 부대가 청군에게 패하고 남한산성은 고립무원 상태에 놓였다. 이후 왕자와 비빈들이 옮겨가 있던 강화도가

---

135) 『계암일록』 4, 정묘년(1627년, 인조 5년) 3월 9일.
136) 국방부전사편찬위원회 편, 『병자호란사』, 1986. 국사편찬위원회 편, 『한국사』 29: 조선 중기의 외침과 그 대응, 1995, 145~190쪽.

함락되었다는 소식과 군량 부족으로 인조는 1637년 1월 30일 사전도에서 청 태종에게 무릎을 꿇고 항복했다. 조정의 어이없는 항복으로 화의가 성립되고 난 뒤에도 도처에서 의병이 활약했지만 역부족이었다. 대표적으로 박철산의 의병 부대는 용강 부근 직산에서 저항했는데, 싸움이 격렬해 직산을 의병산이라 부르게 되었다. 또 임경업林慶業은 명과 연합해 청을 치려다 실패해 청에 잡혀갔다 돌아오기도 했다.137)

이때 예안현에서도 청의 침범 소식이 전해졌다. 청나라 오랑캐[奴賊]가 국경을 침범했는데, 적들은 벌써 안주에 이르렀으며, 병사를 모집하는 것이 몹시 급박해 온 나라가 어쩔 줄을 몰랐다. 김광계는 이 소식을 듣고 나서 놀라움을 이길 수가 없고 어찌할 바를 모르겠다고138) 했으며, 서울을 지켜내지 못하고 대가大駕가 파천해 남한산성으로 행했다고 하니, 신민臣民의 통탄스러움을 어찌 이루 다 말하겠는가."라고139) 한탄했다.

1) 의병의 창의

1636년에 병자호란이 발발하고 인조가 남한산성에 포위되었다는 소식이 전해지자 각처에서 의병들이 창의했다. 인조는 12월 19일에 교문을 반포해 8도의 사대부에게 의병을 창의하도록 했다.140) 의병을 일으키기를 권면하는 교서에 "충의로운 사람은 각각 책략을 바치고, 용감한 선비들은 출정을 자원해, 함께 어려운 난국을 구제해 나라의 은혜에 보답하라"는 말이 있었다.141) 이어서 경상도의 함안, 온의溫義에서 도유사 조영문趙英汶의 격문이 도착했다.142)

---

137) 국방부전사편찬위원회 편, 『병자호란사』, 1986.
138) 『매원일기』 권3, 병자년(1636년, 인조 14년) 12월 19일.
139) 『매원일기』 권3, 병자년(1636년, 인조 14년) 12월 20일.
140) 『계암일록』 5, 병자년(1636년, 인조 14년) 3월 5일.
141) 『계암일록』 5, 병자년(1636년, 인조 14년) 3월 14일.

이처럼 병자호란 시 의병 창의는 국왕의 교서에서 비롯되어 각 지역에서는 통문을 통해 의사를 결집해 나갔다.

아침에 상산商山에서 보낸 통문을 보았다. 전경주全慶州 어른 등 10여 인이 통문을 낸 것으로 모든 읍을 두루 일깨워 의병을 일으키자고 말했다. 유지有旨가 남한산성에서 왔는데, 영남 사민들로 하여금 의병을 일으키게 하고, 혹 군량을 내어 돕게 하라고 했다. 밥을 먹은 뒤 사간 재종숙을 가서 뵙고, 김확 등 여러 사람을 만나 보았다. 오후에 백달伯達, 맹견孟堅과 함께 향교에 들어가 의논해 회문回文을 내었는데, 오는 25일에 온 고을이 일제히 모여 의병에 관한 일을 의논하자는 것이다. 김광보가 벌써 먼저 들어오고, 장의掌議와 유사 등도 와서 모였다.143)

한편 예안현의 병방兵房 이산학李山鶴이 와서 말하기를, 남한산성에서 밧줄을 타고 내려온 승려 세 명이 솜을 둔 옷 속에 유지를 넣고 하삼도下三道(충청도, 경상도, 전라도)로 나뉘어 갔는데, 두 사람은 간 곳을 모르고 한 사람은 교묘하게 적병을 피해 도착해 관찰사가 있는 곳으로 와서 승군僧軍을 징발할 것을 하유했다고144) 한다. 12월 24일에는 경상좌도 병사 허완許浣이 여러 읍에서 군사를 일으켜 주기를 촉구하는 글을 보내왔다.

2) 근왕병과 의병의 구성과 조직

병자호란 때의 의병은 관서 지방보다는 영남과 호남에서 많이 일어났다. 재지사족은 향촌사회를 장악하고 있었으며, 성리학의 대의명분과 근

---

142) 『매원일기』 권3, 병자년(1636년, 인조 14년) 12월 28일.
143) 『매원일기』 권3, 병자년(1636년, 인조 14년) 12월 23일.
144) 『매원일기』 권3, 병자년(1636년, 인조 14년) 12월 27일.

왕 정신이 있었다.145) 후금군이 남하하자 조정에서는 강화도-한성-남한 산성의 세 거점을 중심으로 하는 수도권 방어 태세를 갖추고, 각 도의 감사와 병사에게 근왕병을 이끌고 수도권으로 진군할 것을 명령했다. 경상도 감사 심연沈演은 각 고을에서 8,000명의 근왕병을 모집해 좌병사 허완許完, 우병사 민영閔栐과 함께 충주로 이동했다. 허완은 남한산성 동남방의 대쌍령에 진출했다. 여기서 쌍령전투를 치르다 패배하자 심연 군은 조령으로 철수했다.

1636년 12월 19일, 남한산성에 들어간 국왕의 교문이 8도의 사대부에게 반포되자 각지에서는 의병이 잇달아 창의했다. 이때의 의병은 관군과 합류해 활동하거나 의병 단독으로 활동하기도 했다. 경상도의 경우는 부제학 전식全湜이 유생과 함께 장정 200명을 모아 의병 부대를 조직해 남한산성을 구하려고 여주까지 북상해 경상감사 심연이 거느린 경상도 근왕병과 합류했다. 여기서 계속 남한산성으로 진군하려 했지만, 1월 3일에 쌍령 전투에서 경상도 근왕병의 선두가 청군의 공격으로 궤멸되자 조령으로 철수했다.

이에 경상도 의병은 조령과 죽령을 연결하는 선에서 청군의 남하를 저지하는 방어선을 구축하는 한편 인근 지역에서 병력을 소모하고 군량을 수집하면서 다시 남한산성으로 진군할 기회를 기다렸다. 그러나 1월 15일에 여주와 이천 방면의 청군이 장호원·충주를 경유해 조령으로 남하하고 있다는146) 오보에 따라 내부 동요가 발생해 스스로 와해되고 말았다.

병자호란이 일어난 후 예안현에서도 향교를 중심으로 의병의 창의를 논의해 나갔다. 이 모습을 날짜별로 자세히 살펴보면 다음과 같다. 12월 23일에 김광보가 와서 의병을 창의하지 않을 수 없었기 때문에 김광계,

---

145) 경상북도·영남대학교 편, 『경북의병사』 1990, 291쪽.
146) 국방부전사편찬위원회 편, 『병자호란사』, 1986, 206~207쪽.

김확과 상의하기를 원했다. 이에 김광계와 김광보가 향교에 들어갔다. 큰아이와 김광철도 함께 갔다. 향중에 통문을 내 모레 대회를 연다고 한다."147)

12월 25일에 큰아이와 둘째 아이가 여러 사람과 함께 의병에 관한 일 때문에 현의 회의 장소에 들어갔다. 현에 모인 사람은 50여 명이었다. 향교와 서원의 상임上任과 재임齋任이 상의해 공사원公事員을 선출했다. 공사원이 세 사람을 장수로 추천하고 권점圈點을 했다. 도산서원 원장 김광계가 수망首望으로 장수가 되고, 그 다음 김확이 부장이 되었는데, 말망末望은 바로 박유일朴惟一이었다. 공사원 세 사람은 박유일, 이기李岐, 이은李崱이었는데, 서원의 재임이라는 이유로 억지로 이기, 이은의 이름을 넣자 여론이 매우 시끄러웠다. 실제 장수의 말망에 사람들의 마음은 김환金瑍에게 있었지만, 이기와 이은의 무리가 적극 배척하면서 박유일을 추천했다. 박유일은 공사원 지위에 있으면서, 장수의 추천에 든 것은 무리였다. 사실 김환이 일찍이 이원주李原州가 서원의 임원이었을 때의 일 때문에 저 무리에게 미움을 받았기 때문에 해를 입은 것이었다. 이것은 그가 장래에 원장이 되는 것을 막으려는 것이다. 밤에 김요립은 회의 장소에서 돌아왔지만, 큰아이는 서기로서 향교 의병소義兵所에서 숙직을 했다.148)

이어서 12월 26일에는 둘째 아이 김광보金光輔가 서기로 의병소에 들어갔다. 큰아이가 의병소에서 나와 가곡에 갔으며, 밤에 부장 김확이 의병소에서 나와 잠깐 들렀다.149) 이처럼 예안현의 향촌사회에서는 향교의 의병소를 중심으로 의병장 선정을 논의해 결정했다.

밥을 먹은 뒤 김확, 백달 등 여러 사람과 함께 관아에 들어가니, 고을 사람 80

---

147) 『계암일록』 5, 병자년(1636년, 인조 14년) 12월 23일.
148) 『계암일록』 5, 병자년(1636년, 인조 14년) 12월 25일.
149) 『계암일록』 5, 병자년(1636년, 인조 14년) 12월 26일.

여 명이 모였다. 의병에 관한 일을 의논해 내(김광계)가 대장이 되고 김확이 부장이 되었다. 이때의 일이 너무 급박해 집으로 돌아오지 못하고 김확 및 여러 사람과 함께 향교에 와서 잤다.150)

이에 대해 다른 면에서 의병의 직책을 오천마을 사람들이 너무 많이 맡았으며, 참모參謀라는 이름이 너무 많다고 불만을 표출했다.151)

그러나 예안현의 의병이 의를 부르짖으며 의병을 일으켰지만, 모든 일이 어긋나서 현재 두서가 없었다.152) 예안읍의 의병은 당초에 모두 군량 확보에 신경을 써야 한다는 것을 알았으나 형편이 그렇지 못했기 때문이었다.153) 특히 불과 몇 명을 갖고 의병을 일으키면 전혀 보탬이 되지 않은 채 양식만 헛되이 소비할 것인데, 군대가 출정하는 날에 우려하고154) 있었다.

대장이 회의하자고 명을 전하자 김령의 큰아이가 김확 형제, 김광철과 함께 향교의 의병소에 들어갔다. 깜깜해서 큰아이가 돌아왔는데, 모인 사람이 많지 않았다고155) 하였다. 밤이 되어 둘째 아이는 돌아오고 큰아이는 의병소에 남았다. 둘째 아이가 긴요한 연고가 있어 오고, 형이 대신 숙직을 섰던 것이다.156) 밤에 예안현감이 술과 안주를 많이 갖추어 와서 의병청의 여러 사람을 호궤犒饋했으며, 군관과 병사를 모아 활쏘기를 시험했다.157)

150) 『매원일기』 권3, 병자년(1636년, 인조 14년) 12월 25일.
151) 『계암일록』 6, 정축년(1637년, 인조 15년) 1월 2일.
152) 『계암일록』 5, 병자년(1636년, 인조 14년) 12월 29일.
153) 李樹健, 「光山金氏 禮安派의 世系와 그 社會·經濟的 基盤-金緣家門의 古文書 分析」, 『歷史教育論集』 1, 1980년.
154) 『계암일록』 6, 정축년(1637년, 인조 15년) 1월 2일.
155) 『계암일록』 6, 정축년(1637년, 인조 15년) 1월 30일.
156) 『계암일록』 6, 정축년(1637년, 인조 15년) 1월 2일.

한편 향교 임원 김시강金是杠 등이 의병 일로 통문을 내 27일로 정하려고 하다가 이웃고을이 모두 앞선다는 것을 듣고 갑자기 계획을 바꾸어 바로 26일에 모였는데, 모인 사람은 겨우 40여 명이었다. 이와 같은데도 장수 추천을 했다고158) 한다. 한편 안동의 경우에도 의병장 선임을 두고 논란이 있었는데, 안동 의병장에 이홍조가 된 것은 인재가 부족했기 때문이었다. 김시추가 크게 인심을 잃어 이름에 권점할 때 단 하나의 권점만 있었다고 한다. 안동 의병장 이홍조는 이웃고을을 아울러 통솔하고 싶은 생각이 있었는데, 군인 수가 40~50명에 불과한데도, 매양 싸우다 죽겠다고 장담하니, 한 번 웃을 만하다.159) 이홍조가 행군하자 유진장留鎭將 김시추, 판관 홍유형洪有炯이 술판 벌이는 것으로 일을 삼았다고160) 한다.

한편 경상좌도 의병진은 12월 그믐날에 함창에 모이기로 했다. 본진은 26일에 각 읍 의병이 모이기로 한 함창으로 출발했다. 1월 18일 밤에 유진장 김확이 향교 의병소에 들어갔다. 감사가 상주 출신의 전식全湜을 의병도대장義兵都大將으로 삼았는데, 전식은 검암劒巖에 있으면서 각 읍의 의병장이나 참모 가운데 한 사람을 상의하러 오라고 명령했다. 이때 여러 의병이 모두 풍기에 머물러 있었다. 예안에서는 읍의 대장이 유진장에게 명령을 전달해 참모와 서기를 모두 풍기로 보내도록 명했다. 이 때문에 김확이 향교로 들어갔다. 김광악이 이미 참모로 갔는데도 다시 그를 불렀다.161) 병자호란 때의 경상좌도 근왕병과 의병 조직을 살펴보면 다음과 같다.

157) 『매원일기』 권3, 정축년(1637년, 인조 15년) 1월 6일.
158) 『매원일기』 권3, 정축년(1637년, 인조 15년) 1월 4일.
159) 『계암일록』 6, 정축년(1637년, 인조 15년) 1월 4일.
160) 『계암일록』 6, 정축년(1637년, 인조 15년) 1월 4일.
161) 『계암일록』 6, 정축년(1637년, 인조 15년) 1월 18일.

〈표 2〉 병자호란 때의 경상좌도 근왕병과 의병 조직162)

직책	이름	참고 사항
감사	심연 유백증	남한산성 진격 대비책 상신
좌병사	허완	점고, 안동에서 진법 훈련, 남한산성 진격
우병사	민영	쌍령전투 전사
도사	성태구	쌍령전투 전사
경상좌병사	임충간	
경상우병사	황집	이시영에서 바로 교체
참모	정연황	군사 선발로 안동 체류, 예안현감 질책
체찰사종사관	조석윤	김령 예방
종사관	김종일 장응일	
원수종사관	홍무적	군량 감독 차 예안현 옴(원수 심기원의 종사관), 안동에 옴
영거중군	임지경 심수해	도망해 나타나지 않음 피함, 종 매질 후 나타남
감영군관	이수영	감사 기별, 감사 내왕 알림
초관	박용보	
의병도대장	전식	상주 출신
예안의병대장	김광계	도산서원 원장, 의병 장수로도 표기(김령)
의병부장	김확	유진장으로도 표기
참모	김광악	
서기	김요형 김요립	
수성장	김광적	
예안현감	김경후	부임 때 문제 여기, 부서군 거느리고 풍기 감
수어사조사관	이행우	영천군수 아들, 전랑
체찰사종사관	조석윤	

162) 〈표 2〉는 『매원일기』, 『계암일록』에서 추출해 작성했다.

군기병방	조경택	
군관	이장형, 이은, 이지항, 이몽위	
예안수성장	가마군	
봉화의병대장	조이주	
봉화의병서기	금시양	
안동부사	신준	군량 운반 질책
안동의병대장	이홍조	예천 진군, 쌍령 전투 패배 소식, 풍기로 귀환
안동수성장	김시추	유진장, 군사 선발, 중단, 귀가함
안동판관	홍유형	군사 선발, 폐정
영주의병대장	박형	
영주의병부장	금충달	
영천의병장	박회무	풍기 도착

먼저 경상좌도 근왕병과 의병 조직에서 주요 인물의 활동과 변화상을 살펴보자. 의병대장 김광계는 진중으로 들어가 일을 처리했는데,[163] 인근 관아에 통문을 내 묻는 일로 영주에 군관 이장형李長亨, 안동에 이은李訔, 봉화에 이지항李之恒을 보냈으며, 정제장과 정제군인整齊軍人 28명을 마당에서 점고했다.[164] 예안현의 김령은 가재를 기울여 군량을 모집하고, 모은 의량을 강도로 운반하고, 적진으로 향했으나 화의가 이루어져 중도에 돌아왔다.[165]

김요형은 의병소에 들어갔다가 서기 자리에서 체직되었다.[166] 김확이 의병소에서 와서 김령은 한참 동안 함께 이야기를 나누었는데, 예안현

163) 『매원일기』 권3, 정축년(1637년, 인조 15년) 1월 2일.
164) 『매원일기』 권3, 정축년(1637년, 인조 15년) 1월 3일.
165) 『교남지』 권13, 예안현 인물.
166) 『계암일록』 6, 정축년(1637년, 인조 15년) 1월 1일.

에서는 의병에 관한 모든 일이 모양새가 없어 매우 우려할 만했다.167) 김확이 의병소 유진장이 되었고, 참모 및 서기와 독발유사督發有司가 번갈아가며 번을 섰다.168) 이때 봉화 의병 서기 금시양琴是養이 와서 진중의 여러 가지 일을 김광계에게 물었으며, 안동 의병장의 답통이 도착했다.169) 예안의 금한룡은 아우 금해룡과 쌍령전투에 참전해 순절했으며, 금시양은 이후 관직에 나가지 않았다고170) 한다.

한편 관군에서는 경상도 병사에 좌병사는 임충간任忠幹이 되고, 우병사는 이시영李時榮이 되었다. 이시영은 곧 체직되어 황즙黃楫으로 교체되었는데, 그 이유는 이시영이 역시 가도椵島를 공격한 장수였기 때문이었다.171)

다음으로 군사 조직 과정에서 여러 폐단이 생겼다. 예안현감 김경후金慶厚가 망궐례望闕禮와 알성謁聖을 행했는데, 출입하면서 평소처럼 나팔을 불어댔다. 그는 고을을 다스리는 것을 오직 아전의 말만 따라 했는데, 아속衙屬과 아객衙客이 끊임없이 와서 거의 빈 날이 없었으며, 이미 100여 명이 넘어서 황폐한 읍이 지탱할 수 없었다.172) 또 예안현감 김경후는 창고의 곡식을 피난 온 친인척들에게 모두 나눠주었다. 그는 예안현 백성이 배고픔에 아우성치는데도 전혀 움직이지 않았다.173) 한편 김시추는 안동수성장이 되어서 크게 기세를 부리고 마구 매질을 해서 양반들도 곤장을 맞는 지경이 되었다.174)

167) 『계암일록』 6, 정축년(1637년, 인조 15년) 1월 7일.
168) 『계암일록』 6, 정축년(1637년, 인조 15년) 1월 14일.
169) 『매원일기』 권3, 병자년(1636년, 인조 14년) 12월 30일.
170) 『교남지』 권13, 예안현 인물.
171) 『계암일록』 6, 정축년(1637년, 인조 15년) 2월 15일.
172) 『계암일록』 6, 정축년(1637년, 인조 15년) 1월 4일.
173) 『계암일록』 6, 정축년(1637년, 인조 15년) 4월 25일.
174) 『계암일록』 5, 병자년(1636년, 인조 14년) 12월 21일.

반면에 순찰사의 참모 정언황丁彦璜이 군정을 징발하는 일로 안동에 와서 머물렀는데, 그는 징발한다는 명목으로 왔지만 너그럽고 동정심이 많았다.175) 안동에 있을 때 그는 예안현감이 경거망동해서 인심을 놀라게 한 것을 듣고 공문을 보내 꾸짖었던176) 인물이었다.

특히 예안현에서도 의병이 조직되면서 군사 동원을 두고 문제가 발생하기도 했다. 이영계李英繼는 자신의 종이 부서군에 뽑히자, 전결田結 별로 요역徭役을 정하는 자리에 상하 사람들이 모인 가운데 예안현감을 크게 욕보이는 말로 꾸짖기를, "개좆[犬陰莖] 같다고 했다. 때문에 예안현감이 지난번에 사직서를 쓰기도 했다.177)

아울러 의병의 군사로 하층민이 동원되는 문제가 있었다. 전 지역의 건강한 장정이 관군에 편입되자 노약자로 의병을 편성했는데, 편오군編伍軍은 모두 서울로 올라가도록 했다. 이에 종 일생一生은 어미가 죽은 지 여러 날이 되었지만 이때까지 매장하지 못했는데도 올라가게 되었으며, 출신자出身者들도 모두 올라갔다.178) 예안현의 의병은 30명이었다. 즉 학궁 3곳에서 각각 7명을 내고, 오천 3명, 서촌 4명과 양반을 대신한 종 2명 등 모두 합하면 30명이었는데, 모두 맨손에 쓸모없는 백성이었다.179)

더욱이 도사都事 성태구成台耉가 감사의 뜻에 따라 각 읍에 명을 전달하기를 향교, 서원, 향소鄕所에 소속된 종들과 양반의 종들, 아전의 솔정率丁, 장인匠人, 산척山尺, 내노內奴, 사노寺奴, 무학생武學生, 한량閑良에서부터 향교 유생儒生으로서 무예를 익힌 사람까지 모두 군인으로 삼는다고 했다. 여러 곳의 의병도 모두 그 안에 들어 있었으므로 의병소에 명령을 전

---

175) 『계암일록』 6, 정축년(1637년, 인조 15년) 1월 18일.
176) 『계암일록』 6, 정축년(1637년, 인조 15년) 1월 25일.
177) 『계암일록』 5, 병자년(1636년, 인조 14년) 1월 28일.
178) 『계암일록』 5, 병자년(1636년, 인조 14년) 12월 19일.
179) 『계암일록』 6, 정축년(1637년, 인조 15년) 1월 6일.

달하여 왔다.180)

한편 예안현감이 수성장의 말을 듣고 의병을 관군에 소속시키고 싶어 했지만, 의병소에서는 허락하지 않기도 했다. 또 의병들이 임지경任之敬을 영거중군領去中軍으로 삼았는데, 임지경이 달아나 나타나지 않았다. 이에 심수해沈守海로 고쳐 정했는데, 그 역시 피하여 문제가 되었다.181) 또 김 확은 윤동창尹東昌의 직책이 참모였기 때문에 대장의 부름에 가게 했으나, 윤동창은 동의하지 않고 거슬리는 말을 하기도.182) 했다.

3) 경상도 근왕병과 의병의 활동
(1) 경상도 근왕병

경상감사 심연은 12월 29일에 국왕의 근왕 명령을 받고 각 고을에 격 문을 띄워 8,000명의 근왕병을 모집했다. 심연은 좌병사 허완許完, 우병사 민영閔栐을 선봉으로 삼아 각각 군사 1,000명을 이끌고 12월 24일에 대구 를 출발해 김천-문경-충주-여주를 거쳐 남한산성으로 이동했다. 자신은 서윤 도경윤을 중군으로 삼아 6,000명의 병력을 이끌고 선봉부대를 따라 12월 30일 충주 북방의 목계에 도착했다.

이때 한밤중에 군사를 소집하는 명령이 내려져 온 마을에 큰 소리로 부르짖었는데, 그것은 감사의 문첩文帖이 술시戌時에 도착했기 때문이었 다.183) 이에 여러 읍의 수령이 군사를 거느리고 예천으로 갔다.184) 감사 심연은 상주에 머물렀고, 병사 허완 역시 북상했으며, 영장들은 군사를 이 끌고 예천에서 죽령을 넘으려고 했다.185) 여러 영장과 좌병사와 우병사

---

180) 『계암일록』 6, 정축년(1637년, 인조 15년) 1월 9일.
181) 『계암일록』 6, 정축년(1637년, 인조 15년) 1월 9일.
182) 『계암일록』 6, 정축년(1637년, 인조 15년) 1월 19일.
183) 『계암일록』 5, 병자년(1636년, 인조 14년) 12월 18일.
184) 『계암일록』 5, 병자년(1636년, 인조 14년) 12월 19일.

가 군사를 이끌고 죽령을 넘었으며, 감사 역시 죽령을 넘었다.186)

경상도 근왕병의 선봉 부대는 군량과 장비가 도달하지 못한 상태에서 출발했으므로 병사들은 추위에 홑옷을 입고 무기도 갖추지 못해 전투력이 거의 없는 상태였다. 이에 군사들의 사기가 저하되어 병력의 절반이 도망쳤다. 허완은 부대를 이끌고 여주와 이천을 지나 남한산성 동남쪽의 쌍령에 도착했다. 좌병사 허완은 이곳 우측에 진영을 구축했는데, 안동영장 선약해가 기병과 전투를 하기 위해서는 완경사지에 진영을 구축하는 것은 맞지 않다고 했다. 그러나 좌병사 허완이 목책을 구축하고 나서 포수들에게 화약을 소량만 지급한 상태에서 청병이 공격해오자 궁수들이 화살로 대응하다 패배해 안동영장 선약해, 좌병사 허완 등 대부분의 군사가 전사했으며, 우병사 민영도 전사했다.

이처럼 경상도 근왕병은 관찰사 심연, 좌병사 허완, 우병사 민영 등이 이끌었으며, 이들은 조령에서 모여 충주-여주-이천으로 진군해 충청병사 이의배의 군사와 합세해 쌍령에 도달해 좌우 측에 결진했지만, 이들은 청군의 공격을 받아 차례로 패전하고, 관찰사 심연은 이천을 거쳐 조령으로 물러났다고 한다.

감사 심연의 군은 1월 2일에 남한산성에서 100여 리 떨어진 여주에 도착해 관망하던 중 전의를 잃고 조령으로 철수했다. 본도의 감사 심연이 성이성成以性, 정언황丁彦璜을 참모로 삼고, 김종일金宗一, 장응일張應一을 종사관으로 삼았다. 심연은 여주에 나아가 머물고, 좌우도의 군대는 이천에 주둔했다가 경안慶安으로 진군했다. 그러나 지난달 25일에 충청도관찰사 정세규鄭世規가 체찰사 종사관 박서朴遾의 재촉을 받고 함부로 판교에 있던 적을 쳤다가 대패해 군사와 식량을 운반하는 사람들이 모두 죽었다. 그

---

185) 『계암일록』 5, 병자년(1636년, 인조 14년) 12월 20일.
186) 『계암일록』 5, 병자년(1636년, 인조 14년) 12월 24일.

런데 정군은 시체더미 속에 엎드려 있어 겨우 살았다고187) 한다.

이러한 사례는 다음의 두 기록에 나타난다. 현의 아전 이충걸李忠傑이 관아의 일로 단양에 갔는데, 고목告目을 보내 말하기를 1월 초3일에 또 이천의 쌍령 아래에서 패했습니다라고 하여 인심이 사나워졌다.188) 경상도 좌우군 군사들이 경안역慶安驛 1리 정도 못 미친 곳에 있다가 3일 쌍령의 좁은 곳에 진을 쳤는데, 오랑캐 군사들이 산 위에서 갑자기 들이닥쳐 좌군이 먼저 패하고 우군도 패했으며, 두 병사兵使와 영장營將도 모두 죽었다고189) 한다.

당시에 관노 마길麻吉도 와서 말하기를, "가흥可興에서 왔는데, 25일 청나라 오랑캐가 죽산산성竹山山城을 함락시켰고, 경상 좌병사는 병력을 이끌고 복성동復成洞에 나아가 주둔하고, 우병사는 곧바로 음죽陰竹으로 향했으며, 관찰사 심공(심연)은 충주 읍내의 촌집에 머물고 있습니다."라고 했다.190)

한편 경상도 근왕병의 본진은 비안에서 12월 27일에도 경상좌도 의병이 아직 출발하지 못했다는 소식을 들었다. 본진이 함창에 도착한 날짜는 1637년 2월 1일이었다. 본진과 의병진은 만나지 못했다. 본진이 1월 3일 도착해 전황을 들으니, 충청병사와 도원수가 패배했고, 쌍령을 청나라 군사가 차단해 통과할 수 없었다.

이때 각 읍의 의병도 쌍령에서 패배했다. 종 응금應金은 군기를 운반하고, 계집종 설비雪非의 지아비는 양춘良春 지아비의 군역을 대신하느라 모두 진영陣營에 갔었는데, 반드시 죽었을 것이라고191) 생각했다. 그러나

---

187) 『계암일록』 6, 정축년(1637, 인조 15년) 1월 5일.
188) 『매원일기』 권3, 정축년(1637, 인조 15년) 1월 7일.
189) 『계암일록』 6, 정축년(1637, 인조 15년) 1월 7일.
190) 『매원일기』 권3, 병자년(1636, 인조 14년) 12월 29일.
191) 『계암일록』 6, 정축년(1637, 인조 15년) 1월 7일.

종 응금이 살아 돌아왔다. 또 설비의 지아비는 반드시 죽었을 것이라고 여겼지만,192) 살아 돌아왔을 뿐만 아니라 취득한 물건이 있었다. 크게 획득한 것은 마필馬匹, 기용器用, 의장衣裝 등 모두 기록할 수가 없다고193) 한다.

이러한 경상도 지방군의 근왕 활동은 4도 근왕군의 패전 이후에도 지속되었다. 조선군은 세 곳에 집결했는데, 도원수 김자점과 4도 도원수 심기원은 휘원薇原, 전라도와 경상도의 의병진은 여산礪山과 충주(조령)에 집결했다. 경상도 의병진은 천군의 남하를 방어하면서 근왕병을 지원했다. 안동, 영천, 예안 등 가까운 고을의 의병들은 죽령을 지키도록 했다.194)

한편으로는 전쟁에 대한 준비도 있었다. 먼저 병사 허완이 봉화에서 예안현에 들어왔는데, 모레 안동에서 습진習陣이 있었기 때문이었다.195) 여름쯤에 서쪽 변방에 가는 정병精兵은 경상도가 2,000명이었는데, 감사와 병사가 일이 급박하다고 해서 편오군編伍軍 속에서 골라 뽑았다. 병사 허완이 각 읍에 명령해서 그 수만큼 뽑아 편오군에 충당하게 했다. 이에 영천은 30여 명이고, 안동이 가장 많으며, 예안은 10여 명인데, 다음 달 2일까지 성책成冊을 안동에 올리라고 했다. 별감別監 이영원李榮遠이 부득이 해서 향교와 서원에 임시로 소속된 자로 충당하기로 정했다고 알리러 왔다. 양민 중에 임시로 소속되어 서원의 종이라고 속이고 있는 것은 부당하므로 뽑아가더라도 무방하다고196) 했다.

그리고 어영청御營廳 포수는 수령이 직접 인솔해 예천에 집결하면, 병사兵使 허완許完이 인원을 확인해 서울로 보냈다. 이에 각 읍의 별포수別砲

---

192) 『계암일록』 6, 정축년(1637년, 인조 15년) 1월 8일.
193) 『계암일록』 6, 정축년(1637년, 인조 15년) 1월 10일.
194) 『계암일록』 6, 정축년(1637년, 인조 15년) 1월 26일.
195) 『계암일록』 5, 병자년(1636년, 인조 14년) 9월 27일.
196) 『계암일록』 5, 병자년(1636년, 인조 14년) 9월 29일.

手는 감사가 우선 제외하게 하고, 감영과 좌우 병영에서 각각 100명을 차출해 대신하게 했다. 이에 소란스러움이 없게 되었으며, 각 읍에서 호궤하는 것 역시 면제했다. 이것은 감사 자신과 병사가 편의에 따라 한 것으로 잘한 것이었다고 했다. 그렇지 않았다면 폐단이 커져서 별회미別會米 40섬과 소 7마리를 소비해야 했다.197) 이후 예안현에서는 서쪽 변방으로 갈 군병 15명을 단속하고 준비해 조석으로 명을 기다리게 했다.198)

다음으로 전쟁 중의 경상도 관료들의 활동 상황이다. 감사 유백증兪伯曾은 변방에 환란이 있을 것을 헤아리고 힘써 벼슬을 사직할 것을 도모했지만, 관직에 있을 때 건의한 것이 상당히 많았다. 그 중 수군水軍 편성을 중지시키고, 전세田稅를 하중下中에서 낮춰 줄 것을 청했고, 또 농군農軍을 부서赴西하는 것을 중지토록 청한 일 등은 백성이 모두 편하게 여겼다.199) 또 체찰사 종사관 조석윤趙錫胤이 예안현감의 군무가 부실하다고 체부體府에 논보論報한 것은 예안현감의 사람됨을 살펴 알고서는 군정軍政을 빌미로 쫓아내려는 것이다.200)

군기병방軍器兵房 조경택曺景澤이 군관에게 뇌물을 주려고 하자, 군관이 이 일을 알렸다. 종사관은 조경택에게 죄를 물어 형추刑推를 한 차례 가한 뒤에 안동으로 이감시켰다. 비록 관아의 아전들이 완악하지만 구원하지 않을 수 없었다.201)

예안현감 김경후가 서울에 있으면서 아직 서경署經을 하지 않았는데, 난리를 만나 남생南生이 등에 업고 나와 간신히 내려왔다. 김경후의 사람됨이 형편없고 쓸모없는 인간이었다. 그저께 원당리元堂里에 와서 계속 머

---

197) 『계암일록』 5, 병자년(1636년, 인조 14년) 3월 23일.
198) 『계암일록』 5, 병자년(1636년, 인조 14년) 7월 1일.
199) 『계암일록』 5, 병자년(1636년, 인조 14년) 1월 6일.
200) 『계암일록』 5, 병자년(1636년, 인조 14년) 11월 10일.
201) 『계암일록』 5, 병자년(1636년, 인조 14년) 10월 29일.

무르다가 24일에 부임하려고 택일하려는 것이다. 또 인신印信을 갖고 오게 하려고 관의 아전을 시켜 황유문黃有文에게 말해 그를 불러오게 했다.202) 신임 예안현감 김경후가 고을 사람과 향소의 초대로 이날 늦게 부임했는데, 평소처럼 나팔을 불어대었다.203) 김령은 신임 현감 김경후가 예천으로 갔는데, 어제처럼 나팔을 불어대니 가소롭다고204) 힐책했다.

(2) 예안 의병의 활동

예안 의병의 활동과 이동 과정을 살펴보자. 예안의 의병소에서 심수해沈守海의 종을 매질하고 가두자, 심수해가 나타나 중군中軍을 거느리고 가는 것으로 정했으며, 박용보朴龍甫는 초관哨官이 되었다. 이때 군사는 대략 20명, 겸인傔人은 모두 22명, 합쳐서 42명이었다.205)

안동의병장 이홍조가 이달 초에 행군해 예천 조야槽野에 이르렀는데, 쌍령전투 패배 소식을 듣고 여러 날 머물다가 길을 바꿔 죽령을 넘고자 해서 풍기에 이르렀다. 그러나 다시 나가지 않고, 예안에 몰래 연락해 핑계거리를 만들려고 했다. 이홍조는 당초에 빨리 진격해 반드시 죽기를 각오하면서 남들이 머뭇거리는 것을 비웃었다. 영천 의병장 박회무朴檜茂 등도 행군해 4일이나 걸려 풍기에 도착했다.206)

김광계는 밥을 먹은 뒤 복통이 잠시 나았기에 도회청都會廳에 들어가 일을 처리하고, 비로소 군사를 움직일 계획을 세웠으며, 날이 저물어 군사들을 호궤했다.207) 그는 밥을 먹은 뒤 집으로 와 길 떠날 준비를 하고 아

---

202) 『계암일록』 5, 병자년(1636년, 인조 14년) 12월 20일.
203) 『계암일록』 5, 병자년(1636년, 인조 14년) 12월 21일.
204) 『계암일록』 5, 병자년(1636년, 인조 14년) 12월 22일.
205) 『계암일록』 4, 정묘년(1627년, 인조 5년) 1월 10일.
206) 『계암일록』 6, 정축년(1637년, 인조 15년) 1월 11일.
207) 『매원일기』 권3, 정축년(1637년, 인조 15년) 1월 12일.

우 및 조카들과 함께 의안역宣安驛에서 잤다. 회경晦卿, 박용보朴龍普, 이화 李華, 이영환李榮煥, 심수해도 와서 잤다.208) 이날 의병들도 내일 출발하기 위해 신역新驛에 나가서 잤다.209)

의병대장 김령도 어제 신역에서 잤다. 심수해와 박용보가 군사를 거느렸고, 이화 또한 따라갔다. 대장은 오늘 성천사聖泉寺에서 잘 것이다. 밤이 되어 김확이 들러 대장을 전송하고, 향교와 의병소에 갔다가 돌아왔다.210)

한편 아침에 여희汝熙 형과 김확 등 여러 사람이 보러 왔는데, 밥을 먹은 뒤에 길을 나서 성천사에서 잤다. 김광악과 김렴金磏이 따라왔다.211) 영천榮川 동보東浦 김윤金鎣의 종 집에서 잤는데, 김윤의 안사람이 밥을 제공했다. 영주 읍내에 도착해 들어가 누이를 뵈었는데, 풍기 이을언촌伊乙彦村에서 잤다.212) 오전에 풍기 읍내에 도착했다. 안동 의병장 이홍조李弘祚와 영주의병 부장 금충달琴忠達이 보러왔으며, 전간全澗도 왔다. 그 나머지는 이루다 기록할 수가 없다. 영주의병 대장 박도사朴都事 형은 문경에 갔다가 돌아오지 않았다.213) 안동의병은 새벽녘에 떠났다고214) 하였다.

이때 예안현감의 군관軍官 이몽위李夢違 등이 문경에서 급히 돌아와 예안현감의 말을 전하기를, 적병이 이미 괴산에 당도해 큰 군진이 청주에 주둔했으므로 아속衙屬을 동면 산골짜기로 빨리 옮기라고 했다. 또 예안현감은 향소鄕所와 수성장에게 편지를 보내 여러 사람들도 스스로 알아서 행

---

208) 『매원일기』 권3, 정축년(1637년, 인조 15년) 1월 13일.
209) 『계암일록』 6, 정축년(1637년, 인조 15년) 1월 13일.
210) 『계암일록』 6, 정축년(1637년, 인조 15년) 1월 14일.
211) 『매원일기』 권3, 정축년(1637년, 인조 15년) 1월 14일.
212) 『매원일기』 권3, 정축년(1637년, 인조 15년) 1월 16일.
213) 『매원일기』 권3, 정축년(1637년, 인조 15년) 1월 18일.
214) 『매원일기』 권3, 정축년(1637년, 인조 15년) 1월 19일.

동하시오라고 했다. 이에 밤이 되어 김확金確이 향교에서 오자 이몽위가 와서 전한 말을 알아보니 빈말이 아니었다. 예안현감의 아속은 내일쯤 동면 골짜기 안으로 들어갈 것이라고215) 한다.

김광계는 아픈 증세가 어제와 같았으나 봉화 의병장 조이주趙以周가 보러왔다.216) 그는 병 때문에 앞으로 나갈 수가 없어서 심수해沈壽海와 박용보 등을 시켜 병력을 거느리고 가게 했다.217) 이몽위 등의 말 때문에 사람들이 뒤숭숭했다. 더욱이 예안현감이라는 자가 먼저 편지로 대중의 마음을 동요시켰는데, 그것은 사람들에게 알려서는 안 되는 것이었다. 내가 더욱 어지러웠고 아랫마을도 그러했다.218)

이때 예안현감이 문경에서 달아나 돌아왔다. 감사에게 하직인사도 올리지 않은 채 밤새 달려와 황급히 아속을 보내고, 또 말에 안장을 얹고 배띠를 꽉 죄고 장차 달아나려는 것처럼 했다. 마치 적이 이미 뒤까지 쫓아온 것처럼 했다. 겁이 나 어찌할 바를 모르는 모습이 참으로 우스웠다. 땅을 지켜야 할 관리가 먼저 도망하려 하니 인심이 더욱 동요하는 것이다.219) 문경으로 갔는데, 중간에 지체했다. 고을마다 모두 그러하였으니, 의병들이 참으로 무슨 일을 하겠는가. 한 번 웃음거리도 안 된다고220) 하였다.

의병도대장 전식全湜은 검암에 있다가 적이 가까이 왔다는 것을 듣고 다시 죽령을 넘었다. 감사 심연이 문경에서 잠깐 요성要城[문경읍 요성리]에 갔었는데, 모두가 감사도 달아났다고 했다. 다시 소식을 들으니, 감사

---

215) 『계암일록』 6, 정축년(1637년, 인조 15년) 1월 20일.
216) 『매원일기』 권3, 정축년(1637년, 인조 15년) 1월 20일.
217) 『매원일기』 권3, 정축년(1637년, 인조 15년) 1월 22일.
218) 『계암일록』 6, 정축년(1637년, 인조 15년) 1월 22일.
219) 『계암일록』 6, 정축년(1637년, 인조 15년) 1월 23일.
220) 『계암일록』 6, 정축년(1637년, 인조 15년) 1월 23일.

가 문경으로 돌아와 머물고 있다고 한다. 좌우 가병사假兵使와 영장이 새로 뽑은 병사를 이끌고 모두 문경에 있는데, 새로 뽑힌 병사들은 전부 연습을 하지 못했으므로 적을 제압할 수 없다. 가까운 읍의 의병들이 풍기에서 길을 돌려 예천을 거쳐 예안에 이르렀는데, 6명이 달아났다.221)

이때 경상감사가 도원수가 전한 명령을 각 고을에 포고했는데, 적병이 이르기 전에 먼저 스스로 피란하는 자는 일이 안정된 이후에 반역죄로 논할 것이라고 했다. 그런데 김령은 전쟁 중에 도망하는 모습을 당색에서 찾았다.

예안현감 김경후 같은 자는 겁을 먹고 경거망동했으니, 진실로 죄가 있는 것이다. 조정의 체모에서는 마땅히 타이르는 것을 우선으로 삼아야 하는데, 그 말이 이와 같으니 크게 인심을 잃는 것이 여기에서 결정되었다. 이른바 원수 심기원이라는 자는 이러한 지극한 지경에 이르러서도 오히려 스스로 그만두지 않으니, 서인西人의 본모습이다.222)

(3) 군량의 조달과 군사의 징발

병자호란 시기에 예안 의병의 군량 조달과 운반 문제이다. 당시에 군기軍器를 수송하는 등의 일로 민간이 요란스러워 먹고 숨 쉴 겨를이 없었다. 8결 당 군량 한 바리, 군기 한 바리였는데, 이것을 싣고 갈 사람과 말 및 양식과 비용을 모두 민간에서 냈다.223) 이때 김령은 직접 쌀 1섬, 면포 2필을 의병소에 보냈다.224)

한편 예안 의병은 학궁 3곳에서 각각 7명을 내고, 오천 3명, 서촌 4명

221) 『계암일록』 6, 정축년(1637년, 인조 15년) 1월 25일.
222) 『계암일록』 6, 정축년(1637년, 인조 15년) 1월 26일.
223) 『계암일록』 5, 병자년(1636년, 인조 14년) 12월 23일.
224) 『계암일록』 6, 정축년(1637년, 인조 15년) 1월 2일.

과 양반을 대신한 종 2명 등 모두 합하면 30명이었는데, 모두 쓸모없는 백성이었다.225) 만일 그들을 행군시키면 대장 이하 각종 상하 군인의 한 달 치 식량이 30섬 아래로 내려가지 않을 것이다. 저물녘에 유시원柳時元이 와서 의량義粮에 관한 일을 물었다.226) 또 군량 사운四運이 지난번에 풍산에 갔는데, 도사와 순찰사종사관의 전령이 다시 명령하기를 '죽령을 거쳐야 되기 때문에 각 민호民戶는 앞서간 사람을 모두 되돌아오게 하라고227) 했다.

실제 예안현에서는 의병소에 모여서 의논해 모두 군량으로 통일했다.228) 이에 대장이 오늘 아침 일찍 모이라고 명을 전했고, 또 의병을 갖추는 것에 대해 의논했다.229) 이에 김광계는 의병청에 어쩔 수 없는 일이 있어서 아픈데도 억지로 향교에 들어갔는데, 윤동로尹東老, 황유장黃有章, 김시만金時萬 등 여러 사람이 와서 있었다.230)

다음으로 군량 운반과 조세 부담 문제이다. 첫째, 군사 징발로 도망한 군사를 잡아오도록 했다. 군량과 주현에서 감사의 명으로 군정軍丁을 징집했다. 감사가 지난번에 여주에서 흥원창興元倉으로 달아났다가, 지금 문경에 도착했다. 또다시 명령을 내려 패주한 군사를 불러 모았는데, 패주한 군사들이 비록 돌아왔으나, 모두 몸을 숨기고 나타나지 않았다고231) 한다.

한편 안동부사 신준이 호적에 근거해 군사를 뽑자 마을 사람들이 모두 흩어졌다. 신준의 아버지 신경진申景禛이 포위된 성에 있어 신준의 일가와

---

225) 『계암일록』 6, 정축년(1637년, 인조 15년) 1월 6일.
226) 『계암일록』 6, 정축년(1637년, 인조 15년) 1월 6일.
227) 『계암일록』 6, 정축년(1637년, 인조 15년) 1월 6일.
228) 『계암일록』 6, 정축년(1637년, 인조 15년) 1월 8일.
229) 『계암일록』 6, 정축년(1637년, 인조 15년) 1월 9일.
230) 『매원일기』 권3, 정축년(1637년, 인조 15년) 1월 29일.
231) 『계암일록』 6, 정축년(1637년, 인조 15년) 1월 10일.

많은 식솔이 모두 안동에 모였는데, 하루에 쌀 3~4섬을 먹는다고 한다.232) 신준이 순영巡營으로 가면서 호적에 근거해 군사를 뽑는 일을 판관 홍유형에게 위임했다. 홍유형은 재촉하는 것만을 능사로 삼아 급하게 독촉하면서 마구 매질을 해 온 고을 안이 텅 비었으며, 호적에 근거해서 군사를 뽑는 것이 매우 균등하지 못했다.233)

특히 호적에 근거해 군사를 뽑는 일은 수성장 김시추가 지휘했다. 김시추는 출입할 때 깃발을 들고 나팔을 불어대며 크게 폐단을 일으켰다.234) 이때 군정을 뽑는 일로 관아의 아전이 동쪽·서쪽으로 번잡스럽게 들이쑤시고 다니니, 개나 닭도 편안할 수 없어서 한탄스럽고 걱정이 된다고235) 하였다.

둘째, 군량 마련의 문제이다. 부사府使 신준이 문경에서 돌아와 군량을 운반하는 것이 크게 공평하지 않았다는 것을 듣고 심하게 질책했다. 이 때문에 김시추가 물러나 집으로 돌아갔다.236) 또 원수종사관 홍무적이 군량 운반을 감독한다는 명분으로 내일 현에 들어온다는데, 감사가 명을 전달하는 것만으로도 충분하다. 홍무적은 난을 피해 이리저리 떠돌아다니다가 심기원을 만나 종사관이 되었는데, 겉으로 독운督運한다는 핑계로 여러 읍을 순행하면서 사단을 일으켰다.237) 홍무적은 현에 들어와 군량 운반도 감독했는데, 향소가 미혹되고 어리석어 8결당 10명을 내는 바람에 관에 점고點考를 당했다.238)

---

232) 『계암일록』 6, 정축년(1637년, 인조 15년) 1월 14일.
233) 『계암일록』 6, 정축년(1637년, 인조 15년) 1월 17일.
234) 『계암일록』 6, 정축년(1637년, 인조 15년) 1월 14일.
235) 『매원일기』 권3, 무인년(1639, 인조 17) 9월 18일.
236) 『계암일록』 6, 정축년(1637년, 인조 15년) 2월 3일.
237) 『계암일록』 6, 정축년(1637년, 인조 15년) 1월 30일.
238) 『계암일록』 6, 정축년(1637년, 인조 15년) 2월 1일.

한편 그가 안동에서 운반한 군량은 이치에 합당하지 않았다. 8결당 1섬이었는데, 비록 6결이라도 만일 호戶가 같으면 역시 1섬이었다. 이것은 김시추가 일을 꾸몄기 때문이었다. 김시추가 출입할 때는 두 사람이 말을 부리는데다가 그 앞에 작의鵲衣를 입은 두 명, 붉은 몽둥이 든 사람 두 명, 깃발 든 두 명을 배치해 사치가 극에 달했다고239) 한다. 또 홍무적이 창고 곡식 8섬(벼 7섬, 콩 1섬)을 채심형蔡心衡에게 주기도 했는데,240) 이때 홍무적은 심질心疾이 있어서 일을 처리하는 것이 정확하지 않았다.241)

한편 병자호란 때에도 예안현에서 군량 마련은 의병청을 중심으로 논의해 마련했다.

① 큰아이가 향교에 들어갔는데, 여러 사람이 의량義粮의 일로 향교에서 모였기 때문이다. 홍무적이 미친 듯이 날뛰며 형편없었는데, 그가 종사관이 되어 그의 종을 임시로 청파靑坡 역졸驛卒로 삼아 각 읍에서 일으킨 폐단과 그 밖에 다른 모든 일이 대단히 놀라웠는데, 대개 근래 심질을 앓기 때문이라고 한다.242)

② 의병청을 조사하는 일로 이미 여러 사람과 약속한 일이 있어 김확, 김광보와 함께 향교에 갔다. 지나는 길에 예안 현감을 들러 만나보고 향교에 도착하자 신효남申孝男, 황유장, 유시원 등 여러 사람이 왔다. 김확은 먼저 돌아가고, 나는 김광보와 함께 머물러 잤다.243)

③ 서쪽 변방으로 농기구를 보내주었는데, 호조에서 각 읍의 의량으로 값을 충당하게 했다. 예안현감이 첩문帖文을 내려 의량의 수를 기록해 보고토록 했다. 김광계가 이 일 때문에 냇가에서 와서 큰아이와 김광철을 불러 서로 의논했

---

239) 『계암일록』 6, 정축년(1637년, 인조 15년) 2월 3일.
240) 『계암일록』 6, 정축년(1637년, 인조 15년) 2월 3일.
241) 『계암일록』 6, 정축년(1637년, 인조 15년) 2월 3일.
242) 『계암일록』 6, 정축년(1637년, 인조 15년) 3월 21일.
243) 『매원일기』 권3, 정축년(1637년, 인조 15년) 3월 20일.

다.244)

④ 의병의 식량에 관한 일로 향교에 들어가면서 지나는 길에 비암에서 회경晦卿을 만나보고, 읍내에 도착해 예안현감 및 그의 아들 김문욱金文昱 형제와 채문형蔡門亨 형제를 만나보고, 향교에 도착해 신효남과 윤욱을 만나보았다.245)

⑤ 김확과 함께 향교에 갔는데, 김광보는 이미 먼저 갔다. 이렴李濂과 류시원 등 여러 사람도 왔다. 관찰사가 관문을 보내 의병 양식의 실 수량을 보고하라고 했기 때문에 면포 62필로 보고했다.246) 김확과 함께 향교에 들어가 의량목義粮木을 세어 보았다. 신효남, 윤욱, 김시만金時萬 등 여러 사람이 와 모였다. 나는 그 길로 도산서원으로 갔는데 신申 유사有司는 벌써 와 있었다.247)

마지막으로 계속된 전쟁으로 예안현에서는 전쟁으로 군량 부담뿐만 아니라 조세 부담이 가중되어 민의 부담이 되었다. 첫째, 요역 부담이다. 예안의 요역은 갈수록 지탱할 수가 없었는데, 8결結에서 징수하는 것이 대동포大同布 2필, 정병포精兵布 1필, 조총포鳥銃布 1필, 납의대후지衲衣大厚紙 3장, 꿩 깃 100근이며, 기타 물목은 이루 다 기록하지 못할 정도였다. 예안현감은 아전의 말만 따를 줄 알고, 백성의 고충은 전혀 헤아리지 않았다. 화약 5근을 안동에 바칠 때 향소에서 대동포 1필을 인정세人情稅로 주는데, 예안현감은 5필을 주게 했다. 이러한 대동법은 아전들을 위해 만들어진 것이어서 폐단이 컸다고248) 한다.

한편 요역의 번다함이 요즘 같은 날이 없다고 하였다. 이미 정병포와 대동포를 냈는데, 통신사通信使 지지支待는 물품 명목도 털처럼 많아 다 기록

244) 『계암일록』 6, 정축년(1637년, 인조 15년) 윤4월 19일.
245) 『매원일기』 권3, 정축년(1637년, 인조 15년) 윤4월 20일.
246) 『매원일기』 권3, 정축년(1637년, 인조 15년) 윤4월 24일.
247) 『매원일기』 권3, 정축년(1637년, 인조 15년) 5월 16일.
248) 『계암일록』 5, 병자년(1636년, 인조 14년) 7월 17일.

할 수가 없었다. 황감군黃監軍의 접대에 드는 생저포生楮布, 은가포銀價布 및 기타 침책侵責만도 도저히 지탱하기 어려운데, 연가烟家의 잡역도 너무 번다 하였다. 정병구피精兵狗皮, 군기칠즙軍器柒汁, 염초焰硝 등의 일로 온통 시달려 백성들이 명을 감당할 수 없다. 그런데다가 온갖 호령이 모두 아전들의 손에서 나왔는데, 예안현감은 그들의 지휘를 받아 어지럽게 매질하니, 온 고을이 아우성치며 근심하고 한탄하지 않는 사람이 없었다고249) 한다.

대구부사 홍리일洪履一이 조총鳥銃 200자루, 통자桶子 300자루를 별도로 마련해 두고 감사에게 보고한 것은 상을 기대하고 한 것이니, 속된 벼슬아치의 행태이다. 감사 심연이 계문啓聞하자 주상이 여러 읍에 반포해 모두 마련해 내도록 조치했다. 이때 예안은 조총 15자루인데, 관아에서 백성에게 철, 숯, 양미糧米를 거두고 모아서 역부役夫에게 조총을 제조하게 했는데, 큰 폐단이었다.250)

또 좌수座首 황유문黃有文이 편전통片箭桶을 8결당 3개씩 내도록 강제로 정했는데, 지난밤에 패지牌旨를 내어 민호에 거마창拒馬槍과 능철菱鐵 등의 물건을 급히 내라고 했다. 민호에서 마련할 방도가 없는데도, 황유문은 이 일이 군령이라는 이유로 호주戶主를 매질했다. 편전통을 관에 소속된 장인에게 만들게 하면 괜찮지만, 민호에서 차출하는 것은 무리이다고251) 하였다.

12월 20일 밤에는 황급히 도가니를 만들고 대장장이를 고용해 능철과 거마창을 제조하게 하여 밤낮으로 떠들썩했다.252) 거마창과 능철을 밤낮으로 만들면서 민간에는 쇠붙이가 금과 같이 귀했다고253) 한다.

이 밖에 감사의 명령으로 안동은 말 330필을 내고, 예안은 33필을 내

249) 『계암일록』 5, 병자년(1636년, 인조 14년) 8월 18일.
250) 『계암일록』 5, 병자년(1636년, 인조 14년) 11월 7일.
251) 『계암일록』 5, 병자년(1636년, 인조 14년) 12월 20일.
252) 『계암일록』 5, 병자년(1636년, 인조 14년) 12월 20일.
253) 『계암일록』 6, 정축년(1637년, 인조 15년) 1월 10일.

었다. 이를 이용하여 문경까지 군량을 운반하게 했는데, 예안현은 24결당 한 바리를 내었다.254) 한편 어영청 포수를 징집하고, 주현州縣에서 각각 포수를 차출하도록 했다. 예안현은 별포수別砲手 1명인데, 올려서 2명으로 부응했다.255) 영천군수 아들 이행우李行遇가 전량으로 수어사종사관이 되었는데, 종사관은 돌아다니며 군무軍務를 살피는 일을 했다. 그가 최근에 안동으로 들어오자 예안현의 군병軍兵들이 모두 달려갔다고256) 한다.

4   맺음말

17세기 전반에 있었던 광의의 병자호란, 협의로는 1627년의 정묘호란과 1636년의 병자호란에 대한 대응 양상을 예안의 광산김씨 가문에 남아 있는 『매원일기』와 『계원일록』을 중심으로 살펴보았다. 두 자료에는 전쟁 상황에 대한 구체적 내용들이 자세하게 기술되어 있어 지역 사회에서 실제로 어떻게 병자호란에 대응하고, 이를 극복하려고 했는지를 잘 알려주고 있다.

먼저 1627년의 정묘호란 때는 경상도호소사 정경세와 장현광의 활동으로 경상도에서 근왕병과 의병이 창의했는데, 예안현에서는 광산김씨 가문을 중심으로 한 예안현 사족들이 향교를 중심으로 활동했다. 정묘호란이 발발하자 예안현 사족들은 의병청(의병소)을 조직해 임무를 나누어 활동했는데, 대부분 군사 동원보다는 군량 동원에 주력했다. 따라서 실제 군사 활동은 거의 없었으며, 바로 강화가 추진되면서 의병은 해산되었다. 그러나 의병장의 선임을 둘러싸고 사족 상호 간에 의견 대립이 있었으며, 실

---

254) 『계암일록』 6, 정축년(1637년, 인조 15년) 1월 15일.
255) 『계암일록』 5, 병자년(1636년, 인조 14년) 3월 3일.
256) 『계암일록』 5, 병자년(1636년, 인조 14년) 8월 16일.

제 의병으로는 노비가 주로 동원되었다. 반면 사족들은 의병소를 통해 활동하면서 의량을 모으고 운반하는 일에 주력했다.

다음으로 1636년의 병자호란 때에도 경상도의 근왕병과 의병이 창의해 활동했는데, 예안현에서는 광산김씨 가문을 중심으로 한 예안현 사족들이 향교를 중심으로 활동했다. 예안현 사족들은 의병청에서의 논의를 통해 임무를 나누었는데, 김광계가 의병장이 되어 활동했다. 이들은 군사 동원보다는 대부분 군량 동원에 주력했다. 실제 군사 활동은 경상도의 군사를 조직한 의병도대장 전식 아래에 배속된 일부 의병이 남한산성 쪽으로 진격해 경상도 근왕병에 합류하기도 했지만, 쌍령 전투 패배 후 조령으로 후퇴했다. 이때 동원된 실제 군사는 대부분 노비였다. 이처럼 병자호란 때도 실제 군사 활동은 거의 없었는데, 강화가 추진되면서 의병은 해산하고 말았다.

17세기 전반 예안현을 기록한 두 일기 자료에 나타난 광산김씨 가문의 병자호란에 대한 대응 양상은 바로 이 가문이 향촌 사회을 주도하는 가문으로서 역할을 수행해가는 과정을 잘 보여주기도 한다. 이런 점에서 이 연구는 병자호란을 극복하기 위해 지역 사회에서 구체적으로 대응한 양상을 파악할 수 있도록 해주는 좋은 사례가 될 것이다.

참고 문헌

강석화, 「정묘병자호란 연구의 현황과 과제」, 『한국 역대 대외항쟁사 연구』 전쟁기념관, 2014년.
경상북도·영남대학교 편, 『경북의병사』 1990년.
광산김씨 예안파보 간행소 편, 『光山金氏禮安派譜』 1997년.

국방부전사편찬위원회 편, 『병자호란사』 1986년.
국사편찬위원회 편, 『한국사』 12: 양반사회의 모순과 대외항쟁, 1977년.
국사편찬위원회 편, 『한국사』 29: 조선 중기의 외침과 그 대응, 1995년.
권내현, 「정묘호란 의병장 정봉수의 활약과 조선왕조의 인식」, 『한국사학보』 42, 고려사학회, 2011년.
권순진, 「丙子胡亂 金化 栢田戰鬪 考察」, 『軍史』 96, 국방부 군사편찬연구소, 2015년.
김정운, 「17세기 예안 사족 金坽의 교유 양상」, 『조선시대사학보』 70, 2014년.
김정운, 「조선후기 사족의 혼인과 이주-예안 광산김씨의 사례」, 『한국사학보』 60, 2015년.
김창수, 「18~19세기 병자호란 관련 현창과 기억의 유지」, 『조선시대사학보』 81, 2017년.
金泰亨, 「虎溪 申適道의 生平과 義兵活動」, 『退溪學』 8, 안동대 퇴계학연구소, 1996년.
류창규, 「丙子胡亂과 湖南義兵」, 『南道文化研究』 21, 순천대 남도문화연구소, 2011년.
박종천, 「『계암일록』에 나타난 17세기 예안현 사족들의 의례생활」, 『국학연구』 24, 한국국학진흥원, 2014년.
朴珠, 「병자호란과 이혼」, 『조선사연구』 10, 조선사연구회, 2001년.
朴珠, 「丙子胡亂과 旌表」, 『朝鮮史研究』 9, 조선사연구회, 2000년.
박현순, 「16~17세기 예안현 사족연구」 서울대 대학원 국사학과 박사학위논문, 2006년.
徐周錫, 「安東地方 氏族의 定着過程(V)」, 『안동문화연구』 5, 1991년.
안동군자리문화선양사업회, 『군자리 그 문화사적 성격』, 토우, 2001년.
吳宗祿, 「壬辰倭亂~丙子胡亂時期 軍事史 研究의 現況과 課題」, 『軍史』 38, 국방군사연구소, 1999년.
우인수, 「愚伏 鄭經世의 정치사회적 위상과 현실대응」, 『퇴계학과 유교문화』 49, 경북대 퇴계연구소, 2011년.
우인수, 「정묘호란시 삼남지역 號召使의 활동과 그 의미」, 『朝鮮史研究』 20, 조선사연구회, 2011년.
우인수, 「인조대 산림 장현광의 정치적 활동과 위상」, 『한국학논집』 52, 계명대 한국학연구원, 2013년.
柳承宙, 「병자호란의 전황과 김화전쟁 일고」, 『史叢』 55, 역사학연구회, 2002년.
柳在春, 「丙子胡亂時 金化戰鬪와 戰骨塚考」, 『史學研究』 63, 한국사학회, 2001년.
육군본부 편, 『한국군사사』 12, 2012년.
이근호, 「『溪巖日錄』을 통해 본 金坽의 정치 활동과 정세 인식」, 『역사와 실학』 54, 역사실학회, 2014년.
李錫麟, 『朝鮮王朝 倭亂·胡亂期 義兵將 朴春茂 一家의 三代倡義錄』, 청주향교, 2005년.
이성임 외, 『일기를 통해 본 조선후기 사회사』, 새물결, 2014년.
이성임, 「『溪巖日錄: 1603~1641』에 대한 자료적 검토」, 『한국사학보』 57, 2014년.
이수건, 『영남학파의 형성과 전개』, 일조각, 1995년.
李章熙, 「丁卯丙子胡亂義兵攷」, 『건대사학』 4, 건국대학교 사학회, 1974년.
李章熙, 「丁卯·丙子胡亂時 義兵 研究」, 『국사관논총』 30, 국사편찬위원회, 1991년.

이정철, 「『계암일록』을 통해 본 17세기 전반 예안현의 부세 상황」, 『한국사학보』 53, 2013년.
장정수, 「병자호란시 조선 勤王軍의 남한산성 집결 시도와 활동」, 『한국사연구』 173, 2016년.
全海宗, 「丁卯胡亂 時의 後金軍의 撤兵 經緯」, 『白山學報』 2, 1967년.
지두환, 「조선 병자호란 충신 열사에 대한 현창정책」, 『한국학논총』 34, 국민대 한국학연구소, 2010년.
차미희, 「17세기 예안 사족 金坽과 과거시험」, 『국학연구』 23, 한국국학진흥원, 2013년.
차미희, 「『溪巖日錄』을 통해 본 17세기 전반 文科-경상도 鄕試」, 『한국사학보』 53, 2013년.
최은주, 「『계암일록』을 통해 본 17세기 예안사족 김령의 인맥기반 형성과 특징」, 『퇴계학과 유교문화』 55, 경북대 퇴계연구소, 2014년.
한국국학진흥원 편, 『국역 烏川世稿』 상·하, 성심, 2005년.
한국학중앙연구원 편, 『古文書集成 一』, 한국학중앙연구원 출판부, 2011년.
한명기, 『정묘·병자호란과 동아시아』, 푸른역사, 2009년.
허태구, 「丙子胡亂의 정치·군사사적 연구」 서울대 대학원 국사학과 박사학위논문, 2009년.
허태구, 「병자호란 講和 협상의 추이와 조선의 대응」, 『조선시대사학보』 52, 조선시대사학회, 2010년.
洪淳昶, 「丙子胡亂과 政治文化의 餘波-그 歷史的 背景을 中心으로」, 『韓國學論叢 霞城 李瑄根博士 고희 기념논문집』, 동 기념논문집 간행위원회, 1974년.

5장

조선 중기 광산김씨 예안파의 일상생활

박종천

1 ____ 머리말

일기는 의식과 생활의 반영이다. 조선시대 일기는 개인의 내밀한 내면을 오롯이 보여주는 거울인 동시에 사회생활을 여과 없이 드러내는 창문이기도 하다.1) 특히 여러 차례 걸쳐 지속적으로 나타낸 관심사에 대한 연속적인 기록이 개인의 의식을 잘 나타낸다면 일상생활에서 습관 또는 관습으로 반복되는 행태들은 사회적 무의식을 분명하게 드러낸다. 따라서 일기를 통해 개인의 의식적 내면과 사회적 무의식을 함께 읽을 수 있다.

이런 맥락에서 조선중기 광산김씨 예안파 선비들의 일기들은 주목할 만한 자료이다. 특히 김령(1577~1641년)의 『계암일록』과 김광계(1580~1646년)의 『매원일기』는 17세기 전반 광산김씨 예안파의 일상생활을 잘 보여주는 중요한 자료이다. 『계암일록』이 지파인 탁청정 김유(1491~1555년)의 자손들을 대표하는 기록이라면2) 『매원일기』는 종파宗派인 운암 김연(1487~1544년)의 후손들을 대표하는 기록이다. 특히 『매원일기』

---

1) 개인의 내면적 심리와 정조를 진실하게 표현했다는 점에 주목해 일기 문학을 분석한 연구로는 정우봉, 『조선후기의 일기문학』(소명출판, 2016년) 참조.
2) 『계암일록』에 대한 종합적 연구로는 이성임 외, 『일기를 통해 본 조선후기 사회사: '계암일록'을 중심으로』(새물결, 2014년) 참조.

는 그의 아버지인 근시재 김해(1555~1593년)의 『향병일기』, 입후자入後子인 묵재 김렴(1612~1641년)의 『묵재일기』, 손자인 과헌 김순의(1645~1714년)의 『과헌일기』 등과 함께 4대에 걸쳐 광산김씨 예안파 종가의 삶을 생생하게 증언하고 있다.3)

『계암일록』과 『매원일기』에는 예안의 외내烏川 마을에 사는 광산김씨 친족들의 일상생활이 잘 나타나 있다. 필자는 앞서 『계암일록』과 『광산김씨성회록光山金氏姓會錄』 등에 대한 분석을 통해 광산김씨 예안파의 의례생활과 친족 활동에 대한 논의를 전반적으로 전개한 바 있다.4) 따라서 이 글에서는 그에 기초해 광산김씨 예안파의 의례적 실천과 일상생활 중 특징적으로 나타나는 양상으로 주목할 만한 네 가지 부분을 집중적으로 검토할 것이다.

첫째, 조선중기 광산김씨 예안파 사족들의 의례적 실천 양상에서 나타나는 속례俗禮와 정례正禮의 병행 양상을 살펴보고자 한다. 17세기는 『가례』를 본격적으로 실천하면서 종법宗法 의식이 심화되는 시기였다. 의례의 실천면에서도 속례에서 정례로 이행하면서 양자가 병행되는 과도기였다. 광산김씨 일가의 경우, 상례에서는 무덤의 여묘살이에서 가묘家廟의 반혼返魂으로 이행하는 의식적 노력을 보여주는 한편 제례에서는 사시제와 삭망례를 철저하게 실천함으로써 『가례』식의 의례적 실천을 내면화

---

3) 『매원일기』에 대한 본격적인 연구는 아직까지 없으며, 광산김씨 성회姓會 연구를 위해 『매원일기』를 일부 활용한 연구가 있을 뿐이다. 박종천, 「조선시대 예안 광산김씨의 친족활동 — 계회契會와 성회姓會를 중심으로」, 『국학연구』 30(한국국학진흥원, 2016년) 참조. 『계암일록』과 『과헌일기』를 중심으로 광산김씨 예안파의 일상생활을 분석한 본격적 연구로는 김정운, 「17~18세기 경상도 북부지역 사족의 친족관계 연구 — 일기에 나타난 혼인과 제사를 중심으로」(경북대학교 박사학위논문, 2016년) 참조.
4) 박종천, 앞의 논문, 박종천, 「'계암일록'에 나타난 17세기 예안현 사족들의 의례생활」, 『국학연구』 24(한국국학진흥원, 2014년).

했다. 그러나 『가례』의 실현을 위한 심화적 양상을 드러내면서도 여전히 외손봉사와 윤행봉사는 물론 기제忌祭 중심의 제사 관행도 지속했으며, 친영親迎의 실천을 의식하면서도 실제로는 신부집에서 전안례奠鴈禮, 교배례交拜禮, 합근례合巹禮를 모두 시행하고 혼인 이후에도 신랑이 신부집에서 머물다가 이듬해 신부가 신행新行하는 '해묵이' 풍습이 유지되는 등 전통적인 남귀여가혼의 유습이 유지되고 있었다.5)

이러한 흐름은 17~18세기에 걸쳐 장기적이고 점진적으로 변화하는 의례적 실천의 양상을 잘 보여준다. 18세기 전반의 『과헌일기』를 살펴보면, 18세기 전반까지도 여전히 윤행봉사가 유지되었지만 처가나 외가에 대한 제사는 사라졌고, 기제는 집안에서 지내고 묘사墓祀는 재사齋舍에서 지내는 방식이 정착되었다.6) 16~17세기까지는 처가나 외가에 대한 제사를 본가에 비해 한 단계 격을 낮추어 신주神主 대신 지방紙榜으로 대체해 지속했으나 17~18세기에 이르는 기간 동안 점차 처가나 외가에 대한 제사가 없어지면서 부계 친족 질서가 한 단계 심화되었다.7)

더 주목할 만한 것은 종법 의식이 확산되면서 양측적 친족 질서가 부계 가부장적 친족 질서로 이행하는 과정에서 체백體魄과 무덤을 중시하던 전래적 풍습에서 신혼神魂과 가묘를 중시하는 『가례』의 실천으로 의례적 실천의 중심이 이행하는 양상이다. 예컨대 기일에 집안에서 제사를 지낸 뒤 다시 선영을 찾아 성묘하던 관습은 가묘와 무덤, 신혼과 체백, 『가례』와 속례의 병행 양상으로 이해할 수 있다.8) 또한 정조正朝, 한식, 단오, 추석, 동지 등의 절사節祀 때 이루어지는 무덤 배소拜掃의 양상과 더불어

---

5) 박종천, 앞의 논문, 2014 참조.
6) 김정운, 앞의 논문, 165~181쪽 참조.
7) 박종천, 앞의 논문, 2014, 179~180쪽 참조.
8) 박종천, 앞의 논문, 185쪽.

무덤과 가묘, 절사와 시사時祀의 병행 양상 등도 흥미로운 대목이다. 요컨대 장기적이고 점진적인 의례적 실천의 변화 과정은 동시에 속례와 정례의 병행 과정이기도 했던 것이다. 따라서 2절에서는 세밑-신년 의례와 절사에서 이루어지는 속례와 정례의 병행 양상을 살펴볼 것이다.

둘째, 외내 마을의 동약과 동계 등을 중수하는 광산김씨의 공동체 활동을 살펴볼 것이다. 광산김씨는 친족 공동체를 확대한 향촌 공동체 활동에 열심이었으며, 이러한 활동은 성회와 동계 및 향약의 실천으로 구현되었다. 특히 조선중기에 일어난 대규모 전쟁과 자연재해에 맞서 친족적 유대와 마을 내부의 결속을 강화하는 공동체 활동은 주목할 만하다. 초기에 정릉동계회와 광산김씨 성회 및 외내동계 형태로 전개되던 향촌 공동체 활동은 인조반정과 정묘호란 등 국내외적 혼란을 해결하고 각종 자연재해를 극복하기 위한 향촌 공동체의 유대 관계를 재정비해야 할 필요성에 직면해 17세기 중반 김광계와 김확을 중심으로 하는 외내 마을의 동약과 동계의 재건으로 계승되었다. 3절에서는 이러한 활동 양상을 검토할 것이다.

셋째, 4절에서는 광산김씨의 일상생활에서 이루어지는 점복占卜, 택일, 사주, 풍수 등 술수를 활용하는 일상적 관습을 검토하고자 한다. 특히 4월 관백貫白을 포함해 자연재해와 관련된 민간의 속신俗信에 대한 김령의 논의, 혼인 택일에 집중된 문복問卜의 성격, 운암 김연의 사주 감명지에 나타난 대정수大定數와 성점星占의 특성, 『종정도從政圖』의 놀이 문화, 풍수에 대한 관심과 적용 양상 등을 살펴볼 것이다. 이 역시 일상생활에서 성리학적 이상이 비유교적 관습과 병행되는 양상을 잘 보여준다.

넷째, 5절에서는 『매원일기』에 담긴 꿈 내용을 분석하고자 한다. 『매원일기』에 나타나는 꿈은 대부분 돌아가신 스승들에 대한 것이다. 이는 꿈에 돌아가신 아버지가 주로 등장하는 『계암일록』과 견줄 만하다. 김광계는 평생 학문하는 처사로 자처했으며, 그에 따라 독서하는 시책과 공부하는 내용에 대해 꼼꼼하게 기록했다. 『계암일록』이 삭망례朔望禮와 사시제四時祭를 중심으로 가례의 실천을 꼼꼼하게 기록한 데 비해『매원일기』는 공부의 내용과 독서의 양상을 집중적으로 기록했다. 계암 김령이 과거시험과 의례적 실천의 맥락에서 선친先親에 대한 꿈을 꾼 반면 매원 김광계는 집중적인 공부와 지속적 독서 과정 중에 선사先師에 대한 꿈을 꾸었다. 양자는 각각 아들과 제자로서의 삶이 의례와 독서 과정에서 이루어진 반복적인 의식적 실천을 통해 무의식적으로 심화되어 꿈에 반영되었던 것으로 해석할 수 있다.

2 속례와 정례의 이행과 병행 양상

1) 『계암일록』에 나타난 신년의례의 유교적 의례화

어느 시대, 어떤 사회든 묵은해를 보내고 새해를 맞는 의례적 실천이 있기 마련이다. 유교적 전통사회에서는 송구영신을 위한 신년의례를 조상의 신주가 있는 가묘를 찾는 것으로부터 시작했다. 『가례』에 따라 세워진 가묘는 친족 공동체를 결속시키는 의례의 중심 공간이었다. 가묘는 삭망례와 사시제 등 정기적 의례뿐만 아니라 각종 절기 때도 천헌薦獻의 중심 장소가 되었다. 특히 매년 설날에는 가묘에 천헌을 하고 친족 간에 세배를 다니는 풍습이 정착되었다.

매년 설날에 천례薦禮를 올리고 세배를 다니는 것은 친족관계의 유교적 의례화라고 할 수 있다.9) 죽은 조상과 후손들, 그리고 살아있는 친족들 간의 혈연적 유대관계와 위계질서가 설날의 천례와 세배를 통해 주기적으로 확인되고 강화되기 때문이다. 특히 공간을 이동하면서 이루어지는

---

9) 유교적 의례화에 대해서는 박종천, 「일상의 성화聖化를 위한 유교적 의례화: 율곡 이이의 예학적 구상」, 『유학연구』 31(충남대학교 유학연구소, 2014년) 참조.

광산김씨 가의 천례와 세배는 의례적 순례pilgrimage에 견줄 만하다. 『계암일록』에 의하면, 설날 천례의 의례적 순례는 가묘를 중심으로 구성되는 종법적 친족 질서의 범위에 상응하는 것이었다.10) 지파에 속하는 김령은 선친 김부륜(1531~1598년)의 가묘, 외조부 신수민申壽民의 신주, 소종가인 조부 김유의 가묘, 대종가인 증조부 김효로(1454~1534년)의 가묘 순으로 천례를 행함으로써 설날의 의례적 순례를 진행했다.11)

설날에 진행된 신년의례는 지파의 가묘, 소종가의 가묘, 대종가의 입향조 가묘로 공간을 이동하면서 선친, 조부, 증조부 순으로 순차적으로 혈연적 뿌리를 거슬러 올라가는 '보본반시報本反始'의 유교적 순례였으며, 동일한 조상을 함께 모시는 의례적 공동체로서 친족 질서의 혈연적 결속과 화합을 강화한다는 점에서 유교적 의례화라고 할 수 있었다. 이러한 의례적 활동을 통해 입향조를 중심으로 4대 이상의 부계 가부장적 대가족 구조를 공유하는 문중이 결속되어 갔던 것이다. 물론 외조부의 신주에서 알 수 있듯이 『계암일록』에 나오는 광산김씨 예안파의 의례적 행태는 부계 친가 외에 모계 외가까지 고려하는 양측적 가족 구조가 남아 있다가 부계 친가의 일원적 대가족 구조로 변모하는 중간 단계를 보여준다.

한편 설날 가묘 천례와 더불어 세밑에 무덤에서 이루어지는 배소拜掃 의례도 함께 진행되었다. 한해를 마무리하는 세밑에는 새해 설날을 준비하는 의미에서 선영 근처 재사에 가 무덤에서 배소하는 풍습이 있었다. 세밑에는 전통적으로 구나驅儺와 배소의 세시풍습이 시행되었다. 왕실에서 액땜의 의미로 나례儺禮를 행했듯이12) 외내의 광산김씨 친족들도 구나 의식을 하는 한편 선영이 위치한 재사를 찾아 정기적으로 산소에서 배소

---

10) 이하의 설명은 박종천, 앞의 논문, 2014, 289~291쪽 참조.
11) 『溪巖日錄』(1606년 1월 1일) 참조.
12) 『계암일록』에는 김령이 관직 생활을 할 때 이 광경을 직접 구경하는 대목이 나온다.

하곤 했다.

　배소에 참여하는 친족은 일반적으로 공동 조상을 모시는 직계 자손에 한정되었다. 예컨대 1603년 12월 26일에 김령이 증조부 김효로의 묘소의 배소를 담당하는 차례가 되어 지례의 능동으로 가 오시午時에 종손인 김광계의 4형제, 서숙庶叔 김부생金富生(?~1622년)과 함께 묘소에서 배소했으나 조부 김유 묘소의 배소는 김기金圻(1547~1603년)의 상사喪事 때문에 상의해 정지했다.13) 백부 김부인金富仁(1512~1584년)의 아들인 김기의 상사는 조부를 함께 모시는 소종가 차원의 일이므로 소종가 내부의 흉사를 당해 조부 묘소의 배소를 정지했으나 친족 질서의 위계가 높은 대종가 차원의 증조부 묘소 배소는 그대로 거행했다. 이처럼 배소와 상사가 겹칠 때 이루어진 의례의 거행 여부는 의례 참여 친족의 범위와 더불어 대종가와 소종가의 친족적 위계질서에 대한 의식을 잘 보여준다.

　세밑 배소는 일가 친족이 돌아가면서 해당 조상의 자손을 중심으로 윤행으로 행했다. 예컨대 증조부 묘소의 배소는 증조부를 계승하는 자손들끼리 행했고, 조부 묘소의 배소는 조부의 자손들끼리 했다.

> 1607년 12월 27일, 밥을 먹은 뒤 방잠 재사에 갔다가 오시에 큰 배소를 행했다. 전형 댁 누이가 제물을 준비했고, 참석한 인원은 세 종형 및 나[김령], 여희, 덕여 형제, 대이, 이실, 서숙庶叔 3부자 및 광석光碩이었다. 주촌周村과 온계溫溪의 가공加供이 오지 않았다. 저녁에 복반福飯을 먹은 뒤 돌아오면서 여희 무리와 함께 다리 가에서 잠시 이야기를 나누었다. 12월 28일, 어버이의 절제節祭를 이날 모시려고 했는데, 영천 생질 등이 오지 않아 내일로 미루기로 정했다. 능동 배소를 오늘 행했다. 12월 29일, 아침밥을 먹은 뒤 제물을 점검했다. 저

---

13) 『溪巖日錄』(1603년 12월 26일).

녁 때 정월초하룻날 절제節祭를 어버이 신주에 지냈다. 제물 준비는 용궁 댁 차례였다. 음복을 마치니 이미 캄캄했다. 12월 30일, 늦은 아침에 함창의 절제節祭를 신주神主에 지냈다. 김참이 초저녁 나례를 보러 왔다.14)

당시 윤행봉사는 부계에만 국한되지 않았으며, 동일한 조상을 공유하는 내외손과 아들과 딸의 자손들이 모두 포함되었다. 김령은 12월 27일에 방잠에서 배소하고 28일에 능동에서 배소했다. 선친 신주의 절제는 본래 28일에 예정되었으나 29일로 미루어 지냈고, 30일에는 함창 외가의 절제를 지냈다. 방잠은 김령의 조부 김유와 선친 김부륜의 무덤이 있는 곳이고, 능동은 증조부 김효로의 묘소가 있는 곳이다. 배소와 절제의 참가자는 대체로 동일한 조상의 내외 자손들이었고, 제물의 준비는 자손들이 돌아가며 준비했으며, 연말의 절제도 친가와 외가를 순차적으로 지냈다. 무덤 배소와 절제의 순서와 양상은 가묘에서 지내는 의례를 행하는 순서와 대동소이했다.

특별한 일이 발생했을 때에는 배소를 생략하기도 했다. 예컨대 1608년 12월 28일에는 조서모祖庶母 상喪으로 성복成服하는 바람에 방잠 배소를 생략했다. 그러나 그것은 그와 연관된 친족 범위에서만 국한되었다. 이틀이 지난 12월 30일 저물녘에는 설월당에서 외가의 절제를 행하고 구나 의식을 행했다. 이는 조서모 상이 외가의 제사와는 무관하기 때문이었으며, 돌아가신 분이 조서모였기 때문에 외가 제사를 폐하지 않은 것으로 보인다. 이어 1609년 1월 1일에는 선친 신주에 절제를 지낸 뒤 윗마을 중부

14) 신상목 외 역, 『계암일록』 1권(안동: 한국국학진흥원, 2013년), 405~406쪽. 번역문은 김령의 친필본 『丁未日錄』의 내용이며, 국사편찬위원회 탈초본 『계암일록』과 다르다. 金岭, 『溪巖日錄』(국사편찬위원회 탈초본, 1608년 12월 27일~12월 30일). "二十七日, 食後, 往芳岑, 行大拜掃, 聞難鼓舊有感. 二十八日 陵拜掃行, 是日 庶叔借馬許之. 二十九日, 風猛, 看檢祭物, 行節祭畢, 已昏黑. 三十日, 寒, 晚朝行咸昌節祭, 歲已盡, 追憶昔時具慶, 人事有異, 不覺感涕."

仲父의 가묘에 배알했으며, 이어 외조부의 신주, 소종가인 상주댁 가묘, 대종가인 김광계 집안의 가묘를 차례로 배알했다. 이러한 양상은 연말 무덤 배소에서 연초 가묘 배알 순으로 전개되는 세밑-신년 의례의 병행적 구성 양상을 잘 보여준다.

한편 전염병을 비롯한 긴급한 재난이 발생했을 때는 재사와 무덤에서 배소하는 것을 가묘에서 행하기도 했다. 예컨대 1609년 12월 28일 저녁에는 어버이 신위에 정월 초하룻날 절제를 행했는데, 이는 방잠 재사에 홍역이 퍼져 할 수 없이 집안에서 지낸 것이다. 이어 12월 29일에는 지례에서 증조부 묘제를 지냈는데, 제천 표숙과 김평(1563~1617년) 이하 아홉 사람이 참여했다. 12월 30일 아침에는 외가 절제를 지냈으나 조부 산소의 배소는 홍역 때문에 가묘에서 지냈다. 광산김씨 가는 높은 항렬의 연장자를 기준으로 증조부까지 4대를 기준으로 연말 배소와 정조 절제를 지냈는데, 이는 4대봉사 의식의 반영으로 이해할 수 있다.

신년 의례인 세배와 배소가 가묘와 선친을 중심으로 한 친족에서 조부모, 증조부모 등을 중심으로 한 친족으로 확대되어 가는 반면 대체로 세밑 의례는 재사에서 절제를 지내고 무덤에서 배소하는 양상이 나타났다. 다만 세밑의례는 묘제로 인식되는 양상이 눈에 띈다. 아울러 증조부 김효로를 대상으로 하는 지례의 능동 재사, 조부 김유와 선친 김부륜의 방잠 재사 순으로 진행하는 경우가 많았다. 그러나 언제나 의식적으로 이러한 순서를 지킨 것은 아니었으며, 외가 함창 절제까지 포함해 방잠 재사를 거쳐 능동 재사로 진행하는 경우도 있었다. 따라서 세밑의례로 절제와 배소에는 일정한 순서는 없던 것으로 추정된다. 다만 12월 30일 초저녁에는 대체로 구나 의식을 행했다.

신년의례가 주로 가묘를 중심으로 이루어진 반면 세밑의례는 주로 재사와 무덤에서 이루어졌다. 『계암일록』을 보면, 김령과 친족들은 세밑 즈

음에 조부 김유와 선친 김부륜 묘소 근처에 자리 잡은 방잠 재사와 입향조인 증조부 김효로의 묘소가 위치한 능동 재사에서 배소했다.15) 예컨대 1613년 12월에는 27일 아침 식사 후 방잠 재사에 갔다가 오후에 정조 배소를 실행했고, 29일에는 능동에서 배소를 실행하고 오시에 증조부 묘제를 지냈다.

〈그림 1〉 임자년 제석除夕일의 친족 모임

또한 섣달그믐밤에는 술잔을 지참하고 모여 술을 마시면서 이야기를 나누는 모임을 갖기도 했다. 예컨대 1612년 섣달그믐밤에는 광산김씨 25대손인 광光자배 친족들과 24대손 김당과 김참 등이 모여 술잔을 기울이면서 이야기를 나누었다. 〈그림 1〉에서 볼 수 있듯이 당시 참여한 사람으로는 김광적(자 여희), 김광재(자 덕여德輿), 금발(자 자개子開, 1573~1642년), 김광하金光夏(자 대이大而, ?~1614년), 김광계(자 이지以志, 1580~1646년), 김광실金光實(자 이건以健, 1585~1651년), 김광보金光輔(자 이도以道, 1587~1634년), 전경업(자 거경巨卿, ?~1624년), 김당(자 자청子淸)과 김참金墋(자 숙징叔澄) 등이 있었다.16) 세밑 친족 모임 참여자들은 김연의 자손과 김유의 자손 및 고종姑從 자손까지 예안 외내에 사는 내외 8촌 당내堂內 친족이 포함되었다.

---

15) 『계암일록』(1613년 12월 27일, 29일, 30일) 참조.
16) 후조당종택 기탁문서 중 「壬子除夕 ……, 醉話 ……」.

이중 김당과 김참은 김유의 서자인 김부생의 아들 형제였다. 따라서 다른 친족들에 비해 한 단을 더 낮추어 기록했다. 상대적으로 상위 항렬인 24대손을 25대손보다 순서상 더 뒤에 한 단을 더 낮추어 기록한 것은 친족 또는 종족 내 모임에서 항렬보다 연령과 적서를 더 중시했음을 보여준다. 이는 17세기 전반에 이미 서계庶系보다 적계嫡系를 앞세우는 전통이 분명하게 확립되어 있었음을 보여주는 사례이기도 하다.

이렇듯 광산김씨들은 세밑에 조상의 무덤과 무덤 근처 재사에서 배소와 묘제를 통해 한해를 마무리하는 유교적 의례화를 실행했다. 이는 묵은 세배 풍속과도 연결지어 생각해볼 수 있다. 그러나 더욱 중요한 대목은 지례 능동 재사와 방잠 재사를 중심으로 무덤의 체백에게 드리는 연말 무덤 배소와 설날에 가묘의 신혼에게 드리는 가묘 절사가 병행되고 있는 점이다. 이는 『가례』의 유교식 정례와 전래의 비유교적 속례가 병행되는 조선적 양상의 대표적 사례라고 할 수 있다. 이렇듯 조선중기 광산김씨 일족들은 연말 세밑에는 무덤과 재사를 찾아 묘제와 배소를 행하고 연초 설날에는 가묘에 헌례를 드렸다. 이러한 양상은 체백에서 신혼으로 새롭게 의례적 중심을 이동하는 동시에 무덤과 가묘, 체백과 신혼, 배소와 헌례를 절묘하게 병립하고 병행하는 유교적 의례화 양상을 잘 보여주는데, 전래적 풍습과 유교적 풍습을 습합習合시키는 방식이 아니라 병행시키는 조선적 방식의 의례화라고 할 수 있다.

이렇듯 연말과 연시에 이루어지는 신년의례에는 묵은 시간을 잘 보내는 측면과 새로운 시간을 잘 맞는 측면이 공존했다. 묵은해를 보내는 의식을 전래적 방식으로 무덤에서 거행하고 새해를 맞는 의식을 유교적 방식으로 가묘에서 실행함에 따라 체백을 중시하는 조선적 풍습과 신혼을 중시하는 유교적 의식이 양립될 수 있었다. 결국 이러한 의례화는 의례적 장소, 대상, 방식의 병립과 병행 양상을 잘 보여준다. 이는 전래적 풍습과

『주자가례』를 중심으로 하는 성리학적 의례관의 병존이자 전래적 풍습에서 유교적 정례로 의례의 실천의 중심이 이동하는 양상이라고 해석할 수 있다.

2) 후조당 종가의 절사節祀와 배소 양상

소종小宗으로 분화하는 탁청정 가, 다시 분가해나가는 설월당 지파에 비해 대종가인 후조당가 종자宗子인 김광계의 일기에는 훨씬 더 규칙적인 연말 절사와 배소 양상이 나타나고 있다. 완전히 고정된 것은 아니지만 종가의 절사와 배소 양상은 대체로 지례知禮, 거인居仁, (김해 사후) 명암鳴巖 순으로 전개되었다. 지례의 능동은 김광계의 고조인 김효로와 선친의 생부 김부의(1525~1582년) 무덤이 있는 곳이고, 거인은 증조부인 김연과 선친의 계부 김부필(1516~1577년) 무덤을 모신 곳이다. 명암은 선친 김해의 이장한 무덤이 있는 곳이다. 이는 대체로 절제와 묘제에서 고조부, 증조부, 조부, 선친 순으로 배소하는 양상으로 보인다. 사당은 조상의 신위를 함께 모시지만 무덤은 각각 다른 장소에 존재하기 때문에 이러한 차이를 메우는 과정에서 이루어지는 절사와 배소의 의례화 정도는 종가와 지파에 따라 약간 차이가 났던 것이다.

물론 국상이나 전란을 비롯한 비상시국에는 연말 배소와 연초 가묘 헌례 등이 생략되거나 지연되기도 했다. 『매원일기』에 따르면 1635년 12월 30일에는 국상 때문에 산소에 성묘하지 못했으나 1636년 1월 4일 오후에 명암에 가서 작년 연말에 하지 못한 성묘를 했다.17) 김광계는 병자호란이 일어난 1636년 12월 19일에 전란이 일어난 소식을 들었다. 12월 30일에는 의병 활동으로 인해 집으로 돌아가지 못하고 향교에 머물러 잤다. 이튿

---

17) 이하 절사들은 모두 『매원일기』의 사례이므로 본문에 일시를 표시하고 별도의 각주를 생략하다.

날인 1637년 1월 1일에 역시 의병 활동을 하느라 여력이 없었다. 이렇듯 비상시인 전란 중에는 묵은세배와 세배는 물론 연말 배소 및 묘제와 연초 가묘 헌례가 생략되었다.

그러나 전란이 마무리된 뒤인 1637년 12월 말에는 산소에 가서 성묘하는 연말 배소 및 묘제를 행했다. 12월 28일에 김광계는 지례 산소에 가서 성묘한 뒤 그대로 머물러 잤다. 29일에는 아우인 김광실金光實(1585~1651년, 자 이건以健) 및 조카들과 더불어 거인에서 산소에 성묘했다. 30일에는 김광실 및 조카들과 함께 명암에 가서 산소에 전을 올렸다. 1639년 12월 29일에도 김광실과 조카 김선金銑과 함께 거인에서 산소에 성묘했으며, 12월 30일에는 아우와 조카와 함께 명암에 가서 전을 올렸다. 요컨대 연말에 지례, 거인, 명암 등에서 배소하고 간단히 전을 올리는 양상이 매년 반복적으로 이루어졌다.

설날에는 새벽에 가묘에 참배한 뒤 당일과 다음날 설술歲酒을 마시는 관행이 있었다. 예컨대 1636년 1월 1일에는 동네 친척들이 각각 새벽에 자기 집안 사당에 참배한 뒤 저물녘에 대종가인 김광계 집의 가묘에 와서 참배하고 설술을 마셨다. 1월 2일에는 식사 후 재종숙인 김령에게 인사하고 지나는 길에 여러 댁에 가서 여러 사람을 만났다. 1638년 1월 1일에 김광계는 가묘에 참배한 뒤 아우 집에 들렀는데, 저물녘에는 동네 친지가 다 와서 가묘에 참배하고 설술을 마셨다. 1월 2일에는 아우와 조카 등과 함께 윗마을로 가서 재종숙인 김령을 뵙고 여러 친척을 만나보았다. 1639년 1월 1일에도 아우와 조카와 함께 가묘에 참배하고 설술을 마셨으며, 저녁에는 같은 마을의 금응훈(1540~1616년) 집안에 가서 가묘에 참배했다. 이튿날에는 김렴과 함께 윗마을로 가서 재송숙 이하 여러 친척을 만나고 설술을 마셨다.

요컨대 종가의 종자인 김광계는 1월 1일에는 대체로 종가의 가묘에 참배하고 종가가 자리 잡은 아랫마을에서 인사를 나누거나 같은 마을 금씨 집안 가묘에 참배했다. 이튿날인 2일에는 윗마을에 사는 김령 등 지파의 친족을 찾았다. 지파의 자손들이 자기의 집안 가묘에서 시작해 종가로, 작은 집에서 소종가인 큰 집을 거쳐 대종가로 거슬러 올라가면서 가묘 참배와 세배를 한 것과는 달리 대종가의 직계 자손들은 설날에 종가 가묘 참배에서 시작해 종가가 위치한 아랫마을 친족과 인사를 나눈 뒤 이튿날 지파 친족들이 사는 아랫마을을 찾아 세배를 했던 것이다.

4명절인 음력 1월 1일 설날, 청명절 한식, 음력 5월 5일 단오, 음력 8월 15일 추석 등에도 절사를 지내는 시기 전후로 광산김씨 친족들은 거인, 지례, 명암의 산소를 찾아 배소했다. 거인과 지례는 순서가 바뀌기도 했지만 명암은 항상 제일 나중에 절사를 올렸다. 이는 절사에서 모이는 범위와 이동 거리 및 당시 상황을 고려하되, 부모님 무덤과 윗대 선조들의 순서를 일정하게 의식한 결과였다.

한식에는 지례의 능동 재사와 거인 재사에서 묘사를 드렸다. 예컨대 1631년 3월 4일 한식에 김광계는 날이 저물었을 때 셋째아우와 함께 능동 재사로 가서 잔 뒤, 3월 5일에 묘사를 지냈다. 다시 3월 6일에 거인에서 제사를 지냈으며, 7일에는 아우와 조카들과 함께 명암동에 가서 성묘했다. 비가 올 경우에는 산소를 바라보면서 재사에서 망제望祭를 드렸다. 예컨대 1628년과 1639년에는 3월 4일에 비가 오자 아우와 조카와 함께 거인으로 가 재사에서 산소를 바라보며 망제를 지냈으며, 지례로 가서 잤다. 이튿날인 5일에는 지례 재사에서 망제를 올렸고, 6일에는 명암에서 아우들과 신위를 설치하고 제사를 지냈다.

단오절을 전후한 사례도 유사한데, 거인, 지례, 명암 순인 경우가 많았다. 1635년 5월 2일에는 거인 재사에서 산소를 바라보며 망제를 지냈다. 5월 3일에는 지례에서 성묘하고 5월 4일에는 비 때문에 산소에 오르지 못한 채 명암에서 제사를 지냈다. 1642년 5월 3일에는 거인 배소, 4일에는 지례 배소, 5일에는 명암 배소를 차례로 거행했다.

광산김씨 친족들은 '정조正朝, 이지二至, 삭망朔望에는 참례를 한다正至朔望則參', '속절俗節에는 시식時食을 올린다'고 한 『주자가례』의 규정을 일정하게 조정해 거행했다. 설날이나 추석에는 대체로 가묘에서 참례를 지내되 직전에 무덤에서 배소해 가묘와 무덤을 병행하는 양상을 보인 반면 기타 절사는 가묘보다는 재사에서 행하는 방식으로 변용된 양상을 드러냈다. 또한 2, 5, 8, 11월에 드리는 사시제와 4명절의 절사를 겹쳐 행할 때는 가묘와 재사를 병행하는 것을 일정하게 절충해 조정하는 양상이 드러나기도 했다.18)

추석 역시 비슷한 양상을 보여주고 있다. 보통 추석 때는 8월 13일의 거인, 14일의 지례의 능동, 15일의 명암동 순으로 진행되며, 명암동은 제일 마지막에 들러 절사를 드렸다. 지례의 능동, 거인, 명암동 순서라면 고조부 김효로, 증조부 김연, (생)조부 김부의, 선친 김해 순으로 4대봉사의 혈연적 계열화가 이루어지고, 거인, 능동, 명암동 순서라면 증조부 김연, (의)조부 김부필, 선친 김해 순으로 4대봉사의 의례적 계열화가 이루어진다. 양자의 순서가 혼합되는 것은 김부필의 김해 입후立後로 인해 김해의 생부와 계부가 나뉘기 때문에 양쪽을 다 모셔야 하는 김해와 김광계의 특수성에서 비롯되었다. 이러한 양상은 역시 입후로 종자가 되는 김순의에게서 더욱 확연해진다.19)

한식의 배소와 절사 역시 비슷해 거인, 지례, 명암 순이었다. 다만 연말 배소에서는 지례가 생략되는 경우가 가끔 등장하는데, 이는 친족이 순

---

18) 하수민, 『명절의 탄생: 한국 명절의 역사와 휴일의 변동 연구』(민속원, 2016년), 154~179쪽 참조.
19) 김정운, 앞의 논문 참조.

차로 돌아가며 담당했기 때문으로 보인다. 윤행봉사의 경우는 웃어른을 기준으로 삼아 세대에 따라 순차적으로 한 것일 가능성이 있다. 1637년 3월 11일처럼 국난을 비롯한 황급한 일이 있을 때는 산소에 올라가지 않고 가묘에서 간단히 전을 드리기도 했다.

참고로 조선에서는 종자를 기준으로 하는 4대봉사가 아니라 살아 있는 최장방最長房을 기준으로 4대봉사를 하는 경우가 많았다. 그러나 최장방이 제사를 모셔가는 것이 아니라 최장방을 기준으로 봉사 대수를 산정한다는 점에서도 『주자가례』와 달랐다. 이황은 기일과 묘제는 돌아가며 행해도 의리에 크게 해될 것이 없으며, 종자가 가난해 혼자 감당하기 어려워 제사를 지내지 못하게 된다면 도리어 시속을 따라 돌아가면서 행하는 것이 나을 듯하다는 입장을 갖고 있었는데, 광산김씨 가도 이에 따르고 있다.[20]

실제로 이황은 종법에 따라 신주를 모신 종자 집에서 기제를 지내는 것이 타당하지만 여의치 않을 경우 지자支子 집에서 지방을 붙여놓고 행하는 것도 괜찮으며, 무덤에 가까운 재실에서 행하는 것도 무방하다는 입장을 갖고 있었다. 그는 1557년 3월에 온계溫溪 노송정老松亭 뒤에 수곡암樹谷菴을 지으며 기록을 남겼는데, 거기서 제사 공간인 가묘廟와 장례를 지내는 무덤墓을 구별했다. 특히 신주를 모시는 가묘를 무시하고 사체를 안장한 무덤을 중시하는 시속時俗을 비판하면서 가묘를 중시하는 고례古禮에서 벗어나 종법의 원칙을 무너뜨리고 제례 형식을 제대로 실천하지는 못하는 문제점을 지적했다. 그러면서도 『가례』가 고례와는 달리 묘제墓祭도 무시하지 않는다는 점을 지적하는 한편 가묘의 제사는 종자만 할 수 있지만 무덤의 제사는 종자와 지자 모두 지낼 수 있다고 설명했다.[21]

---

20) 이하 논의는 김정운, 앞의 논문 참조.
21) 李滉, 『退溪集』 卷42, 「樹谷菴記」. "古者宗法大明, 葬於野而祭於廟, 宗子有四時之享, 則羣昭羣

기제와 묘제에 대해서는 지자나 지손의 윤행봉사 가능성도 제시했다.22) 종자가 가난해 홀로 감당할 수 없을 경우 제사를 폐하기보다는 윤행봉사가 낫다는 관점도 명확하게 제기했다.23) 그는 기제를 주인主人 집에서 지내도록 정하되 지자나 딸은 제물을 마련하는 것을 돕는 것이 좋겠다는 관점을 제시했다. 그러나 기제와 절사의 제사를 종자만 지낼 수 있고 지자는 지낼 수 없게 되면 중자손들이 조상을 제사하는 예를 완전히 잊어버리게 되므로, 그보다는 차라리 윤행봉사가 낫다는 것이 이황의 관점이었다.

광산김씨 가에서는 실제로 이 예에 따라 증조부모 제사를 일휴당, 설월당, 지례 재사, 방잠 재사, 후조당 등에서 지내기도 했고, 윤행봉사에 외손봉사가 포함되기도 했다. 예컨대 1604년 12월 6일의 증조부 기제와 1609년 4월 12일의 증조모 기제는 일휴당에서 이루어졌다. 또한 김효로 부부의 제사는 무덤이 능동에 있으므로 지례의 능동 재사에서 드리는 것이 바람직하지만 경우에 따라서는 방잠 재사에서 지내기도 했다.

제사는 사당의 신주를 중심으로 하는 것이 원칙이었지만 돌림병이 유행할 때는 재사에서 하기도 했다. 예컨대 김령의 경우에는 설월당에서 제사를 준비해서 봉행해야 했지만 돌림병이 유행할 때는 방잠 재사나 능동 재사 등에서 거행했다. 특히 김효로의 기제사를 주로 재사에서 지낸 것은 윤행봉사를 하면서도 종자는 가묘에서 제사를 지내지만 종자와 지자는 분

穆咸得以展誠, 故雖支子不祭, 祭不就墓, 而人情安焉. 至於後世, 宗法壞而祭禮缺, 忽廟崇野之俗有作, 程朱之興, 述古禮重廟祭. 然而墓祭之法載在『家禮』而不廢, 因時損益, 不得已也. 今我聖朝以孝爲治, 士大夫家無不立廟. 蓋勞骩有宗法之遺意, 故唯宗子得祭於廟, 而墓則宗子支子皆可以祭也. 古禮未易卒復, 而人情所不能昰. 此今日墓祭之所以盛行也. 夫旣祭於野, 則齊戒滌濯, 宜有其所, 釜鼎牀席, 宜有其藏, 典守之人又不可無所於寓. 此又齋舍之所以不得不作也. 惟世之爲是者, 或出於侫佛求福之意, 則大不可."

22) 李滉,『退溪集』卷29,「與金而精」.
23) 李滉,『退溪集』卷39,「答鄭道可問目」.

묘에서 함께 제사 지낼 수 있다는 원칙을 고려한 것으로 보인다.

조선중기 광산김씨 가의 의례적 실천은 17~18세기까지 지속적이고 점진적으로 양측적 친족 관계에서 부계 적장자 중심의 친족 관계로 이행하는 과정에서 전래의 의례적 관습에서 종법적 의식과 『주자가례』의 실천으로 변화하면서도 정례와 속례가 병행된 양상을 분명하게 보여준다. 특히 가묘와 재사 또는 무덤, 신혼과 체백, 『가례』와 속례의 병행 양상은 조선적 가례의 실천으로 주목할 만하다. 따라서 광산김씨 가의 의례적 실천은 16세기말부터 시작되어 17세기 전반부터 본격화되어 18세기까지 지속적으로 이행하는 흐름, 곧 2~3세기 이상 장기간에 이루어진 의례적 실천의 변화 과정을 통해 이행과 병행의 양상을 잘 보여준다고 할 수 있다.

특히 사시제나 절사 때 동일한 조상을 모시는 가 단위로 해당 친족 모임을 거행하는 것은 의례 공동체의 범위가 동일한 조상을 함께 모시는 친족 단위로 설정되는 종법 의식의 반영이며, 설날의 절사와 세배가 자기 집에서 절사를 지낸 뒤 차례로 조부모 후손 간의 세배, 고조부모 후손 간의 세배로 확산하는 것은 아버지, 할아버지, 증조, 고조로 거슬러 존재의 시원을 확인하는 신년의례의 순례화라고 할 수 있다.24) 절사나 배소에서도 대체로 증조부, 조부, 선친이라는 순서가 지켜지는 것도 이러한 의식의 반영으로 볼 수 있다.

3   외내 마을의 공동체 생활과 동약 재건

1) 김광계와 김화의 동약 재건

김광계는 도산서원과 역동서원 등에서 활발하게 활동했으며, 향촌 내

---

24) 박종천, 「'계암일록'에 나타난 17세기 예안현 사족들의 의례생활」, 205~207쪽; 김정운, 앞의 논문, 98~99쪽 참조.

지역 공동체의 운영에도 주도적으로 참여했다. 특히 김부필, 김부륜, 김기 등을 중심으로 제정된 동약洞約과 향약의 전통을 계승하고 발전시켰다. 그는 탁청정 계의 김확金碻(1583~1665년)과 더불어 16세기말에 김부필을 비롯한 오천 7군자가 제정하고 김부륜이 중수한 동약과 동계를 17세기 전반의 상황에 맞게 재정비했다.

외내 마을의 동계洞契는 '오천 7군자'를 중심으로 외내에 모여 살던 광산김씨와 봉화금씨 등의 친족이 조직한 마을 공동체 조직으로25), 16세기말 김부륜을 중심으로 동중洞中이 합의해 선대의 옛 동규를 수정하고 보완한 것이었으며26), 김부필의 후조당계회後彫堂契會도 비슷한 맥락에서 만들어졌다.27) 이러한 흐름을 김기가 계승했으며, 하층민도 상부상조의 영역에 포함해 상하인 공동 약속의 조선적 향약으로 재구성하고 주자의 사창제社倉制를 동계와 결합해 환난상휼의 기능을 활성화시킴으로써 마을 차원의 사회적 안전망을 강화했다.28)

김광계는 이러한 전통을 계승해 향약을 지속적으로 연구하고 수정했으며, 마침내 동약과 동계를 재건했다. 먼저 그는 지속적으로 향약책을 고쳐 쓰고 향약 조목을 수정해 정리했다. 1634년에는 여러 친족과 함께 향약책을 고쳐 썼다.29) 1635년에는 12월 9일에 역동서원에 가 12월 10일에는 김확과 더불어 향약 조목을 수정해 정리했으며, 12월 11일에는 향약 조목을 남들에게 옮겨 쓰도록 했다.30) 이외에도 지역 공동체 활동에 적극

25) 이하 내용은 박종천, 「조선시대 예안 광산김씨의 친족활동」, 102~107쪽 참조.
26) 金富倫, 『雪月堂集』, 卷4, 「雜著·洞規後識」, 15b, "顧吾洞自先世, 上有和睦之風, 下無頑慢之習. 年代久遠, 子孫衆多, 主私其奴, 人私所親, 安保其長存舊俗也."
27) 『後彫堂集』 卷3, 「書後彫堂契會錄後約條刪補」 참조.
28) 김용덕, 「김기 향약 연구」, 향촌사회연구회 편, 『조선 후기 향약 연구』(민음사, 1990년) 참조.
29) 『梅園日記』(1634년 윤8월 17일). "午後, 汝熙兄·而實·孟堅·礎姪來, 改寫鄕約冊."
30) 『梅園日記』(1634년 12월 9일, 10일, 11일). "九日乙酉, 而實德溫往溪上, 余則直來易院, 二友

참여하면서 마을과 고을의 공동체 질서를 다듬고 재구성하는 작업에 열심이었다.

이렇듯 지속적으로 이루어진 향약 연구와 수정은 자연재해 사태에 대한 공동 대처의 필요성이 제기되면서 자연스럽게 마을 차원의 사회적 안전망을 재정비하는 동약 재건으로 이어졌다. 『매원일기』에 의하면, 1642년 11월 19일 저녁에 김광계를 비롯한 동중洞中이 모였다가 11월 20일 아침에 금씨 숙부 댁에서 재집결해 동약 재건洞中立約條과 창고의 곡식 저장儲倉穀之事 등의 일을 공동으로 처리하기 위해 기금을 마련하고 동약을 정비했다.

> 아침에 금씨 아재 집에 모였다. 마을에서 동약의 조목을 세우고 창고에 곡식을 저장하는 일은 곧 선유先儒[朱子]가 사창社倉을 실시한 취지인데, 폐지되어 실행되지 않은 지 이미 20년 남짓이니, 모두 옛 제도를 다시 세우기로 의논해 이실而實[김확]과 나를 유사有司로 삼았기 때문에 일제히 모여 수조收租한 것이다.31)

동중에서 동약을 새롭게 중수한 일차적 관심은 흉년이 들어 식량 부족 사태가 일어나는 것에 대비하기 위한 것이었다. 실제로 이러한 우려 때문에 마을 사람들의 모임이 소집되었으나 상황이 여의치 않기 때문에 대신 마을 친족洞親들은 동회洞會를 열고 약조約條를 상의해 식량 부족의 2차 원인인 곡식 도둑질을 엄하게 금하는 약조를 먼저 정했다.32) 특히 후

至夜乃來. 伯達景張春卿子善諸人亦來." "十日丙戌, 德品諸人去, 與而實修整鄉約條件." "十一日丁亥, 德品又來. 使人繕寫約條."

31) 『梅園日記』(1642년 11월 20일). "二十日丙戌, 朝會于琴叔家. 洞中立約條·儲倉穀之事, 乃先儒社倉之遺意也, 而廢格不行已二十年餘, 僉議復立舊制, 以而實及我爲有司, 故齊會收租也."

32) 『梅園日記』(1643년 7월 26-27일). "二十六日」比, …… 有相議事, 往灌淸亭, 而諸人皆不

조당 가의 김광계와 탁청정 가의 김확이 주도해 농작물의 도둑질을 금하는 동약의 약조를 공포했다.

> 또 비가 내렸다. 밥을 먹은 뒤 이실 및 여러 사람과 함께 모여 동약 조목을 세워 농작물의 도둑질을 금했다. 해마다 크게 흉년이 든 데다 올해 농사가 더욱 흉년이라 들판에 곡식 단을 훔치는 도둑이 많기 때문이다.33)

요컨대 16세기 이후 1세기 이상 지속되다가 17세기 전반에 20여 년간 중단된 외내동계 또는 외내동약은 1642년에 후조당계의 김광계와 탁청정계의 김확 등을 중심으로 광산김씨와 봉화 금씨 친족이 모여 재건되었으며, 1643년에 흉년에 대비해 사회적 안전망 확립을 위한 엄금 조항을 강화하면서 재정비된 것이었다.34)

2) 17세기 동약이 중단되고 재건된 역사적 배경

그렇다면 왜 17세기 전반에 기존의 동계 또는 동약이 중단되었을까? 이에 대한 해답을 모색하기 위해서는 광산김씨 성회姓會의 시작과 중단, 재개와 종결의 이유를 고려할 필요가 있다. 구담의 광산김씨들과 오천의 광산김씨들이 함께 모였던 성회는 공동의 조상 제사와 족보를 공유하지 않았다는 점에서 인접 지역의 성친姓親들이 결합한 느슨한 형태의 초기 화수회花樹會라고 할 수 있다. 17세기 전반은 임진왜란(1592~1598년)이 종

來. 唯德興兄·而實兄弟·庶叔來, 不果論議, 向晚皆散. 以直自聞韶來." "二十七日戊午, 洞親皆來會, 商議定約條, 痛禁禾穀之賊."

33) 『梅園日記』(1643년 8월 4일). "四日 乙丑. 又雨. 食後. 與而實及諸人相會, 立約條禁禾谷賊, 以連年大侵, 今年尤甚, 田野多草賊故也."

34) 『梅園日記』(1642년 11월 20일). "二十日丙戌, 朝會于琴叔家, 洞中立約條·儲倉穀之事, 乃先儒社倉之遺意也, 而廢格不行已二十年餘, 僉議復立舊制, 以而實及我爲有司, 故齊會收租也."

결되어 새로운 향촌 질서 재정립에 나선 시기였으나 1623년의 인조반정, 1627년의 정묘호란, 1636년의 병자호란을 거치면서 국내외적으로 갈등과 전쟁이 빈번해 불안정한 시기였다. 이로 인해 1603년에 시작해 1622년 이후 인조반정으로 잠시 중단된 광산김씨 성회는 1635년에 재개되었으나 병자호란으로 인해 결국 다시는 열리지 못하게 되었다.35) 1642년의 동약 재정립 당시에는 이미 광산김씨 성회가 폐지된 지 7년째로, 1623년의 인조반정으로 광산김씨 성회가 중단된 시점으로부터 20년째 되는 해였다. 따라서 성회의 중단과 동약의 중단은 시기적으로 거의 동시에 이루어졌다고 볼 수 있다.

그런데 김광계가 김확과 함께 향약 연구와 수정에 몰두한 1634년과 1635년은 인조반정과 정묘호란의 국내외적 여파를 극복하고 성회를 새롭게 재개하려는 움직임이 시작되던 시점이었다. 따라서 김광계와 김확의 향약 연구는 성회의 재개와 더불어 동약도 수정, 보완해 재정립해야 할 필요에 따라 이루어진 것이라고 할 수 있다.

그러나 동약의 온전한 재정립은 1642~1643년에 와 이루어졌다. 이 시점은 16세기 중반 서울 정릉동의 김계휘와 김장생 등과 오천의 김부필과 김부의 등이 결성한 정릉동계회와 더불어 17세기 구담 쪽 성친들과 연결된 광산김씨 성회의 경우처럼 특정한 조상을 함께 제사하지는 않지만 일정한 유대 관계를 지속하는 광역화된 종족 간 친족 모임이 모두 해체되고 난 다음이다.

특히 17~18세기는 전쟁 직후 전염병, 대기근, 홍수 등 각종 자연재해가 급증한 시기였다. 그런데 정릉동계회와 성회처럼 광역화된 종족 모임은 전쟁이나 재난에 함께 대처할 만한 네트워크 기능을 수행하기에는

---

35) 박종천, 「조선시대 예안 광산김씨의 친족활동」, 115~118쪽 참조.

적합하지 않았다. 각종 재난에 현실적으로 대응하기 위해서는 지역적으로 떨어진 친족 간의 광역화된 종족 간 연대를 구축하기보다 마을 내부 결속이라는 사회적 안전망을 강화하는 것이 훨씬 더 효율적이었고 시급했다. 따라서 광산김씨 예안파 사람들은 성회를 재구축하기보다는 16세기 후반 '오천 7군자'가 조직해 17세기까지 계승되었던 외내동계와 후조당계회를 중심으로 마을 단위에서 동약을 재정립하는 데 노력을 집중했던 것이다.

17세기 중반, 광산김씨 가의 동약 재건은 광역화된 초기 화수회보다 혈연적으로 가까운 친족이 집단 거주하는 마을 단위의 공동체 활동이 사회적 안전망을 구축하고 정치사회적 혼란과 각종 재난에 대응하는 데 훨씬 더 효율적이었던 사실을 잘 보여준다.

4 술수의 활용과 일상적 풍속: 점복, 택일, 사주, 풍수

1) 자연재해와 관련된 속신과 문복의 권도

일상적 풍속의 또 다른 단면은 점복과 풍수 등의 술수 활용에서 잘 드러난다. 유학은 수양론적 태도를 취하면서 기복양재祈福禳災를 비판했기 때문에 점복은 기본적으로 타파해야 할 미신의 범주에 들어갔다. 그러나 인간의 합리적 판단과 해결 능력을 넘어서는 문제 상황에 봉착했을 때는 불가피하게 권도權道적 방식이 고려되었다. 기본적으로 점복은 함부로 해서는 안 되는 것이었으며, 특히 기복적 목적을 이루기 위해 무당이나 점쟁이에게 문복問卜하는 것은 사대부가에서는 수치스러운 일이었다. 그러나 사대부가에서도 사적 차원에서 술수가 매우 성행했고, 정부에서도 권도 차원에서 맹인을 위한 제도적 배려로 문복의 권리를 일정한 한계 내에서 용인하면서 관리하고자 했다.36)

실제로 조선중기에 예안과 안동 지역에서도 가뭄을 비롯한 위기 상황이 지속될 때 소경 점쟁이의 예언을 경청하는 분위기가 있었다. 예컨대 1638년 5월, 지속되는 가뭄으로 인해 걱정이 많던 김령은 4월 24일과 5월 2일과 3일에 비가 올 것이라는 예언에 신경을 쓰면서 4월에는 비가 오더니 5월에는 비가 오지 않자 조금 실망했다.37)

당시 외내 마을에서는 매년 보리농사를 지었는데, 풍수해風水害나 충해蟲害를 당하기도 했으며, 가뭄에 대한 걱정도 자주 했다. 당시에는 풍수해, 충해, 한발 등에 대한 우려로 초하루에 비가 내리면 농사에 좋지 않다거나 음력 4월에 관백貫白이 되면 가뭄이 든다는 등의 민간 속신俗信이 유행했다.

금년 보리가 처음에는 대단히 좋았는데 충해蟲害를 입었다. 비가 넉넉하게 내려 벼가 모두 이삭이 나왔는데 곳곳이 모두 그러하고, 높고 메마른 곳은 더욱 좋았다. 4월에 관백이 되면 가뭄이 든다는 것은 믿을 수 없는 말이다.38)

맑음. 올해 보리는 처음에는 매우 이삭이 잘 나왔었는데, 수확할 때가 되니 퍽 부실해 소출이 작년만 못했다. 비가 자주 와 모내기는 제때 할 수 있어 무논 곳곳에 푸른 벼가 심겨져 있다. 칠팔월 사이에 만일 바람과 비로 인한 재해가 없다면 나락은 틀림없이 잘 익을 것이니, 기쁜 일이다. 음양흑백으로 표시해 매달의 방위를 정할 때, 반드시 상중하의 세 단계가 있고 매 단계에는 반드시 3행이 있는데, 중위에 백白이 세 개가 연이어 행하게 되는 것을 관백貫白이라고 한다. 세속에서 말하기를 4월에 관백이 되면 그 해에는 반드시 가뭄이 든다고 한

---

36) 사대부가에서 기복양재 차원에서 술수를 활용하고 국가적 차원에서 권도 차원에서 술수를 활용한 양상에 대해서는 각각 이문건의 『묵재일기』와 이능화의 『조선무속고』를 참조하라.
37) 『溪巖日錄』(1638년 5월 3일) 참조.
38) 『溪巖日錄』(1611년 6월 13일). "十三日, 今年麥初極好, 損於雨澤足禾極秀, 處處皆然, 高燥處尤好, 四月貫白旱之說, 不可徵也."

다. 이제 4월이 이렇게 관백이 되었지만 비가 더욱 흡족하게 왔으니, 이 말은 믿을 것이 못된다.39)

비가 내렸다. 아침에 가묘에서 전례奠禮를 올렸다. 세속에서는 '초하루 비는 농사에 좋지 않다'고 하고, 또 4월 관백은 옛날부터 어떻고 어떻다 하는데, 오늘 마침 그 말과 같으니 염려된다. 민간에서는 대기근이 들어 다들 소나무 껍질로 목숨을 이어간다. 시장에서 무명 한 필 값이 쌀 두 말 닷 되나 된다.40)

맑음. 가뭄 기세가 심해지려고 하는데, 4월에 관백이 된 때문인가.41)

〈표 1〉 관백

7赤	3碧	5黃
6白	8白	1白
2黑	4綠	6紫

인용문에 명확하게 나타나듯이, 김령은 4월 관백은 흉하다느니, 초하루 비는 농사에 좋지 않다느니 하는 민간의 속신에 신경을 많이 썼다. 전통적으로 술가術家들은 『주역』「건착도乾鑿度」에 나오는 '태을행구궁법太

39) 『溪巖日錄』(1617년 6월 13일). "十三日, 晴. 今年年麥初甚秀茂, 比其收也, 殊不實, 所出不數於去歲矣. 雨澤頻數, 移秧及時, 水田處處, 靑稻交加, 七八月間, 若無風雨爲災, 秋稻必稔矣, 可喜. 陰陽黑白, 每月方位, 必有上中下三級, 而每級必有三行中位三白連行, 則謂之貫白, 俗云四月貫白, 其年必旱. 今四月乃爾, 而雨愈洽, 此言不信也."
40) 『溪巖日錄』(1620년 4월 1일). "一日, 雨. 朝行家廟奠禮, 俗謂初一日雨, 於農未宜, 且四月貫白, 古所云云, 今適如此可慮, 民間大飢, 皆以松皮爲命, 場市木 一正直, 米二斗五升."
41) 『溪巖日錄』(1626년 5월 27일). "二十七日, 晴. 旱氣欲盛, 四月貫白之故歟?"

乙行九宮法'에 따라 3행 3열의 낙서洛書 구궁九宮에 1부터 9까지 숫자를 배열하는데, 구궁 가운데 중궁中宮을 중심으로 가운데 줄이 모두 백白으로 표시되는 6, 8, 1이 되었을 때를 '관백貫白'(〈표 1〉)이라고 했다. 김령은 4월 보리농사의 흉작, 가뭄, 대기근 등의 자연재해 문제를 민간의 이러한 속신과 연결 지어 우려하는 모습을 생생하게 기록했다. 특히 1610년대 농사 작황이 좋을 때는 민간의 속신에 대해 합리적으로 비판했으나 1620년대 이후 흉작, 가뭄, 기근 등의 불행한 재난 상황이 현실화되었을 때는 민간의 속신이 맞는 것인가 하는 염려에 마음이 흔들리는 모습이 역력했다.

 더욱 중요한 대목은 이러한 자연 재해가 사회 문제로 연결되어 확대된다는 점이다. 김령은 천재天災가 인재人災로 번지는 문제점을 적확하게 지적했다. 예컨대 그는 1620년 대기근으로 인해 민간에서 소나무 껍질로 겨우 연명하는 상황에서 시장의 물가가 오르는 참상을 보면서 깊은 관심과 우려를 표명했다. 이렇듯 김령은 천재가 인재로 번지는 참상에 대한 합리적 비판의식과 더불어 자연 재난을 민간 속신과 연관 지어 걱정하는 감성적 우려를 함께 보여주고 있다. 이는 김령 개인뿐만 아니라 광산김씨 예안파와 예안 지역 사족들의 일반적 모습이기도 했다. 김령의 사례를 통해 우리는 유교적 신념과 비유교적 속신 사이에서 유학자의 의식과 풍속이 엇갈리는 양상을 확인할 수 있다.

2) 혼사택일에 집중된 점복의 양태

 광산김씨 가에서 점복에 대해 보여준 관심은 주로 혼사택일에 집중되었다. 『계암일록』을 보면, 광산김씨들은 혼사택일을 위해 점쟁이에게 문의했다. 예컨대 1636년 10월 15일에는 성산허씨 집안에서 인편으로 혼인 날짜를 11월 27일로 잡았는데 의견이 어떤지 문의하는 연락이 왔다.42) 다음날 김령은 큰 아들의 혼사택일을 위해 소경 점쟁이卜者 이태남李泰男

에게 물어 "10월 21일이 가장 좋은 길일이고, 27일은 쓸 수 없으며, 납월 臘月(12월) 초3일이 다음으로 좋은 길일입니다"라는 답변을 들어 사돈댁에 전했다.43)

『계암일록』에는 점쟁이를 청해 혼사택일을 하는 사례가 여러 번 나온다. 특히 소경 점쟁이인 이태남은 외내 마을의 전속 점쟁이었던 것으로 보인다. 예컨대 1607년 12월 12일에는 김지金址(1551~1619년)가 딸의 혼사에 대한 택일을 위해 이태남을 불러 점을 치게 했고, 외내 마을의 친족뿐만 아니라 용궁에 사는 누이까지 김령 집으로 모였다.44) 이는 택일을 위한 점복이 온 집안의 관심사였음을 잘 보여준다.

흥미로운 대목은 소경 점쟁이도 유교적 가치에 충실했다는 점이다. 저녁에 친밀하게 이야기를 따로 나눌 정도로 점쟁이와 친분이 깊었던 김령은 이태남이 스승인 이충복李忠福의 기일 제사와 사모師母의 생일에 참석하는 정성스러운 마음에 감명을 받고 칭송했다.45) 스승을 향한 정성은 성리학적 관점에서도 칭송받을 만한 것이었다. 이태남에 대한 김령의 칭송은 점쟁이가 점복의 기능으로만 평가되는 것이 아니라 도리를 실천할 때 진정한 인간적 교류가 가능한 상대로도 인정받고 있었다는 점에서 주목할 만하다.

더욱 중요한 대목은 점복이 혼사택일이라는 영역에 한정되어 나타난다는 점이다. 조선전기에는 술수에 대한 사회적 관심이 컸다. 예컨대 이문건李文楗(1494~1567년)의 『묵재일기』에는 갖가지 목적으로 점복이나 굿이 실행되는 모습이 자주 등장한다. 이에 비해 외내의 광산김씨들은 주로

---

42) 『溪巖日錄』(1636년 10월 15일).
43) 『溪巖日錄』(1636년 10월 16일).
44) 『溪巖日錄』(1607년 12월 12일) 참조.
45) 『溪巖日錄』(1627년 10월 15일, 1632년 10월 15일) 참조.

혼사택일에 대해 친분이 있는 점쟁이를 청해 집중적으로 문복했다. 적어도 공식 기록상으로는 병의 치료나 시험 합격이나 축재蓄財 등을 위한 문복이 나오지 않는다. 이는 예속화禮俗化의 진전에 따라 비합리적이고 주술적 방식의 술수 또는 점복이 혼사택일이라는 상당히 제한된 영역에 국한되었음을 의미한다.

3) 대정수와 성점 등이 적용된 현존 최고의 사주 감명지

후조당 종택 소장 고문서 중에는 김연의 사주四柱 감명지鑑命紙가 소장되어 전승되고 있다. 김연은 58세 되던 1544년 음력 9월 23일에 졸했으므로46), 이 감명지는 1544년 이전에 작성된 것이 분명하다. 만약 이후에 작성되었다면 김연 사후 시기에 대한 풀이가 나올 수가 없다. 특히 57세인 계묘癸卯년부터 감명이 시작되는 것으로 보아 1543년 또는 직전인 1542년 말에 작성된 것으로 추정된다. 따라서 이 사주 감명지는 『대정수大定數』 또는 『범위수範圍數』47), 『대명수大明數』48) 및 성점星占 등을 활용한 현존 최고最古의 사주 감명지로 추정된다. 유희춘柳希春(1513~1577년)이 대정수로 직접 운명을 추산한 사례49)처럼 본인이 직접 자기 운명을 추산했을 가능성도 배제할 수는 없지만 그보다는 세종12(1430)년 상정소

---

46) 金緣, 『雲巖逸稿』, 「年譜」 참조.
47) 이수동, 「조선시대 명과학 시험교재 『범위수』의 이론체계와 추명방식 고찰」, 『원불교사상과 종교문화』 제58집(원광대학교 원불교사상연구원, 2013년) 참조.
48) 『明宗實錄』 명종 4년(1549년) 4월 27일조 참조. 당시 조정의 추국推鞫 과정에서 사주 운명 감정에 『대명수』가 쓰인 사실을 확인할 수 있다.
49) 유희춘은 1576년 4월 10일에 아들의 운수를 살펴보기 위해서 대정수 하반下半의 수를 『주역』의 둔괘遯卦의 육이효六二爻로 작괘해 풀이한 바 있다. 그는 이 운수풀이에 따라 아들 경렴景濂이 1556년 성혼 후 부부가 별거하다가 1576년 20년 만에 벼슬을 그만두고 물러나려 하자 허락했다. 柳希春, 『眉巖集』 卷13, 「日記」(1576년 4월 10일). "以景濂每有休官歸侍膝下之志, 又光延懶書, 亦不可無父之監督. 余有欲許其退之意, 今日考其大定數下半, 遯之六二, 執之用黃牛之革, 莫之勝挩. 又丙辰年成婚, 而其後每離南北, 今年丙子, 恰是二十年, 豈非數歟?"

에서 관상감 관리 선발 취재 명과학 시험과목 중 『범위수』와 『대정수』 등이 채택된 것을 고려할 때 명과학命課學 교수가 김연의 사주를 추명한 것으로 추정된다.50)

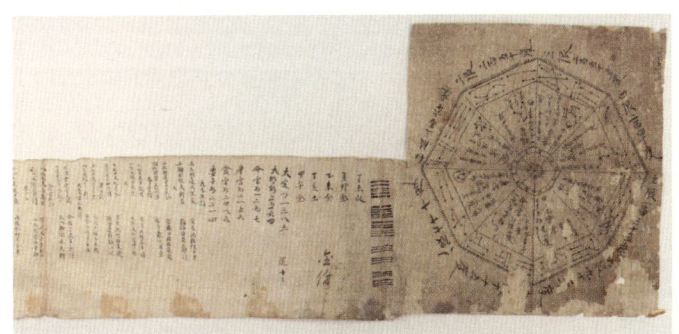

〈그림 2〉 김연의 사주 감명지(1542~1543년 이전)

그런데 이 감명지는 현재 사주를 추명하는 방식 중 가장 널리 알려진 자평명리子平命理가 아니라 대정수, 범위수, 대명수 및 성점 등을 활용해 만든 것이라는 점에서 더욱 가치가 높다. 실제로 김연의 사주 감명지는 자평명리학 방식처럼 사주를 음양오행의 상생상극 작용으로 운명을 판단하지 않고, 대정수 또는 범위수에 따라 사주의 천간과 지지를 선천수 범수範數와 후천수 위수圍數를 활용한 수로 환산한 다음 그것을 다시 『주역』의 방식대로 작괘해 운명을 추산하는 방식이다. 1,000단위 연주는 조상, 100

---

50) 조선전기 성명복과星命卜課의 취재 과목 중에 성명서星命書로서 『대정삼천수』와 『범위수』 등이 『紫微數』, 『皇極數』, 『袁天綱』, 『五行精記』, 『前定易數』, 『應天歌』 등과 함께 취재 과목으로 지정된 사실을 확인할 수 있다. 『세종실록』 세종12(1430)년 3월 18일조 참조. 18세기 성주덕成周悳(1759~?)의 『書雲觀志』 권4, 『書器』에서도 『袁天綱五[三은 五의 오기임]星三命指南』 10권, 『徐子平三命通變淵源』 2권, 『範圍數』 2권, 『應天歌』 4권 등의 서명이 기록되었다. 조선전기 명과학 교과목은 『袁天綱』, 『徐子平』, 『應天歌』, 『範圍數』, 『尅擇通書』, 『三辰通載』, 『大定數』, 『六壬』, 『五行精記』, 『紫微數』, 『玄輿子平』, 『蘭臺妙選』, 『星命摠話』 등이었다. 『經國大典』 卷3, 「禮典」 〈取才〉 참조.

단위 월주는 부모와 형제, 10단위 일주는 자신, 1단위 시주는 자손을 본다.

〈표 2〉 김연의 사주 명식과 납음오행

四柱	大運	時	日	月	年
干支	甲午	丁亥	乙未	癸卯	丁未
納音五行	金	土	金	金	水

이 감명지는 사주와 대운大運에 납음오행納音五行을 활용하는 구체적 감명 방식의 실제 사례를 잘 보여준다. 연주年柱 정미丁未의 납음오행은 천하수天河水, 월주月柱 계묘癸卯의 납음오행은 금박금金箔金, 일주日柱 을미乙未의 납음오행은 사중금砂中金, 시주時柱 정해丁亥의 납음오행은 옥상토屋上土, 대운大運 갑오甲午의 납음오행은 사중금砂中金이다. 또한 대정수, 대명수, 명궁수命宮數, 신궁수身宮數, 식궁수食宮數, 처자수妻子數 등을 산출해 운명의 각 항목을 논하는 한편 시결詩訣 형식으로 운명의 각 항목을 은유적으로 압축해 풀이하고 있다. 이런 방식으로 산출한 김연의 명맥합수命脈合數는 5840, 7008이며, 평생합수平生合數는 2895이다. 아울러 10년 대운과 1년 세운世運을 각각 5년과 6개월씩 상반기와 하반기로 나누어 감명하고 있다. 예컨대 김연의 57세 정유丁酉대운의 운수는 1409, 2607의 좋은 대운이며, 졸했던 계묘년은 연수가 2642, 범수가 1477로 길한 운이지만 상황에 따라 위기를 맞을 수 있는 세운이 나온다.

〈표 3〉 김연의 성점 명식

限	地支	天干	宮	성星의 각도와 수數	각도
1	卯	壬	食宮	三台甫星二十五度 厙姑星八度 一萬五十數	360°
2	寅	癸	福	(紫)薇星十一度 五鬼星七度 一千七百五十數	250°

228

3	丑	空	苗妻子	天貴星二十三度 五鬼劫星六度 ?星四度 三百五十四數	255°
4	子	甲乙	兄弟	冠布七星七度又八度 花?星四度 五百七十六數	240°
5	戌亥	丙	奴僕	五廟龜星十八度 ?星五度 五萬七百六十數	135°
6	申酉	丁戊	田宅	五廟箕星[十九]度 尾二度 七十五數	90~ 20°
7	午未	己	命宮	五廟木星三十三度 句陳四度 一千四百七十數	80~ 15°
8	辰巳	庚辛	身宮	冠帶六陣星十二度 六九囚星五度 一萬六百六十數	70~ 10°

한편 이 감명지에는 현재로서는 정체를 확정짓기 곤란한 특이한 성점 星占(〈그림 2〉와 〈표 3〉)이 나온다. 성점은 조선시대에 중국에서 유입된 오성술五星術, 과로성종果老星宗, 칠정사여七政四餘, 자미두수紫微斗數 등과 성星과 궁宮에서 일부 유사한 용어들이 나오지만 서양 점성술의 근간이 되는 황도12궁 방식이 아니라는 점에서 분명하게 다르고, 중궁中宮을 포함한 구궁九宮의 포국 방식을 채택한 점에서는 기문둔갑奇門遁甲과 유사하지만 사용되는 전문 용어가 상당히 차이가 난다. 대한大限별로 각도를 추산하고[51] 중궁을 제외한 8궁에 천간과 지지를 배치하고 운명과 연관된 궁宮마다 연관되는 각종 별이 위치하는 것으로 보아 성점을 병행해 운명을 추산한 것으로 생각된다.

4) 조선판 보드게임: 김령의 「종정도」놀이

한편 김령의 『묵재일기』에는 광산김씨 일족이 '승경도陞卿圖'로도 불

---

[51] "初限 三百六十度, 二限 二百五十度, 三限 二百五十五度, 四限 二百四十度, 五限 一百三十五度, 六限 九十(二)十度, 七限 八十五度, 八限 七十十度"

리는 「종정도從政圖」 놀이를 즐긴 사실이 기록되어 있다. 당시 즐겼던 「종정도」 실물(〈그림 3〉)은 후조당에서 소장해 왔다가 현재는 한국국학진흥원에 기탁되어 있다. 「종정도」는 윤목輪木을 던져 하는 놀이로, 하륜河崙(1347~1416년)이 관직의 체계를 본떠 9품부터 1품까지 이르는 놀이로 만든 것인데, 윤목의 여섯 면에는 각각 덕德, 재才, 근勤, 감堪, 연軟, 빈貧이 새겨져 있다. 이 놀이는 윤목을 던져 덕이나 재가 되면 벼슬이 올라가고 연이나 빈이면 벼슬이 내려가거나 그만두는 등 벼슬길을 본뜬 조선판 보드게임이었다.

〈그림 3〉 광산김씨 가의 「종정도」

조선시대에는 「종정도」 놀이가 운수에 따른 요행을 바란다고 해 일부 학자들이 비판하기도 했지만 관직 체계를 익히거나 향학열을 북돋는 데 도움이 된다고 생각해 사용하는 사람들도 많았다. 실제로 『묵재일기』의 1638년 1월 20일 기록을 보면, 계회契會 중에 윤목을 던지면서 「종정도」 놀이를 즐긴 사실이 확인된다.52) 아마도 신년 초에 외내 동친洞親이 모여

---

52) 金𥖫, 『默齋日記』(1638년 1월 20일). "聞晦卿丈來堤川宅, 食後見琴景益·金欽卿·益谷叔·而愼兄·孟堅叔·士益, 亦次次來會. 契中有事, 故往元卜家, 日夕歸堤川宅, 伯達叔亦來, 擲從政圖, 夜深乃散見洪僉正有煥于堤川宅."

동계를 열면서 「종정도」를 함께 즐겼던 것으로 추정된다. 『성종실록』에는 홍문관 관리들이 밤새 「승경도」를 하느라고 밤샘을 한 기록이 있는데, 외내에서는 아무 때나 재미로 즐긴 것이 아니라 절기를 맞아 외내 동친들이 모이거나 동계를 하던 때 우의와 친목을 다지는 방법으로 사용된 것으로 추정된다.

5) 풍수에 대한 관심과 음택 길지의 선정

광산김씨 일족은 음택 풍수에도 상당히 신경을 썼다. 이러한 집안 내력에 따라 김광계도 풍수에 대한 관심이 깊었다. 이 때문에 실제로 문형도 文亨道를 비롯해 유명한 지관이 무덤 자리를 직접 감평하는 간산看山 현장에 친족들과 함께 따라 나서기도 했다. 문형도 외에도 오여전吳汝㮚과 승려 법기法器 등이 당시 이 지역의 지관으로 유명했다. 김광계와 광산김씨 일족은 이들 지관들과 교유하고 함께 간산하면서 대대로 길지吉地를 찾기 위한 노력을 지속적으로 기울였다. 심지어 며칠간 지관과 함께 간산을 위해 외유를 하는 경우도 있었다.

> 권인보權仁甫가 지관相地人 문형도와 함께 지례로 가서 산소 자리를 살펴본다고 해 나도 뒤따라갔더니, 자개, 이실, 이건도 벌써 와 있었다. 여러 산을 두루 살펴보고 저녁에 돌아왔다.53)

> 아침에 가서 사수士修 형을 만나 보았다. 생원 재종숙도 왔다. 중 법기라는 자가 풍수를 꽤나 잘 알아 사수 형이 산소 자리를 정하려고 불러왔기 때문이다.54)

---

53) 『梅園日記』(1616년 9월 21일). "二十一日己丑. 聞權仁甫與相地人文亨道, 往知禮看山, 余亦追往, 則子開·而實·以健亦已往矣. 歷看諸山, 夕還."
54) 『梅園日記』(1616년 3월 6일). "六日. 朝往見士修兄. 生員叔侍亦來到. 僧法器者, 頗解風水之術,

오여전吳汝梅이 보러 왔다. 오여전은 풍수를 꽤 잘 아는 자이다. 김렴이 오여전과 함께 묏자리를 살펴보러 갔다. 오여말吳汝林도 왔다.55)

22일 김렴이 이지승과 함께 묏자리를 살펴보는 일로 선영 근처로 갔다.56)

상이 났을 때나 이장할 때는 대개 지관과 함께 직접 간산을 하면서 길지를 찾기 위해 가능한 모든 후보지를 샅샅이 물색하는 노고를 아끼지 않았다. 예컨대 김평(1563~1617년)의 상을 당했을 때 무덤을 선정하기 위해 지관 박상무朴相茂와 훈도 류종직柳宗直 등 유명한 지관을 정성껏 초빙했을 뿐만 아니라 선영 후보지를 일일이 간산해 검토하는 수고를 다했다. 특히 류종직은 음택을 선정하는 풍수뿐만 아니라 택일에도 일가견이 있어 광산김씨 가, 특히 후조당 가와 지속적 교유를 장기간 유지하면서 길일 택일과 길지 선정을 위한 중요한 역할을 수행한 것으로 보인다.57)

아침 일찍 밥을 먹은 뒤 생원 재종숙의 산소자리를 정하는 일 때문에 능동에 갔다. 판사 재종숙 및 이장형李長馨 형제가 이미 먼저 와 있었다. 김참金墋도 이어서 왔다. 그러나 지관 박상무가 기한이 되어도 오지 않아 헛걸음을 하고 돌아왔다. 판사 재종숙과 이군李君 형제는 먼저 돌아오고, 나는 살필 일이 있어 머물

士修兄將擇定兆域, 邀來矣."
55) 『梅園日記』(1644년 9월 26일). "二十六日 辛亥, 吳汝[梅]來見. 吳頗知風水者也. 磏與吳俱往看山. 吳汝林亦來."
56) 『梅園日記』(1644년 9월 22일). "二十二日 丁未, 磏與李祇承以看山事, 往先塋近處. 德品金德昌暫過.""二十三日, 戊申, 夜磅曬還."
57) 『梅園日記』(1605년 9월 18일). "十八日, 以擇日事, 往見柳宗直."『梅園日記』(1610년 11월 24일). "二十四日, 光岳往義城 食後以卜日事往見柳宗直, 邀壽甫酌酒敍話."『梅園日記』(1616년 1월 5일). "五日. 柳訓導宗直, 以看山事暫來."

러 갔다. 참慘 아재도 머물렀다.58)

생원 재종숙을 위해 산소를 정하려고 류종직을 불러 왔다. 판사, 주서 재종숙, 이실, 자신子信 및 우리 형제들이 같이 갔다. 정곡井谷에서 방잠까지 자투리 산이나 산맥이 끊어진 산기슭까지 찾아보지 않은 곳이 없었으나 길지를 얻지 못했다. 날이 저물어서야 각기 헤어졌다.59)

이렇듯 외내의 광산김씨와 봉화 금씨 친족들은 평소에 풍수에 입각한 길지 선정에 깊은 관심을 갖고 유명한 지관을 초청하고 간산에도 직접 참여해 풍수적 안목을 배양하면서 친족의 선영을 길지에 마련하기 위한 노력을 부단히 지속했다.

요컨대 예안의 광산김씨들은 동계와 성회의 정기 모임을 통해 또는 부정기적으로 여유가 있을 때 주로 술을 마시며 시를 짓거나 담소를 나누며 자연을 완상하거나 천렵하는 일60) 외에도 「종경도」 놀이를 통해 심신을 달래고 풍수지리에 따라 길지를 찾는 활동에 열심히 참여하면서 동성마을 친족 간의 상호 유대 관계를 증진시키는 데 열심이었다. 이러한 활동들은 비판적 이성을 보완하는 풍류적 감성을 활성화시키는 것이었다.

---

58) 『梅園日記』(1617년 11월 10일). "十日. 早食後, 以生員叔侍卜宅兆事, 往陵洞. 判事叔侍及李長馨兄弟, 已先至矣. 金慘亦繼至. 而相地人朴相茂期而不至, 乃空還. 判事叔侍及李君兄弟先來, 余則有看事留宿. 慘[叔]亦留." "六日. 行晨事. 以看山事待朴公椅茂不來, 乘夕冒寒而來." 『梅園日記』(1617년 12월 6일). "새벽에 제사를 지냈다. 산소자리를 살펴보는 일 때문에 박의무朴椅茂 공을 기다렸으나 오지 않아 저녁 때 추위를 무릅쓰고 돌아왔다."
59) 『梅園日記』(1617년 8월 20일). "二十日, 爲生員叔侍擇山, 邀柳宗直來. 判事·生員[→注書]叔侍 而實·子信及余兄弟同往. 自井谷至方岑, 殘山斷麓無不搜敎, 而[未]得吉[地], 日暮乃各散."
60) 오용원, 「'계암일록'을 통해 본 17세기 예안 사족의 일상」, 『退溪學論集』 13(영남퇴계학연구원, 2013년) 참조.

5   스승을 만나는 꿈, 학문하는 처사의 내면적 무의식

1) 아버지를 꿈꾼 김령과 스승을 꿈꾼 김광계

꿈은 의식의 반영이다. 그것은 의식적 억제의 무의식적 반작용일 수도 있고 의식적 집중의 무의식적 심화일 수도 있다. 꿈에서는 일상생활에서 의식적으로 억눌린 욕망이 무의식적으로 표출되기도 하고, 반대로 일상생활에서 의식적으로 집중해온 것이 무의식까지 스며들기도 한다. 특히 '존천리거인욕存天理去人慾'의 성리학적 엄숙주의를 견지한 조선시대 선비들의 꿈은 욕망의 억제와 이상의 추구 정도가 높았던 만큼 무의식적 반작용이나 심화 정도가 강렬했다.

조선중기 광산김씨 예안파 선비들의 일기에는 특히 의식적 집중의 무의식적 심화 양상이 극명하게 나타난다. 김령의 『계암일록』이 의례일기라고 해도 좋을 만큼 삭망례와 사시제에 대한 반복적 기록을 강박증적으로 지속적으로 남기고 있다면 김광계의 『매원일기』는 독서일기라고 해도 좋을 만큼 일상의 독서 기록을 꼼꼼하게 기재하고 있다. 더욱 흥미로운 대목은 『계암일록』에 나오는 꿈의 주인공이 김령의 선친 김부륜인 반면 『매원일기』에 나오는 꿈의 주인공은 김광계의 스승들이라는 점이다.

〈표 4〉 광산김씨 예안파 일기에 나타난 꿈의 대상과 맥락적 양상

인물	일기	꿈 대상 / 주인공	꿈의 맥락/기록 특징
김 령	『계암일록』	선친 김부륜	반복적 제사
김광계	『매원일기』	선사先師 박성, 정경세, 정구, 이황	지속적 독서

김령이 반복적으로 의례적 실천을 기록했다면, 김광계는 지속적으로 독서와 공부를 기재했다. 이러한 일기 기록이 의식적 행위인 반면 선친에 대한 꿈과 스승에 대한 꿈은 이러한 의식적 행위의 무의식적 심화로 이해

할 수 있다. 『계암일록』에 나타나는 반복적 의례 실천이 부계 가부장적 가족 질서의 심화 과정과 연관된다면, 『매원일기』에 등장하는 지속적 독서 기록은 세속적 출세보다 이상적 학문을 중시하는 도학道學 정신의 처사적 삶을 잘 보여준다.

먼저 『계암일록』에 나오는 꿈의 주인공은 선친 김부륜이었다. 김령의 꿈은 대개 가묘에서 제사하거나 선영에서 배소하는 의례적 실천을 전후해 이루어지거나 과거시험 및 발표 기간 동안 이루어졌다. 이러한 꿈의 대상과 시기는 양측적 가족 제도에서 부계 가부장적 사회로 변화하는 사회적 배경 아래 아버지의 기대에 대한 아들의 의무 의식과 더불어 의식적인 의례적 실천이 경건성의 무의식적 내면화 과정을 통해 심화되었음을 보여준다.61)

이에 비해 『매원일기』는 독서 일기라고 해도 좋을 만큼 독서 기록을 꼼꼼하게 기록하고 있다. 이는 학문하는 처사로 살아가는 김광계의 의식적 노력의 소산이었다. 그가 집중적으로 읽은 책은 『주역』, 『상서』, 『주자서절요』, 『주자대전』, 한유의 글 등이었으며, 『심경』, 『통감절요』, 『의례』, 『가례』, 『소학』, 『대학』 등도 일부 확인된다.

흥미로운 대목은 김광계가 일기에서 꿈에 대한 기록을 적은 것은 대부분 스승을 만난 내용이며, 꿈을 꾸는 시기가 『상서』와 『주자서절요』 등의 서책을 집중적으로 독서하던 시점이라는 점이다.

> 꿈에서 돌아가신 스승님을 뵙고 또 한강 노선생을 뵈었다. 나를 찾아오셔서 술을 한 순배 돌리고 돌아가려고 하시기에 내가 아주 간절하게 만류했다.62)

---

61) 박종천, 「'계암일록'에 나타난 17세기 예안현 사족들의 의례생활」, 3장 참조.
62) 『梅園日記』(1610년 9월 18일). "十八日, 夢見先師, 又見岡老, 訪我酒一行, 欲歸, 余挽之甚懇."

예컨대 김광계는 1610년 9월 18일에 선사 박성을 뵙고 더불어 정구와 술을 나누는 꿈을 기록했다. 그런데 꿈을 꾼 9월 18일은 김광계가 집에서 집중적으로 독서하던 시점이었다. 실제로 9월 11일, 14일, 15일, 16일, 17일, 18일, 19일, 20일은 집중적으로 독서한 기록이 나타난다. 따라서 독서에 집중하던 의식적 노력이 무의식적으로 심화해 꿈에 선사인 박성과 정구 등을 만난 것으로 이해할 수 있다. 이러한 양상은 선친에 대한 꿈만 집중적으로 기록한 김령과 분명하게 대조된다. 김령에게는 선친 김부륜이 퇴계 선생과 함께 스승이었지만 꿈의 맥락을 보면 스승보다는 아버지라는 존재가 더 부각된다.

이러한 양상은 꿈에 대한 기록이 별로 없는 다른 일기나 "밤에 꾼 꿈이 흉해 걱정스럽다"[63)]는 정도만 기록한 과헌 김순의의『과헌일기』와는 완연한 차이를 드러낸다. 요컨대 김령의 꿈이 아버지의 기대와 아버지에 대한 존경이 무의식적으로 반영된 결과라면, 김광계의 꿈은 처사형 선비의 '위기지학'적 실천이 무의식적으로 심화된 결과라고 할 수 있다. 요컨대 김령과 김광계의 꿈에 드리운 아버지와 스승의 그림자는 흔히 '군사부일체'라는 표현으로 나타나는 임금, 스승, 아버지라는 유교적 전통 사회의 세 가지 기둥 중 아버지와 스승에 대한 존경의 마음이 무의식적으로 심화되어 꿈으로 표출되는 양상을 극명하게 보여준다고 할 수 있다.

2) 집중적 독서와 스승들에 대한 꿈

김광계에게는 선친 김해 사후 선사先師로 표현한 박성, 안동부사로 부임했던 정구, 장현광 등 세 명의 스승이 있었다. 그중 박성의 어머니는 관찰사 김연金緣의 딸이었다. 따라서 박성은 김광계의 외가 아저씨로 혈연적

---

63)『果軒日記』(1699년 4월 11일). "庚戌, 夜夢頗凶可慮, 往官谷少頃還."

으로도 가까운 사이였다. 김광계는 1603년 10월 21일에 박성을 만나 10월 25일까지 닷새 동안 내내 함께 지냈다.64) 이 과정에서 『소학』과 '위기지학'에 대한 박성의 권유를 받은 김광계는 이 만남을 계기로 실천적 처사로 평생을 일관하게 된다.

> 오후에 술을 걸러 오라고 해 서로 권했는데, 술이 반쯤 취하자 비분강개하며 시사를 논했다. 조정 신하들의 붕당의 유래와 사화의 발단으로부터 무고하게 화를 입은 군자들과 사류士類를 모함한 소인들에 이르기까지 종일 이야기해도 물리지 않고 그칠 줄 몰랐다. 말이 그치자 이에 "내가 늙어 병들어 죽을 때가 되었으니 너를 위해 말하지 않을 수가 없다. 너는 마땅히 알아야 할 것이다"라며, 또 타이르기를 "너는 부디 과거에 골몰하지 말고 위기지학에 전념해야 할 것이다. 과정을 엄격하게 세워 하루에는 모름지기 하루의 공부가 있어야 하며, 스승을 존경하고 벗들과 친하며, 독실하게 실천하고 힘써 배운다면 아마도 일생을 헛되이 저버리지는 않을 것이다"라고 하고, 또 "너는 『소학』 책을 더욱 익숙하게 읽어야 한다"라고 했다.65)

두 사람은 이후로도 1605년까지 몇 차례에 걸쳐 닷새 이상 머물며 이야기를 나누는 과정에서 자연스럽게 의기투합하면서 스승과 제자의 연을 맺었다. 이 과정에서 자연에 은거하는 처사로서 사회 현실에 대해 거리를 두는 비판적 태도를 숙성시키게 되었다. 두 사람은 비분강개하며 시사를 의논하기도 했고, 『소학』을 중심으로 '마음을 간직하고 본성을 길러 자기

---

64) 『梅園日記』(1603년 10월 21일~10월 25일) 참조.
65) 『梅園日記』(1603년 10월 24일). "二十四日, 午後命醱酒相屬, 酒半, 慨慷論事. 朝[紳]朋黨之所由起, 士禍之所伙始, 以至君子之無辜被禍者, 小人之構陷士類者, 終日言之, 亹亹不厭. 言訖乃曰, 吾老病[垂]死, 不可不爲爾言之, 汝當知之也. 又戒[曰]汝愼勿汨沒於擧業, 當存心於爲己之學, 嚴立課程, 一日須有一日工夫, 尊師親友, 篤行力學, 則庶不至虛負一生也. 又曰汝往須熟看小學書."

를 다스릴 수 있는 공부存養克治之功'에 전념할 것을 주문하고, 이를 수용하기도 했다. 선친 김해부터 계승된 가학 전통과 그것의 자장 안에 있던 박성의 영향력은 위기지학에 힘쓰는 처사 김광계가 평소 공직에 나가는 것을 사양하면서도 위란 시에는 과감하게 의병 활동에 나서는 근원이 되었다.

실제로 김광계는 1605년 1월 8일에 송생의 박성을 찾아와 1월 12일까지 닷새 동안 머물며 이야기를 나누었는데, 감동과 탄복의 시간들이었다. 특히 1월 11일 기록을 보면, 가르침에 대한 감사와 탄복의 공감대가 확연하다.

> 어제처럼 대암 아재를 모시고 이야기를 나누었다. 종일 논한 것은 모두 이끌어 주고 절실하게 깨우쳐 주는 말이었다. 듣고 나니 사람으로 하여금 저도 모르게 탄복을 자아내게 하는 말이었다.66)

1605년 4월 20~25일까지 엿새 동안은 박성을 찾아가 시국 상황과 고금의 인물 논평에 대해 이야기를 나누며 공감했다. 특히 4월 22일에는 '존양극치지공存養克治之功'에 대해 가르침을 받았으며, 4월 25일에는 속마음을 털어놓을 정도로 상호 교감하는 스승과 제자의 모습이 분명하게 부각된다.

> 또 대암 아재를 모시고 종일 이야기를 나누었다. 배우는 자가 마음을 보존해 기르고 사욕을 눌러 다스리는 공부를 논했는데, 말이 쉴 사이가 없었다.67)

---

66) 『梅園日記』(1605년 1월 11일). "十一日, 如昨陪話. 終日所論皆是教尊警切之言. 聞來, 使人不覺嘆服."
67) 『梅園日記』(1605년 4월 22일). "二十二日, 又終日陪話. 論學者存養克治之功, 亹亹不已."

선생이 술을 따라주며 작별의 회포를 나누었다. 한바탕 다정스러운 이야기로 속마음을 털어 놓았고, 나도 마음속 회포를 모두 풀었는데, 나를 알아주어 감사하다. 작별할 때 또 술을 따라 사정없이 권해 나도 모르게 크게 취했다. 오후 늦게야 하직인사를 하고 돌아와 맛재廂岯嶺에서 잤다. 이날 아침에 비가 내리다가 저녁에 갰다.68)

이후 1605년 10월 10～14일까지 닷새간 송생에서 스승 박성과 만나 술잔을 기울이면서 밤새 이야기한 과정도 반성적 성찰과 정서적 공감의 정도를 더했다. 1607년 2월 8일에는 1606년에 죽은 박성을 기리며 제사를 지냈다.69) 1636년 5월 3～4일에는 선사의 무덤에서 술을 올리고 제사를 지내는 정성을 표하기도 했다.70)

3) 집중적 독서와 스승들에 대한 꿈

박성과 김광계는 외가쪽 아저씨와 조카로 혈연적으로 관계가 있었으나 이성적 가르침과 정서적 공감을 통해 스승과 제자 관계도 심화되었다. 특히 『매원일기』에 '돌아가신 스승先師'으로 표현되는 박성의 영향력은 대체로 독서 과정 중에 꾼 꿈을 통해 집중적으로 나타났다. 실제로 김광계는 박성 사후 독서에 집중하는 시기에는 선사 박성에 대한 꿈을 자주 꾸었다.71) 이밖에도 이황72), 정구73), 장현광74), 정경세(1563～1633년)75)

---

68) 『梅園日記』(1605년 4월 25일). "二十五日, 先生酌酒叙別. 一場情話, 吐露肝膽, 余亦悉陳所懷, 仰感知[已]. 臨別又添酒苟勸, 不覺大醉. 向晚乃辭, 還宿于廂岯嶺, 是日朝[雨]夕霽."
69) 『梅園日記』(1607년 2월 8일). "八日, 行祀. 以道以先師會葬事, 往苞山. 朴兄以連日中酒, 至痰涎塞胸, 煩悶痛苦, 食飲不進. 可慮."
70) 『梅園日記』(1636년 5월 3～4일). "三日. 丙午. 明日將奠[酒]于先師墓, 使郭維翰書告辭. 四日. 丁未. 朝與遜志及朴東爽, 往松林墓所. 設祭于祖姑及先師墓."

등에 대한 꿈을 꾸었는데, 대체로 『상서』와 『주자서절요』를 집중 독서하는 과정에서 꾼 꿈들이다. 예컨대 1627년 5월 5일에 정경세, 5월 6일에 정구 등에 대한 꿈은 4월 26~5월 10일까지 『상서』와 『주자서절요』를 강독하는 가운데 이루어졌다. 김광계는 4월 26일에 『상서』 독서, 27, 28, 29일에 강사江舍의 『주자서절요』 송독, 29일에 귀가, 5월 1일에 『상서』 강독, 2일에 『주자서절요』 송독, 3일과 4일에 산소 성묘, 5~7일에 『상서』 강독, 8~10일에 『주자서절요』 강독 등을 진행하고 있었다. 또한 1627년 5월 27~29일까지 『상서』와 『주자서절요』를 강독하는 과정에서도 28일 선사 박성에 대한 꿈을 꾸었다.

한편 김광계는 선사 박성의 스승이기도 한 정구를 노선생으로 호칭했다. 이러한 기록을 통해 김광계가 광산김씨의 가학 외에 퇴계-한강-대암-매원으로 이어지는 학맥을 자각하고 있었음을 알 수 있다. 이밖에도 1610년 9월 18일 정구에 대한 꿈은 소회疏會를 구성해 사회적으로 활동하는 맥락에서 나온 것이었다. 스승에 대한 꿈은 열성적인 공부 과정과 활발한 사회 활동의 맥락에서 이루어졌던 것이다.

그렇다면 김광계는 어떤 방식으로 공부했을까? 『매원일기』의 1639년 잡기雜記를 보면, 김광계는 10일 중 1~2일은 글을 읽고 8~9일은 글을 짓는 공부를 지속했으며, 스승과 제자, 친족과 친구들과 함께 통독하고 교정하는 과정에서 공부를 진행했다. 이는 그가 향약을 재정립할 때도 적용되었던 자세였다. 그는 출타 시에도 『논어』나 『주자서절요』를 항상 휴

---

71) 『梅園日記』(1610년 9월 18일). 『梅園日記』(1615년 12월 8일). "八日, 夢見先師." 『梅園日記』(1617년 8월 19일). "十九日, 夢見先師. 晨朝飮酒一器, 神氣不淸."
72) 『梅園日記』(1627년 6월 6일).
73) 『梅園日記』(1610년 9월 18일, 1627년 5월 6일).
74) 『梅園日記』(1639년 9월 7일).
75) 『梅園日記』(1627년 5월 5일).

대할 정도로 학구적이었다.

> 열흘 중 하루나 이틀은 글을 읽고, 여드레나 아흐레는 글을 짓는다.[76]

> 형제, 친척, 벗과 함께 서로 모이면 반드시 통독通讀하고 교정校正해야 유익하게 된다. 옛날에 한강과 대암 등 여러 선생을 모실 때도 일찍이 이와 같은 일을 급급해 하지 않은 적이 없었다.[77]

김광계는 늘 정제엄숙한 태도로 글을 읽고 글을 짓는 일상을 통해 학문하는 처사로서의 정체성을 유지했다. 이러한 처사적 정체성이 그가 집중적으로 독서하는 과정에서 스승들에 대한 꿈을 꾸게 만든 원동력이었다. 이는 마치 공자가 공부에 열중하는 과정에서 주공周公을 꿈에서 만났다는 일화를 떠올리게 한다.

유교적 전통 사회는 통統을 전달하고 계승하는 '전통'의 공동체였다. 전통 시대 삶의 의례적 중심인 가묘, 종묘, 문묘 등은 각각 가통家統, 왕통王統, 도통道統을 전승하는 상징적 공간이었다. 순자가 예의 세 가지 근본이라고 설명했듯이, 조상, 국왕, 스승 등은 집안, 국가, 학교 등으로 대표되는 공동체의 근원으로 공동체 구성원에게 각각 혈연적 생명, 정치사회적 생존, 문화적 생활을 지속적으로 가능하게 한 존재들이다. 그들은 인간의 삶의 토대를 정초시킨 공로功와 은혜德를 베푼 존재들이다. 따라서 삶의 토대가 되는 존재들에게 감사와 보답의 마음을 표현하고 공동체가 함께 기억할 만한 공덕의 가치를 지속적으로 상기하고 재창출하기 위해 의

---

76) 『梅園日記』(1639년 雜記). "一旬中一二日讀書, 八九日著書."
77) 『梅園日記』(1639년 雜記). "與兄弟親戚友人相聚, 必通讀校正, 乃爲有益. 昔侍寒岡·大[庵]諸先生, 未嘗不以此等事爲汲汲也."

례 공간에서 반복적으로 제사를 드리는 것이다.78)

이런 맥락에서 생각해볼 때 『계암일록』과 『매원일기』는 각각 가족이라는 혈연 공동체와 사림이라는 학문 공동체에서 가통과 도통을 전승하는 전통의 의식적 노력을 내면화해 꿈꿀 정도로 그것을 무의식적으로 심화해 체득하고 체화한 사례를 극명하게 보여준다고 평가할 수 있다.

6 맺음말

이 글에서는 『계암일록』과 『매원일기』를 중심으로 조선중기 광산김씨 예안파의 일상생활 중 습관 또는 관습으로 반복되는 행태를 집중 검토함으로써 일기에 반영된 개인 의식과 사회적 무의식을 읽어내려고 시도했다. 그 결과는 다음과 같다.

첫째, 조선중기 광산김씨 예안파 사족의 의례적 실천 양상에서 나타나는 속례와 정례의 병행 양상을 살펴보았다. 17세기는 『가례』의 본격적 실천에 따라 종법 의식이 심화되는 시기였는데, 이에 따라 의례의 실천면에서도 속례에서 정례로 점진적으로 이행하는 과도기적 양상이 나타났다. 특히 양측적 친족 질서가 부계 쪽의 가부장적 친족 질서로 이행하는 과정에서 체백과 무덤을 중시한 전래적 풍습에서 신혼과 가묘를 중시하는 『가례』의 실천으로 의례적 실천의 중심이 이동되는 양상이 두드러졌다.

그러나 이러한 실천을 단순히 과도기적 양상으로만 이해할 수는 없다. 조선시대 내내 지속되었고 현재까지도 이어지는 부분이 많기 때문이다. 특히 기일에 집안에서 제사를 지낸 뒤 다시 선영을 찾아 성묘하던 습관은 가묘와 무덤, 신혼과 체백, 『가례』와 속례의 병행 양상이며, 정조, 한식,

78) 박종천, 『예, 3천년 동양을 지배하다』(글항아리, 2011년) 참조.

단오, 추석, 동지 등의 명절 때의 절사와 무덤 배소 양상은 무덤과 가묘, 절사와 시사의 절충 및 병행 양상으로 주목할 만하다.

둘째, 외내 마을의 동약과 동계 등을 중수하는 광산김씨의 공동체 활동을 살펴보았다. 전쟁과 자연재해는 역설적으로 친족적 유대와 마을 내부의 결속을 강화하는 공동체 활동을 활성화시켰다. 실제로 김광계와 김확을 중심으로 하는 외내 마을의 동약과 동계의 재건은 인조반정, 정묘호란 등의 국내외적 혼란을 극복하고 전염병, 대기근, 홍수 등 각종 자연재해를 극복하기 위해 정릉동계회나 성회 등의 광역화된 혈연적 유대 관계보다 마을 내부의 친족적 결속을 강화하고 하층민을 포함한 사회적 안전망을 강화할 필요성에 부응해 이루어졌다.

셋째, 일상생활에서 이루어지는 점복, 택일, 사주, 풍수 등 술수를 활용하는 일상적 관습을 다루었다. 광산김씨 가의 공동체 활동과 일상생활은 유교적 이상과 현실적 상황 사이에서 유교 지식인들이 끊임없이 고민하는 모습을 잘 보여준다. 사족들의 술수 활용 양상은 일상생활에서 성리학적 이상이 비유교적 관습과 병행되는 양상을 잘 보여준다. 특히 4월 관백을 포함해 자연재해와 관련된 민간의 속신과 합리적 유교적 이상 사이에서 흔들리면서도 천재天災보다 인재人災 문제를 해결하려고 한 김령의 고민, 모든 인간사에 대해 술수를 활용한 당대 사족들에 비해 문복을 혼인 택일에 국한함으로써 유교적 이상을 강화하려고 한 양상, 「종정도」 놀이 문화와 풍수에 대한 관심과 적용, 김연의 사주 감명지 등은 유교적 이상을 강화하면서도 유교적 이념만으로는 결코 해결하기 힘든 현실 문제에 대한 고민을 극명하게 잘 보여준다. 요컨대 조선중기 광산김씨 가의 술수 활용 양상은 일상생활에서 성리학적 이상을 중심으로 하면서도 현실적으로 비유교적 관습을 병행하는 사족들의 일상생활을 잘 보여준다고 할 수 있다.

넷째, 광산김씨 가의 일기의 대상과 내용에 대한 분석을 시도했다. 일기는 의식적 집중의 무의식적 심화다. 『계암일록』의 꿈이 주로 선친에 집중된 반면 『매원일기』의 꿈에는 대부분 선사가 등장한다. 이런 꿈들은 일상생활에서 김령과 김광계가 의식적으로 집중했던 부계의 가족 질서 강화와 학문 연마의 처사적 실천이라는 사회적 맥락이 무의식적으로 심화되어 반영된 것이다. 실제로 『계암일록』이 삭망례와 사시제를 중심으로 가례의 실천을 꼼꼼하게 기록한데 비해 『매원일기』는 공부의 내용과 독서의 양상을 집중적으로 기록했다. 계암 김령이 과거시험과 의례적 실천의 맥락에서 선친에 대한 꿈을 꾼 반면, 매원 김광계는 집중적 공부와 지속적 독서의 과정 중에 선사에 대한 꿈을 꾸었던 것이다. 따라서 양자는 반복적 의례와 독서의 의식적 실천을 반복하는 과정에서 각각 아들과 제자로서의 삶이 무의식적으로 심화되어 꿈속에 반영된 것으로 해석할 수 있다. 일기에 기록된 반복적인 꿈의 주 대상이 선친과 선사인 것은 부자 관계와 사제 관계를 중심으로 구성되는 유교적 전통 사회의 가치와 질서가 무의식에도 스며들어 꿈에서 반복적으로 등장할 만큼 내면화되는 과정과 양상을 극적으로 보여준다.

참고 문헌

1. 1차 자료

『朝鮮王朝實錄』, 『經國大典』, 『書雲觀志』
金光繼, 『梅園日記』
金㻩, 『默齋日記』
金坽, 『溪巖日錄』, 신상목 외 역, 『계암일록』 전6권, 안동: 한국국학진흥원, 2013년.
金純義, 『果軒日記』

金富倫,『雪月堂集』
金富弼,『後彫堂集』
金緣,『雲巖逸稿』
柳希春,『眉巖集』
李滉,『退溪集』
광산김씨 예안파 기탁문서, 한국국학진흥원 소장 고문서.

2. 단행본
박종천,『예, 3천년 동양을 지배하다』, 글항아리, 2011년.
이성임 외,『일기를 통해 본 조선후기 사회사: '계암일록'을 중심으로』, 새물결, 2014년.
정우봉,『조선 후기의 일기문학』, 소명출판, 2016년.
하수민,『명절의 탄생: 한국 명절의 역사와 휴일의 변동 연구』, 민속원, 2016년.
『광산김씨 예안파, 한결같이 군자의 길을 가다』, 한국국학진흥원 유교문화박물관, 2016년.

3. 연구 논문
김용덕,「김기 향약 연구」, 향촌사회연구회 편,『조선 후기 향약 연구』, 민음사, 1990년.
김정운,「17~18세기 경상도 북부지역 사족의 친족관계 연구 – 일기에 나타난 혼인과 제사를 중심으로」, 경북대학교 박사학위논문, 2016년.
박종천,「'계암일록'에 나타난 17세기 예안현 사족들의 의례생활」,『국학연구』 24, 한국국학진흥원, 2014년.
____,「일상의 성화聖化를 위한 유교적 의례화: 율곡 이이의 예학적 구상」,『유학연구』 31, 충남대학교 유학연구소, 2014년.
____,「조선시대 예안 광산김씨의 친족활동 — 계회契會와 성회姓會를 중심으로」,『국학연구』 30, 한국국학진흥원, 2016년.
____,「조선중기 광산김씨 예안파의 의례실천과 일상생활 —『계암일록』과『매원일기』를 중심으로」,『국학연구』 33, 한국국학연구원, 2017년.
오용원,「『계암일록』을 통해 본 17세기 예안 사족의 일상」,『退溪學論集』 13, 영남퇴계학연구원, 2013년.
이수동,「조선시대 명과학 시험교재 '범위수'의 이론체계와 추명방식 고찰」,『원불교사상과 종교문화』 제58집, 원광대학교 원불교사상연구원, 2013년.

6장

매원 김광계의 학문과 사회 활동
— 『매원일기』를 중심으로

정재훈

1 머리말

조선시대에서 17세기는 다른 시기와 구별되는 특징이 있다. 조선전기나 후기에는 중앙집권화된 질서가 강조되면서 국가 주도의 흐름이 강했던 반면 17세기가 포함된 조선중기에는 '사족 지배 체제'가 논의될 만큼 군현제에 입각한 공적公的 지배에 더해 지방의 향촌 내부의 운영 원리가 두드러졌던 시기이다. 재지在地 사족들은 기본적으로 국가의 공적 지배를 인정하면서도 국가의 행정 지배가 충분히 미치지 못한 향촌 사회 내부의 여러 문제를 조정, 협의하는 역할을 수행함으로써 향촌 사회에서 주도적 존재로 기능했다.1)

17세기의 이러한 상황을 전제할 때 사족들의 활동이 가장 활발한 때로 주목되는 시기는 16세기 말에서 17세기 전반에 해당되는 선조 후반, 광해군, 인조 때로 볼 수 있다. 이 시기에서야 비로소 사족들은 조선시대에서 통시대적으로 존재하는 세력이 아니라 역사적 존재로서의 자기 역할을 본격적으로 수행하게 되었다. 이 시기를 전후해 사족들은 지방의 현장

---

1) 정재훈, 「조선 중기 사족의 세계관」, 『조선시대사학보』 73, 2015년 참조.

에서 국가 운영의 주체이자 향촌 사회의 중추 세력으로 강력한 영향력을 행사했다.

그렇게 된 데는 사회적·경제적 변화와 더불어 정치적·사상적으로도 성리학이 조선사회의 운영 원리로서 충실하게 기능하게 된 것이 중요한 원인이 되었다고 할 수 있다. 사족들은 성리학을 자신의 학문으로 삼고, 이를 토대로 과거를 통한 관직 진출을 꾀했는데, 이는 사족으로서의 위상을 확보하는 중요한 통로가 되었다. 한편 사족들은 16세기에는 유향소留鄕所를 중심으로 향촌 질서를 운영한 반면 17세기에는 새로이 중수되거나 건립된 향교나 서원을 중심으로 향촌 질서를 만들려고 했다.

이러한 향촌 운영의 대표적 사례로 일찍부터 주목된 지역은 경상도였고, 그중에서도 예안은 사족 세력이 특별히 강한 곳으로 알려져 왔다. 본고에서 검토하는 『매원일기』의 저자인 매원 김광계는 바로 사족의 활동이 가장 활발해지기 시작한 17세기 전반에 사족 세력이 강했던 예안을 대표하는 사족인 점에서 주목할 만한 가치가 있다. 광산김씨의 일원이던 김광계를 비롯해 이 시기를 전후로 산 인물들이 남긴 일기에 대해서는 최근 다양하게 연구가 진행되고 있다.[2)]

『매원일기』는 지지인 김평세가 신소 36년인 1603년 정월 1일부터 인조 23년인 1645년 9월 30일까지 총 42년 가운데 약 28년간에 걸쳐 기록한 일기 자료이다. 이 일기에는 17세기 전반에 지방 사족으로서 명확한 자의식을 가졌던 한 지식인의 학문 그리고 그와 관련된 사회 활동의 구체적 실상이 표현되어 있다. 따라서 이 기록을 통해 사족의 구체적 활동을 검토할 생각인데, 특히 김광계가 읽은 도서와 서원 또는 향교 관련 활동 등을 중심으로 살펴보도록 하겠다.

---

2) 대표적 연구 성과로는 한국국학진흥원에서 기획한 다음의 성과가 있다. 한국국학진흥원 연구부 기획, 『일기를 통해 본 조선후기 사회사 – 계암일록을 중심으로』, 2015년.

2 ___ 김광계의 학문

17세기 전반 예안에 도산서원이 건립된 초기에 도산서원 원장을 역임하며 주도적 역할을 한 이로는 김확과 김광계를 꼽을 수 있다. 이들은 2년 임기를 넘어 모두 6~7년 동안 원장직을 수행하면서 17세기 전반 도산서원을 대표하는 인물이 되었다.3) 진성이씨나 봉화금씨도 중요한 역할을 했으나 광산김씨는 당시 가장 대표적인 가문으로 도산서원을 이끌었고, 그 한가운데 김광계가 있었다.

김광계의 집안인 광산김씨 예안파는 오천에 세거한 이후 가학의 전통이 강했다. 퇴계 후손인 광뢰廣瀨 이야순李野淳(1755~1831년)도 지적했듯이 김효로(1455~1534년) 이래 약 200년 동안 그 아래에서 뛰어난 인재들이 배출되어 겨룰 가문이 없을 정도로 번성했다. 이들은 오천 칠군자 또는 오천 25현이라고 불리며, 서로 가르침으로써 가학의 전통을 만들었다.4)

김광계의 경우에도 부친인 근시재 김해와 재종숙인 계암 김령에게서 가학의 영향을 받았다. 김해는 대과에 급제했음에도 불구하고 관직에 대한 미련을 버리고 낙향해 예학과 성리학의 이론적 심화에 힘을 기울였다. 또 임진왜란이 일어나자 의병대장으로 추대되어 예천, 밀양 등지의 전투에서 많은 공을 세우기도 했다. 그리고 재종숙이지만 거의 동년배였던 김령과도 학문적 영향을 주고받았던 것으로 보인다. 당시 가장 어른이던 김령에게 김광계는 집안의 대소사를 의논하기도 했을 뿐만 아니라 산사나 강가에서 많은 학문적 토론을 함께했다.

---

3) 구완회, 「조선시기의 도산서원과 예안현감」, 『조선후기 서원의 위상』, 새물결, 2015년, 82쪽.
4) 薛錫圭, 「光山金氏 禮安派의 學問世界와 '烏川世稿'」, 『國譯 烏川世稿』 上, 2005년.

김광계의 스승으로는 대암 박성과 한강 정구, 여헌 장현광 등을 꼽을 수 있다.5) 김광계는 특히 정구와 장현광을 따라 학문에 힘썼다고 말하는데, 정경세에게서도 박식함을 칭찬받을 정도로 인정받았다. 젊은 시절에 처음 배운 박성은 임진왜란 때 김성일의 참모로 종사하고 정유재란 때는 조목과 상의해 의병을 일으켰으며, 주왕산 전투에서 대장으로 활약하기도 한 인물이다. 관직을 중도에 그만두고 청송의 주왕산 아래 은거하며 지냈는데, 김광계는 그곳까지 찾아가 위기지학爲己之學을 전해받기도 했다.6) 박성은 김광계의 종증조부인 유綏의 외손자이기도 했다. 그러나 박성이 1606년에 사망함에 따라 오랫동안 배우지는 못했다.7)

박성 다음으로 김광계가 학문적으로 의지한 스승은 정구였다. 김광계는 도산서원에서 27세인 1607년 3월에 정구를 만났고, 다음 달인 4월에 안동부사로 있던 그를 찾아가 경서에서 이해되지 않는 곳을 묻기도 했다.8) 5월에도 정구를 찾아가 이황의 상례喪禮를 교정하라는 명에 따라 교정을 보기도 했고9), 정구가 『무이지武夷志』와 『무이도武夷圖』를 보여주기도 했다.10) 정구가 청량산에서 도산서원으로 온 경우도 있었는데, 이때 서원의 제생諸生을 불러 『심경』을 강독했다.11) 이때 김광계 역시 참석했다.

김광계는 정구가 사수泗水에 있을 때도 찾아가서 보기도 했다. 이때는 정구가 중풍에 걸려 오른쪽이 마비되어 거동이 불편해 다른 사람의 도움을 받아야만 할 때였다.12) 김광계는 이후에도 정구가 영천의 애전艾田 초

---

5) 『梅園遺稿』, 권4, "墓碣銘 並序."
6) 『梅園日記』(1603년 10월 24일).
7) 『매원일기』에 따르면 1605년 1월과 4월, 10월에도 둘째 아우와 함께 박성을 찾았다. 1월 7일자, 4월 20일자, 10월 10일자 참조.
8) 앞의 책(1607년 4월 24일).
9) 앞의 책(1607년 5월 20일). 이 기록으로는 상례에 관한 글인지, 책인지가 분명하지 않다.
10) 『매원일기』(1607년 5월 21일).
11) 『매원유고』, 권3, 「日錄抄」; 『매원일기』(1607년 6월 25일, 26일).

정초井에 목욕하는 곳까지 찾아서 안부를 묻기도 했다.13) 한편 정구 사후 그의 문집을 낼 때 이 지역此地에 있는 한강의 서찰을 수집해 등사해 보낼 책임자로서 김광계는 유사가 되었다.14) 이에 김광계는 사람들을 시켜 도산서원에서 등사를 마쳤다.15) 이는 당시 도산서원 원장이던 김광계가 자기 위상을 적극 활용한 경우라고 할 수 있다.

다음은 장현광과 김광계의 관계를 볼 수 있는 대목이다. 김광계는 부지암不知巖서당으로 가 그를 만나고 깊이 감탄했다.16) 김광계는 장현광을 만나고 그의 풍모와 풍채에 감복해 자신도 모르게 복종하게 되었다고 한다. 꿈에서 장현광을 본 것을 기록할 정도로 장현광에 대해서는 각별한 의미를 두었다(1639년).17) 이런 점으로 판단해볼 때 「묘갈명」에서 보이는 것과 같이 김광계의 스승은 젊을 때는 박성이었고, 그 이후는 정구로 보는 것이 타당할 것 같다. 장현광의 경우 그에 대해 존경심을 품은 것은 사실이지만 사제 관계를 논할 만큼의 학문적 교류는 발견하기가 힘들다.

다음으로 학문적 경향을 보면, 원래 김광계는 광해군 때까지는 독서에 몰두했으며 과업科業도 준비했다. 과거시험 준비는 향교나 서원에서도 했지만 산재山齋나 산당山堂 등에서도 했고 심지어는 절에서 공부하는 등 다양한 곳에서 이루어졌다.18) 조선시대 선비에게 과거를 준비해 관료가 되는 것은 개인적으로 입신할 수 있는 기회이기도 했지만 곧 수기치인修己治人을 실현하는 것이기도 했다.

---

12) 『매원일기』(1615년 11월 5일).
13) 앞의 책(1616년 7월 18일).
14) 앞의 책(1631년 2월 26일).
15) 앞의 책(1631년 2월 30일).
16) 앞의 책(1636년 5월 9일).
17) 앞의 책(16, 기묘년(1639), 雜記.
18) 과거시험 공부를 한 장소에 대해서는 서원과 관련해 후술하는 내용 참조.

또한 현실적으로는 향촌 사회에서 자기를 실현할 수 있는 큰 발판을 마련하는 것이기에 과거시험은 지대한 관심 대상이었다. 그래서인지 『매원일기』에서는 과거시험에 관한 소식을 매우 상세하게 적고 있다. 녹명관錄名官으로부터 과거 응시자가 1,428명이라는 들은 사실19), 고관考官의 이름20), 장원과 입격자, 탈락자 소식21), 동당시東堂試의 방목榜目 소식22) 등이 상세히 기록되었다. 그러나 대체로 인조반정 이후에는 정국에 실망하고, 과거 공부를 하지 않고 낙동강이 바라보이는 산자락에 침락정을 건립하고 본격적으로 성리학 공부에 힘쓴 것으로 보인다.23)

그러나 이후 학덕學德을 인정받았던 듯 감사 김시양이 조정에 두 차례나 추천해 동몽교관으로 임명되기도 했고24), 후에 재랑齋郎과 별검別檢을 제수받기도 했지만 모두 나가지 않았다.

김광계의 학문적 경향은 대체로 성리학에 대한 이론적 논의보다는 실천적 면모를 중시한 것으로 보인다. 예를 들어 수암 유진과 학문을 논할 때 유진은 지知를 주장한 반면 김광계는 "지와 행은 진실로 수레바퀴와 새의 날개와 같지만 공부는 당연히 실천을 위주로 해야 한다"고 해 행行이 더 중요함을 주장했다고 한다.25) 이는 그가 부친에게서 받은 학문적 영향이나 평소 행적과 연결되어 크게 차이가 나지 않는 점이라고 할 수 있다.

그의 이러한 태도에 대해 후대의 이가환李家煥(1742~1801년)은 묘갈명에서

---

19) 『매원일기』(1605년 8월 11일).
20) 앞의 책(1609년 11월 27일).
21) 앞의 책(1610년 3월 19일).
22) 앞의 책(1614년 10월 16일).
23) 『매원유고』, 권4, "墓誌銘 並序."
24) 『매원일기』(1628년 4월 4일).
25) 위와 같음.

옛날에는 학문을 함에 몸소 실천했으나
지금 시대에는 비열해 말로만 하는구나
선생은 스승의 말씀 존중해
짧은 말 한마디 모두 실천에 옮기셨네

라고 해 학문의 실천에 힘쓴 김광계의 면모를 잘 드러내었다.26)

그러나 그가 학문의 실천에만 힘썼던 것은 아니다. 그는 이론적 측면도 소홀히 하지는 않아 원근을 가리지 않고 많은 학자가 경서를 들고 그를 찾아와 질정을 했다고 한다. 방백인 이경여李敬輿(1585~1657년)는 그의 학식과 인품에 감동해 도내 선비들에게 『심경』과 사서를 강독하게 하고, 도내의 도훈장都訓長으로 삼기까지 했다.27) 그 때문인지 예안이나 안동을 지나가는 많은 사람은 그에게 들러가는 것을 마다하지 않았다.

다음으로 독서 기록을 살펴보자. 김광계의 일기를 통해 확인되는 도서 관련 기록은 다음과 같다.

교정한 책: 『이생록頤生錄』28)

『심경』, 『근사록』(1631년 2월 27일)

26) 『매원유고』, 권4, 「墓碣銘」.
27) 앞의 책, 권4, 「家狀」.
28) 『이생록頤生錄』: 1523년(중종 18년) 정유인鄭惟仁이 지은 의서로 1권 1책의 필사본이다. 『해동문헌총록海東文獻總錄』 고양생방古養生方 중 가법可法, 가계자可戒者를 분류해 간간이 자기 의견을 붙여 60여조를 1권으로 합성한 것이라고 했다. 그의 자서自序에도 "20세경 중병을 얻어 문밖을 나가지 못하고, 와병한 지 5~6년에 고려 의서의 방약을 보고 이양頤養의 술을 얻었으므로 이에……"라고 기술하고 있다. 책의 내용은 보양총요保養總要, 양심신조養心神條, 양정원조養精元條 등을 비롯 기거起居, 행립行立, 좌와坐臥, 목욕沐浴, 세면洗面, 즐발櫛髮 등에 이르는 심신心神, 정원精元, 비위脾胃 등을 보양하는 섭생 방법을 논하고 있다.

『명홍잡기明興雜記』29) 교정(1643년 2월 11~15일)

베낀 책: 이황의 『경서석의經書釋義』(1608년 11월 23일)

『상서尙書』(1617년 9월 2~)

『심경석의心經釋義』(1636년 3월 12일)

※ 염매가 『선원록璿源錄』을 각화사에 가서 베끼려고 했으나 이미 글씨 쓰는 일을 끝냈음을 듣고 되돌아왔다(1639년 11월 3일).

읽은 책: 『맹자』(1610년 윤3월 5일부터~7월 12일, 7월 19일~)

『상서尙書』(1616년 3월 22~)30) 『상서』 하권 마침(1617년 11월 3일)

『대학』 공부를 마침(1616년 11월 26일)

『중용』 읽기 시작함(1617년 1월 22일)

『상서』「여오旅獒」편 읽기 시작(1617년 8월 2일)

『통감』(1617년 9월 27일, 1626년 1월)

『주자서절요』31)(1619년 6월 26일)

『자치통감강목資治通鑑綱目』(1626년 1월 5일)

『퇴옹문집退翁文集』(1626년 6월 3일)

『통감』속후집(1626년 10월 22일)

『상서』(1627년 3월 19일)

『주자서절』(1627년 4월 27일) 외움

---

29) 『명홍잡기明興雜記』: 명의 진경칙陳敬則이 찬한 책이다.
30) 『매원일기』 번역자는 '1616년 3월 22일'자의 "비로소 글을 읽기 시작했는데, 서책은 『상서』이다始讀書, 書尙書也"라고 한 기록과 일기에서 '看書' '溫書' '誦書' '看詩' '誦詩' '讀易' '讀朱書' '讀大全' 등으로 기록한 예에 따라 원문에서 '寫書' '看書' '讀書' '誦書'라고 한 것의 '書'는 모두 '상서'로 보고 번역했다고 했다. 그런데 위의 서書를 모두 상서로만 보면 김광계가 이때부터 노년까지 읽은 가장 중요한 책이 『상서』가 된다. 그럴 가능성도 없는 것은 아니지만 서書의 경우 일반 명사로 볼 수 있는 가능성도 있으므로 좀 더 살펴볼 필요가 있다.
31) 원문에는 '주서朱書'로 되어 있다.

『대학연의大學衍義』(1628년 8월 23일, 10월 6일)

『주역』(1630년 3월 6일)

『시경』(1635년 5월 29일)

『대학』(1635년 6월 27일)

『주자대전』(1636년 1월 20일)

『동각잡기東閣雜記』(1637년 7월 19일)[32]

『주역』(1638년 1월 1일)

『해동야언海東野言』(1638년 5월 19일)

『주자서절요』(1638년 8월 6일)

『가례』(1638년 9월 6일)

한유韓愈의 문장(1639년 2월 2일)

『시전詩傳』(1639년 4월 17일)

『통감절요』(1639년 5월 10일)

『당사唐史』(1639년 7월 23일)

『패관잡기稗官雜記』(1641년 1월 15일)

주자「연보年譜」, 봉사封事(1642년 6월 5, 6월 6, 6월 7, 6월 9일)

주자「행장行狀」(1642년 6월 24~25일)

이수광李睟光, 『지봉집芝峯集』(1642년 7월 5~6일)

『의례儀禮』를 보기 시작(1643년 11월 23일)

금혜운琴慧雲이 『패관잡기稗官雜記』를 써서 보러 감(1643년 2월 29일)

익힌 책: 『혹문或問』(1626년 1월)

---

32) 『동각잡기』는 선조 때 문신인 이정형李廷馨(1549~1607년)이 지은 야사이다. 고려 말에 이성계가 조선을 건국할 때부터 선조 때까지의 정치 상황과 명신名臣의 행적을 기록했다. 상하 2권으로 『대동야승大東野乘』에도 실려 있으며, 『본조선원보록本朝璿源寶錄』으로도 불린다.

『주자서절요』 암송(1627년 4월 27일)

강講한 책: 『가례』(1630년 1월 25일)

『주역』(1630년 3월 7일): 조카들에게 강함

금시양이 도산서원에 와『심경』과『근사록』을 강독함(1638년 4월 11일)

『예기』(1639년 4월 16일)

『소학』(1639년 7월 12일)

『대학혹문』 강론

    김광계가 읽거나 익히고 강한 책을 보면 주로 사서삼경을 중심으로 역사서와 주자 관련 책이 대부분이다. 대체로 조선 중기 사족들이 관심을 보이며 접한 책의 수준에서 크게 벗어나지는 않은 것으로 볼 수 있다. 주자 관련 저술로는『근사록』,『주자대전』, 주자의「연보」와 봉사,「행장」등이다. 다른 중국학자들의 저술에 대해서는 거의 읽은 것이 없는 반면 주자 관련 저술은『주자대전』을 비롯해 연보와 행장 등 구체적인 기록까지 읽음으로써 주자학에 대한 관심이 높았음을 짐작할 수 있다. "비록 잠깐 출타하더라도 또한『논어』와『주자시질요』한 권은 갖고 가야 할 것이다"33)(1639년)라는 기록은 평소 김광계의 생활에서 주자가 차지한 위상을 잘 보여준다.

    조선에서 지은 책의 경우는 의서인『이생록頤生錄』, 이황의『주자서절요』와『경서석의經書釋義』, 이황의『퇴옹문집』, 야사인 이정형의『동각잡기』와 허봉許篈의『해동야언海東野言』, 어숙권魚叔權의『패관잡기稗官雜記』, 이수광李睟光의『지봉집芝峯集』등이다. 이황의 저술에 대한 관심을

---

33)『매원일기』16, 기묘년(1639년), 잡기雜記.

제외하면 야사에 대한 관심이 적지 않았음을 볼 수 있다. 경상도 지식인으로 이황에 대한 관심이 당연한 것이었다면 야사에 대한 관심 역시 지식인으로서 보편적 관심의 하나였던 것으로 보인다.

노년의 김광계는 선조先祖의 유고를 정리하거나 수정하기도 했다.34) 김광계는 60세가 지나면서 한유의 글을 많이 읽었다. 그가 읽은 한유의 글 목록은 아래와 같다.

「원도原道」(1603년 8월 19일)
「석언釋言」(1641년 3월 21일)
「반곡으로 돌아가는 이원을 송별하며 지은 서送李愿歸盤谷序」(1641년 7월 14일)
「왕 수재를 전송하는 서送王秀才序」(1641년 7월 24일)
「상인 고한을 전송하는 서送高閑上人序」(1641년 7월 26일)
「은 원외랑을 전송하는 서送殷員外序」(1641년 7월 27일)

또한 한유의 글을 외기까지 했다.35) 이밖에 외운 글로는 이외에도 사혜련謝惠連의 「설부雪賦」(1641년 11월 6일)도 있었다. 그렇다면 「원도」 같은 기초적인 글은 젊은 시절에 읽었다고 하지만 왜 한유의 문장을 60세 이후에 주목했을까 하는 의문이 든다. 이는 아마도 한유의 글이 가진 특징 중 하나인 '간엄簡嚴'함에 주목한 것이 아닌가 한다.36) 60세 이후에는 서문序文이나 묘도문자 같이 부탁을 받고 남에게 글을 써주어야 할 일이 생

---

34) 앞의 책(1641년 12월 14~15일).
35) 『매원일기』(1641년 6월 10일; 1641년 9월 4일, 9월 16일 등등).
36) 한유의 문장이 묘도문자墓道文字: 비지류碑誌類에 적합해 조선시대 지식인들이 한유의 문장에서 많은 영향을 받은 사실에 대해서는 심경호, 「한국 한문산문의 발달과 한유 문장의 수용」, 『어문론집』 50, 2004년, 참조.

길 가능성이 충분하다. 그에 대비해 한유의 글을 읽었을 가능성은 충분하다고 할 수 있다.

3 김광계의 사회 활동

1) 향교 관련 활동

김광계가 향교와 관련을 맺은 것에 관한 『매원일기』의 기록은 23세 때 『심경』을 통독하는 일 때문에 간 것이 처음으로 확인된다.37) 이후 25세 때는 10월 1일에 다례茶禮를 올리기 위해 가기도 했다.38) 도사都事 황근중黃謹中이 향교의 대성전에 참배하는데, 향교의 재임齋任이 오지 않을 수 없다는 예안현감 말을 듣고 한밤중에 들어가기도 했다.39) 새로 부임한 예안현감이 향교에 행차할 때도 참여하기도 했다.40) 또 향교의 사채舍采(釋菜)를 지내기 위해 들르기도 했다.41) 또한 나이가 들어서도 참석하지는 못했어도 향교 석전釋奠의 헌관으로 뽑히기도 했다.42)

조선후기의 향교는 사실상 교육 기능이 거의 상실되었다. 임진왜란과 병자호란을 거친 후 향교 교육에 큰 변화가 찾아온 것은 이미 기존 연구에서 확인된 바와 같다. 국가에서는 궁핍한 재정 등을 핑계로 향교에 더 이상 교관敎官을 파견하지 않게 되었다. 따라서 향교의 교육 기능은 의미를 찾기 어렵게 되었음에도 불구하고 향교는 여전히 지역의 많은 사람에게 의미가 있었다. 다름 아니라 의례를 통해 향교의 교육 기능이 여전히 존속

---

37) 『매원일기』(1603년 6월 10일).
38) 앞의 책(1605년 10월 1일).
39) 앞의 책(1607년 2월 13일).
40) 앞의 책(1607년 4월 1일, 2일); 앞의 책(1608년 6월 29일).
41) 앞의 책(1607년 8월 4일).
42) 앞의 책(1643년 2월 1일).

되고 있다고 믿었던 것이다. 봄과 가을에 향교에서의 제례에 참여하는 것은, 비록 실제적인 유교 교육이 이루어지지 않았음에도 불구하고 유교 의례의 실천을 통해 교육 기능을 대체하는 것으로 여긴 것으로도 볼 수 있다.43)

다례나 석채 같은 의례를 행하기 위해 향교를 찾은 것 외에도 관청과 관련된 일 때문에 향교를 찾는 일이 잦았다. 관찰사의 행차가 예안현에 들어오므로 향교에 가서 모였는데, 온 고을의 사자士子들이 모이는 경우가 이에 해당되었다.44) 대체로 이와 같이 향교에 들르는 일은 공식적인 이유나 관찰사나 현감 등 지방관과 관련된 일이 많았다. 젊은 시절의 김광계는 향교에서의 이러한 공식적인 일에 대해 번잡스럽게 느끼기도 했다. 조용하게 요양하기 위해 성천사聖泉寺로 갔다가 향교로부터 소환당했을 때가 그러했다.45) 물론 향교에 들르는 일이 반드시 공식적인 일 때문만은 아니었다. 때로 지나가는 길에 향교에 들러 친구들을 만나는 장소로 활용하기도 했다.46)

향교에서 치르는 것은 아니었지만 관아에서 치른 고강考講은 그의 주요 관심사 중 하나였다. 유생들의 고강에 대해 통通, 조粗, 약略, 불통不通의 성적을 몇 명이나 받았는지를 기록할 정도로 관심을 가졌다.47) 예안현감은 고강에서 유생들이 불통을 많이 받은 경우 크게 화를 내고 심지어 매질을 하기도 할 정도였다.48) 그러나 고강에 떨어진 유생은 군정軍丁으

---

43) 전경목, 「조선 후기의 교생 – 책을 읽을 수 없는 鄕校의 生徒」, 『古文書硏究』 33, 2008년 참조.
44) 『매원일기』(1608년 11월 9일).
45) 앞의 책(1607년 4월 8일).
46) 앞의 책(1607년 11월 29일).
47) 앞의 책(1607년 7월 20일).
48) 앞의 책(1607년 9월 23일).

로 징발되었기에 도사가 느슨하게 해 한사람도 떨어진 자가 없던 사실을 기록하기도 했다.49) 고강은 관찰사가 예안현아를 방문했을 때 찰방을 시켜서 하기도 했다.50)

유생들의 고강에 대한 김광계의 이러한 기록은 인조 대 이후 향교에서 유생들이 고강을 회피했던 역사적 사실과 관련이 있다. 기존 연구에 따르면 인조에서 효종 대 사이에 향교에 다니는 사람들은 신분에 따라 거처하는 곳이 다르며, 심지어 불리는 이름까지 다르게 되었다고 한다. 즉 양반 출신 경우 동재東齋에 거처하고 유생儒生으로 불린 반면 평민庶類 출신들은 서재西齋에 거처하고 교생校生으로 불렸다고 한다.51) 양반 출신 유생들은 고강에 떨어지게 되면 군역軍役에 보충되는 문제가 발생했으므로 기필코 이를 기피하려고 한 것이다. 따라서 김광계의 일기에서도 이에 대해 주목했고, 또 현실에서는 고강에 떨어지는 사람이 유생 중에는 거의 없던 사실을 확인할 수 있다.52)

김광계는 정구가 현감을 통해 요청한 『대동운부군옥』을 베끼는 일을 하기도 했다.53) 이 일 역시 정구의 개인적 요청을 예안현감이 받아들여 김광계에게 다시 부탁한 것인데, 향교의 유생들이 동원된 것이다. 향교에서 공부한 기록으로는 『예기』 초록抄錄을 읽은 경우가 있다.54) 이 경우 단지 『예기』를 공부하는 차원만은 아니었고, 초록해 베끼는 작업의 일환이었다.55) 따라서 순수하게 공부만을 위해 향교에서 『예기』를 읽은 것은

---

49) 앞의 책(1609년 12월 13일).
50) 앞의 책(1607년 8월 28일).
51) 전경목, 앞의 논문, 289~290쪽 참조.
52) 『매원일기』(1609년 12월 13일).
53) 앞의 책(1607년 9월 11일).
54) 앞의 책(1608년 6월 14일).
55) 앞의 책(1608년 7월 4일).

아니었다. 이처럼 향교에서 실제 공부와 관련된 일을 한 기록은 거의 찾기가 어렵다. 이 현상은 임진왜란과 병자호란 이후 향교에서의 교육 기능이 실종된 것과 관련되어 있다고 할 수 있다.

대신 김광계는 향교와 관련해 공적 직위를 맡으면서 깊은 연계를 맺었다. 김광계는 정묘호란이 발생하자 의병장이 되었다.56) 이때는 도산서원 원장이기도 했지만 향교에 머무르면서 일을 처리했다.57) 병자호란이 일어났을 때 김광계는 12월 19일에 소식을 들었다.58) 적병의 침입을 최초로 조정에서 인식한 것이 13일이므로 거의 1주일이 못되어 소식을 들은 것이다.59) 다음날 인조가 남한산성으로 간 사실까지 파악한 뒤 김광계는 의병을 일으키자는 통문을 접하게 되었다.60) 이에 의병에 대해 의논한 결과 김광계는 대장大將이 되었고, 일이 급박해 향교에서 자기까지 했다.61)

병자호란에 관한 소식은 이어지는데, 남한산성이 함락당하고 인조가 성을 나와 항복하고, 동궁 및 왕자와 비빈들도 모두 잡혀갔다는 소식을 접했다.62) 이 소식 역시 사건 발생 이후 6일 만에 접했다. 의병 활동과 관련해 향교로 가서 의병 양식의 실수량을 관찰사에게 보고했다.63) 향교를 중심으로 의병 활동을 이어간 이런 측면은 향교가 관을 대신해 관과 만날 수 있는 매개체 역할을 한 곳임을 확인시켜 준다.

---

56) 앞의 책(1627년 2월 18일).
57) 앞의 책(1627년 2월 20일).
58) 앞의 책(1636년 12월 19일).
59) 『인조실록』 권33(인조 14년 12월 13일[계미]).
60) 『매원일기』(1636년 12월 20일, 23일).
61) 앞의 책(1636년 12월 25일).
62) 앞의 책(1637년 2월 6일).
63) 앞의 책(1637년 윤4월 24일).

2) 서원 관련 활동

김광계가 가장 많이 들르고 깊은 관련이 있던 서원은 도산서원이었다. 예안에서 최초로 설립된 서원은 역동서원易東書院이었다. 이 서원은 고려의 인물인 우탁禹倬(1262~1342년)을 배향한 곳으로 이황이 있을 때는 예안에서 중심적인 서원 역할을 했다. 그러나 이황 사후 이황을 주향으로 하는 도산서원이 설립되고, 먼저 사액賜額도 받자 역동서원은 점차 세력이 위축되었다. 심지어 이황을 따르는 이들이 많아지면서 도산서원과 역동서원은 위상이 역전되어, 역동서원은 도산서원의 부속 격의 지위에 놓이게 되었다.64) 김광계는 도산서원을 가장 많이 들렀으며, 다음으로 역동서원을 많이 들렀다. 도산서원 원장이 역동서원 원장을 겸임한 사실과 관련이 있을 것이다.

그 외에 방문한 서원은 현풍玄風의 도동서원道東書院, 성주의 청천서원晴川書院, 봉화의 삼계서원三溪書院65), 진보의 봉람서원鳳覽書院66), 풍기의 백운동서원白雲洞書院67), 구미의 오산서원吳山書院68), 군위의 남계서원南溪書院,69) 안동의 여강서원廬江書院70), 용산서원龍山書院71) 등이었다.

김광계는 주변의 서원을 방문하기도 했는데, 예를 들어 새로 지은 도동서원道東書院에 들른 경우가 있었다.72) 또 한강초사寒岡草舍에 머무는 정구를 만나기 위해 들른 것이기는 하지만 근처의 청천서원晴川書院을 방

---

64) 이수환, 『조선후기 서원연구』, 일조각, 2001년, 324쪽 참조.
65) 『매원일기』(1616년 7월 18일).
66) 앞의 책(1616년 8월 24일).
67) 앞의 책(1626년 7월 14일).
68) 앞의 책(1636년 5월 13일).
69) 앞의 책(1636년 5월 22일).
70) 앞의 책(1639년 10월 4일).
71) 앞의 책(1639년 10월 6일).
72) 앞의 책(1608년 10월 6일).

문하기도 했다.73) 봉람서원에 들른 것은 죽은 누이동생의 대상大祥이 임박해 단양으로 가던 길에 들른 것으로 딱히 학문적 목적이나 다른 목적이 있던 것은 아닌 듯하다. 그러나 봉람서원에 들렀을 때 원장인 권산립權山立과 안씨安氏 성의 유사有司가 대접해 주었다는 것으로 보아 자연스럽게 교유가 있었던 것으로 보인다. 봉람서원은 집으로 돌아오는 길에도 들러 원장을 다시 만나기도 했다.74) 오산서원이나 남계서원의 경우에도 일부러 들른 것이라기보다는 다른 곳으로 가는 길에 잠시 들러 유숙한 경우에 해당한다.

　백운동서원의 경우 전별하기 위해 근처까지 갔다가 들른 경우이다. 이곳에서는 이황의 필적을 보거나 문성공文成公 안향安珦의 초상화를 배관하는 등의 일을 했다. 여강서원의 경우에는 원장인 권인보權仁甫가 심부름꾼을 보내 와줄 것을 청해 간 경우이다. 김광계는 초청에 응해 효징孝徵, 이실과 함께 가서 이틀 동안 머물고 돌아왔다. 오는 길에는 용산서원龍山書院에 들렀는데, 오는 길에 날이 저물어 머문 것이었다. 선산의 금오서원金烏書院은 김광계가 직접 들르지는 않았지만 장현광을 봉안하는 데 회문回文을 써 보낸 경우이다.75)

　김광계가 서원에 간 이유는 다양했다. 일기에 등장하는 기록으로는 알묘謁廟하기 위해 서원을 방문한 것이 23세 때인 1603년 1월 4일이었다.76) 이후 서원을 방문하는 일은 때로는 주기적이기도 했지만 때로는 불규칙하게 반복되었다. 젊을 때 김광계에게 서원은 공부하는 곳, 특히 과거 시험 공부를 하는 곳이라기보다는 일정하게 들르는 대상이었다.

---

73) 앞의 책(1608년 10월 8일).
74) 앞의 책(1616년 8월 30일).
75) 앞의 책(1642년 1월 18일).
76) 앞의 책(1603년 1월 4일).

실제로 과거공부를 하는 곳은 절이나 다른 곳인 경우가 많았다. 김광계의 아우인 광실光實은 한 달 동안이나 산사에서 책을 읽기도 했다.77) 김광계도 절에서 책을 읽으며 스님과 교류를 하기도 했다.78) 28세 때 용수사에 머물며 『중용』을 강독하기도 했고79), 30세 때는 운암사雲岩寺에 머물며 『맹자』를 읽기도 했다.80) 때로는 산재山齋81)나 산당山堂82)에 가서 독서를 하기도 했다.

김광계에게도 역시 도산서원은 자기의 공부보다는 사족들의 공적인 대외적 일을 처리하는 곳이었다. 예를 들어 도산서원에 교정 작업을 위해 가는 경우가 있었다.83) 같은 해 원장인 재종숙 김기金圻(1547~1603년)를 따라 도산서원에 가 조목을 만나기도 했다.84) 물론 학문적 이유가 전혀 없던 것은 아니다. 대표적인 사례가 유명한 학자가 도산서원을 방문한 경우였다. 예를 들어 정구가 도산서원에 온다는 소식에 김광계 역시 미리 가서 기다렸다 만날 수 있었다.85) 3달 뒤에도 도산서원에 들린 정구를 찾아가 보기도 했다.86) 이후 김광계는 5달 후인 11월에도 안동으로 가 정구를 뵐 것을 청하기도 했다.87)

도산서원은 비단 학자나 사족만 방문하는 곳은 아니었다. 서원 역시 향교와 마찬가지로 관찰사나 현감의 방문 대상이기도 했다. 관찰사 최관崔

---

77) 앞의 책(1603년 7월 4일).
78) 앞의 책(1603년 9월 25~28일).
79) 앞의 책(1608년 10월 21일~11월 5일).
80) 앞의 책(1610년 윤3월 5일).
81) 앞의 책(1610년 6월 24일).
82) 앞의 책(1610년 7월 18일).
83) 앞의 책(1603년 8월 7일).
84) 앞의 책(1603년 8월 17일).
85) 『매원일기』(1607년 3월 7일).
86) 앞의 책(1607년 6월 25일).
87) 앞의 책(1607년 11월 26일).

瑠이 예안현에 들어왔을 때 김광계는 다른 사람들과 향교에 모였다가 관찰사가 서원에 들린다고 해 원장의 명에 따라 서원에 가기도 했다.88) 관찰사는 서원의 유생들에게 책을 베끼게도 했는데, 예를 들어 이황이 지은 『경서석의經書釋義』를 목판으로 판각하기 위해 베껴 쓰도록 하기도 했다.89)

도산서원의 경우 예안현에 위치했지만 이황을 모시고 있다는 특수성 때문에 학문적 상징성이 있었다. 여기에 더해 정치적으로도 남인의 정신적 지주 역할을 한 곳이기 때문에 지방관의 방문 대상이 되었던 것이다. 18세기 전반에 도산서원의 방문자를 조사한 연구에 따르면 도산서원이 위치한 예안현의 현감은 부임한 달에 반드시 도산서원을 방문했다고 한다.90) 이후 재임 기간에 한두 차례 방문하기도 하지만 8회나 12회에 걸쳐 방문한 경우도 있었다.91)

경상감사의 경우에도 재임 기간에 반드시 다 방문하지는 않았지만 절반 이상의 상당수가 도산서원을 방문했다.92) 방문한 경우에는 대체로 부임한 지 몇 달 안에 방문한 경우가 다수였다. 심지어 인접 고을인 안동부사의 경우에도 비슷했다. 방문한 수령들은 남인을 물론 서인, 그중 노론도 포함되었다. 이런 현상은 도산서원이 가진 상징성이 그만큼 컸다는 것을 보여주는 것이며, 이 현상은 『매원일기』에서도 동일하게 확인할 수 있다. 김광계는 수령이나 감사가 방문할 때는 대체로 서원에 가서 대비했고, 특히 원장으로 재임 시에는 더욱 그러했다.93)

---

88) 앞의 책(1608년 11월 9~10일).
89) 앞의 책(1608년 11월 23일).
90) 김명자, 「'심원록尋院錄'을 통해 본 18세기 전반 도산서원 방문과 그 의미」, 『퇴계학과 유교문화』 53, 2013년, 참조.
91) 김명자, 앞의 논문, 76쪽 참조.
92) 김명자, 앞의 논문, 74쪽 참조.

20대 후반부터 도산서원은 김광계에게 한 번 들르면 10일 또는 그 이상을 머무는 곳이었다.94) 이것은 역동서원도 자주 들르는 대상이었던 점에서 비슷했다.95) 역동서원에도 자주 출입했는데, 해가 바뀌고 신년이 되어 사당에 참배하기 위해 가기도 했다.96) 역동서원도 도산서원과 마찬가지로 한 번 가서 10일 정도 머문 후에 돌아오기도 했다.97) 역동서원에서는 공부만 했던 것이 아니라 서원 유생을 삭적削迹하는 논의를 하기도 했다.98) 서원에 머무는 기간은 대체로 일주일에서 열흘 내외였다.

한편 서원에 머물고 있는 인원에 대해 기록을 남기는 경우도 있었다. 김광계는 자신이 도산서원을 머물거나 잠시 들렀을 때 기거하고 있는 유생을 기록하고 있는데, 대체로 기거하는 유생은 3~5명 정도로 많지 않았음을 알 수 있다. 예를 들어 1609년 4월 21일에 3명이 기거하고 있음을 밝혔고99), 1619년 6월 7일에 도산서원을 방문했을 때 3명이 기거하고 있었다고 해 서원에 항시적으로 기거하는 인원은 많지 않았음을 알 수 있다.100) 역동서원의 경우 8~9인이 기거했음을 적기도 했다.101)

서원에서의 모임은 단순하게 행사를 위해 모이는 경우도 있었다. 예를 들어 이황을 종묘의 선묘宣廟에 종향하기 위해 예관禮官 및 배진관陪進官이 선생의 가묘에 제사지내고 위판을 써 갖고 간다고 해 도산서원에 가니

---

93) 신임 예안현감이 방문한 경우 하루 전에 가서 대기했다. 『매원일기』(1626년 10월 12일). 관찰사가 방문하는 경우에도 하루 전에 가서 대기했다. 앞의 책(1635년 6월 21일).
94) 『매원일기』(1608년 4월 13일~5월 4일). 이때는 거의 20일이 넘도록 도산서원에 머물기도 했다.
95) 앞의 책(1603년 12월 8일; 앞의 책, 1608년 5월 5일).
96) 앞의 책(1605년 1월 5일).
97) 앞의 책(1605년 6월 2일).
98) 앞의 책(1605년 6월 28일).
99) 『매원일기』(1609년 4월 21일).
100) 앞의 책(1619년 6월 7일).
101) 앞의 책(1628년 7월 23일).

많은 사람이 운집하기도 했던 사례가 있다.102) 또한 서원은 단순한 만남의 장소이기도 했다. 여러 사람과 병산서원에서 만나기로 약속한 경우도 있었다.103) 그리고 서원에 모여 예안현 읍지인 선성지를 만들 자료를 모으는 일로 상의하기도 했다.104)

하지만 서원에서의 모임은 상호간의 의견 교환을 기반으로 집단적 의사를 표시하는 형태로 발전되기도 했다. 문묘에 오현을 종사하는 문제로 상소하는 모임은 예안현 관사官舍에서 진행되었는데, 여기에 도산서원 원장인 김평(김광계의 재종숙)이 소두疏頭가 되었다.105) 비록 관아에서 모이기는 했지만 도산서원에서의 모임이 기반이 되었음은 물론이다.

서원에서의 모임에서 구심은 아무래도 원장이었다. 김광계는 바로 원장 격인 도산서원의 상유사를 여러 차례 지냈다. 김광계가 도산서원의 상유사로 추대된 것은 46세 때인 1626년(인조 4) 8월 9일이었다.106) 향중의 모든 사람이 김광계를 추천해 글을 올려 사양했으나 맡게 된 것이다. 이후 김광계는 1631~1632년, 1635년~1638년107), 1641108)~1642년 등 이후 세 차례나 더 원장직을 맡았다. 일기의 기록을 보면 원장직을 맡더라도 매일 도산서원에 갔던 것은 아니고, 향사享祀가 임박하거나109) 일이 있을 때 갔다.110)

또 김광계는 역동서원의 향사도 관장해 향사에 임박해 가기도 했

---

102) 앞의 책(1610년 윤3월 25일).
103) 앞의 책(1619년 9월 7일).
104) 앞의 책(1628년 10월 12일).
105) 『매원일기』(1610년 5월 29일). 김원진金元振과 류계화柳季華가 장의掌議가 되었다.
106) 앞의 책(1626년 8월 9일).
107) 앞의 책(1638년 1월 5일). 도산서원 원장을 그만두었다.
108) 앞의 책(1641년 1월 6일).
109) 앞의 책(1626년 8월 16일).
110) 앞의 책(1626년 8월 24일).

다.111) 역동서원과 도산서원의 관계는 유사를 승차시키는 사례를 보면 알 수 있다. 유사였던 덕여德輿(光載) 형이 체직된 지 오랫동안 후임자를 선출하지 못하다가 역동서원 유사인 채원준蔡元俊을 승차陞差시켜 도산서원의 유사로 삼은 사례가 있었다.112) 이는 역동서원의 위차가 도산서원보다는 아래 있었음을 확인시켜 주는 예가 된다.

이미 기존 연구에서 밝혀진 바대로 역동서원이 도산서원보다 앞서 세워졌음에도 불구하고 이황 문도들에 의해 도산서원이 중요시되면서 부속적인 위치에 있게 되었기 때문이다.113) 도산서원 원장 격인 상유사가 역동서원 상유사를 겸임하는 등의 현상이 있었는데, 『매원일기』에서는 이에 대해 보다 상세하게 구체적인 사례를 확인할 수 있다. 곧 원장인 상유사는 도산서원과 역동서원 원장을 겸임했고, 하유사下有司의 경우 도산서원과 역동서원이 달리 임명되었지만 이 역시 역동서원보다 도산서원이 높아 역동서원에서 도산서원으로 유사, 곧 하유사가 옮겨가는 것을 승차로 인식한 것이다.

도산서원 원장으로서 김광계는 서원 일로 인해 예안현감을 만나기도 했다. 당시 호패사목號牌事目이 매우 엄격해 서원의 속인屬人을 모두 빼앗기게 되는 문제가 발생했다.114) 이에 김광계는 예안현감과 잘 아는 송광국宋光國을 앞세워 문제 해결을 시도하려고 했으나 잘 되지 않았다.115) 또한 서원 소속의 전결田結을 옮기는 일 때문에 예안현감을 만나기도 했다.116) 역동서원 소속의 백운점白雲店 전결田結을 도산서원으로 옮길 수

---

111) 앞의 책(1626년 8월 25일).
112) 앞의 책(1626년 9월 29일).
113) 이수환, 『조선후기 서원연구』, 일조각, 2001년, 324쪽 참조.
114) 『매원일기』(1626년 11월 14일).
115) 앞의 책(1626년 11월 18일, 28일).
116) 앞의 책(1631년 4월 3일).

없도록 했기 때문이었다. 이 일로 인해 10여 일 뒤에 다시 역동서원에서 만나기로 약속했으나 잘 되지는 않은 듯하다.117)

사헌부에서 인조에게 각처의 서원 노비와 원속院屬을 하나하나 조사해 보고하라는 청을 해 도산서원에까지 공문이 내려왔다.118) 이에 김광계는 서원의 노비와 원속을 보고하는 일 때문에 예안현감을 만나기도 했다.119) 이에 따라 김광계는 서원 소속 사람들의 문서文案를 여러 사람과 함께 기록해 대비하고 있던 것을 확인할 수 있다.120)

관찰사가 도산서원을 방문한 경우는 거의 빠짐없이 기록했다. 특히 원장인 상유사로 재임 시에는 더욱 그러했다. 예를 들어 관찰사 이기조의 도산서원 방문 응대121), 관찰사의 방문 응대122), 도사 성태구成台耉의 방문 응대123), 체찰부사 종사관 조석윤趙錫胤이 통지 없이 방문해 응대124), 관찰사 이경여李敬輿의 방문 응대125) 등이 그러한 사례이다. 경상감사의 도산서원 방문은 이전 연구에 따르면 평균 2년에 한번 꼴로 잦은 편이었다고 할 수 있다. 감사 이외에도 중앙에서 파견된 사행이나 인근 지역의 수령도 자주 방문해 도산서원의 독자성을 강화하는 데 도움이 되었다.126)

이런 이유에서인지 『매원일기』에는 예안현감과의 갈등을 겪는 장면도 등장한다. 곧 예안현감이 도산, 역동 양 서원의 장무掌務를 잡아가는 사

---

117) 앞의 책(1631년 4월 15일).
118) 『매원일기』(1635년 6월 2일).
119) 앞의 책(1635년 6월 7일).
120) 앞의 책(1635년 8월 2일).
121) 앞의 책(1636년 6월 22일).
122) 앞의 책(1636년 4월 3일).
123) 앞의 책(1636년 10월 27일).
124) 앞의 책(1636년 10월 28일).
125) 앞의 책(1636, 6월 21일).
126) 박현순, 「16~17세기 禮安縣 士族社會 研究」, 서울대 박사학위논문, 2006년, 132쪽.

건이 일어났는데127), 현감 방문 시에 북쪽 벽 아래 앉아야 하는데 동서로 자리를 배치한 때문이었다. 이는 물론 일차적으로는 서원에서 현감을 제대로 대접하지 않은 것에 대한 불만이 표출된 것이기는 했다. 하지만 원래 다른 곳에 비해 예안현이 잔약孱弱한 고을임에도 불구하고 사족士族이 많았던 특성 때문에 이곳에 부임하는 수령의 잦은 교체가 있었던 점 또한 해당 현감 입장에서는 신경 쓰이는 문제였을 것이다. 따라서 서원에 대해서도 먼저 기선을 제압하려는 의도도 있던 것으로 추정해 볼 수 있다. 수령의 이러한 주장에 사족들은 도산서원의 건립 이래 아무리 고관이라도 남면南面한 적이 없다면서 서원에서는 관인이라도 위세를 부릴 수 없다고 주장하기도 했다.128)

　도산서원 원장과 관찰사와의 갈등은 심지어 원장이던 이유도가 곤장을 맞고 죽는 사건이 일어날 정도였다.129) 이에 대해 김광계는 놀라고 참혹하기 그지없다驚慘는 반응을 보였지만 더 이상의 언급은 없었다. 이 사건에 대해 직접적 반응을 적은 기록은 일기에 많지 않지만 이것은 매우 큰 사건이었다.130)

　이유도는 도산서원 원장이었을 뿐만 아니라 전 감사 이해李瀣(1496~1550년)의 손자이자, 이황의 종손인 명사였다. 따라서 노비 소송을 하면서 경상감사를 모욕하는 내용이 있다는 이유로 이러한 인물에게 감사가 직접 추운 겨울에 형신刑訊을 가하는 것은 드문 일이었다. 이 사건이 발생하자 이유도의 아들들은 억울함을 호소했고, 도산서원에서는 원장인 김령을 중심으로 여러 읍에 통문을 돌려 도신道臣이 함부로 사족을 죽인 죄로 도신

127) 『매원일기』(1637, 2월 25일).
128) 김령, 『계암일록』(1637년 2월 25일).
129) 『매원일기』(1626년 2월 15일).
130) 이 사건의 전개 과정에 대해서는 정만조, 「仁祖 4년 陶山院長 李有道 致事 논란」, 『韓國學論叢』 26, 2004년 참조.

을 배척하는 운동을 전개했다. 그러나 상주, 함창, 안동에서는 통문을 환송하기도 하고, 사간원에서는 감사인 원탁元鐸의 파직을 청하는 우여곡절을 겪었다.

결국 원탁은 의성현 백성들의 난동 사건을 제대로 보고하지 않은 잘못을 문제 삼아 파직 당했고, 예안에서 돌린 통문의 주창자인 이홍중은 체포되어 3년형을 받았다. 이러한 수습책조차 서인의 반발로 남인과 정쟁화될 우려가 제기되자 최종적으로 인조는 남인의 의견을 받아들여 온건한 수습책을 수용하고 이홍중을 풀어주었다.

도산서원에게 이유도 치사 사건은 매우 큰 위기였다. 당시 도산서원 원장이던 김령은 통문이 다른 지역에서 환송되자 도산서원의 위상이 땅에 떨어졌음을 탄식하기도 했다.131) 김광계 역시 이 사건을 예의주시한 것이 일기에 그대로 기록되어 있다. 사건이 진행되면서 원장과 유생들이 여러 고을에 통문을 돌리고, 서명 받은 사실132), 사헌부의 계사啓辭에 통문의 수창자를 적발해 심문하고 죄줄 것을 청한다는 내용이 있다는 사실133), 새로운 관찰사인 정온이 들른 일134) 등을 상세하게 기록했다.

이 사건이 있은 직후인 8월 9일에 김광계는 도산서원 원장에 선임되었는데, 향중의 여러 사람의 추천에 의해서였다. 비록 이유도 사건은 일단락되었다고는 하지만 도산서원은 이 사건을 겪으며 통문이 다른 서원에 의해 환송되는 등 위상에 타격을 받는 위기를 맞게 된 상황이었다. 따라서 김광계가 이처럼 어려운 상황에서 원장에 추천된 것은 그만큼 그에 대한 향중의 신뢰가 두터웠음을 반영하는 것이라고 할 수 있다. 김광계 역시 그

---

131) 김령, 『계암일록』 4권(인조 4년 5월 16일).
132) 『매원일기』(1626년 4월 13일).
133) 앞의 책(1626년 6월 4일).
134) 앞의 책(1626년 6월 11일).

러한 사정을 잘 알고 있던 만큼 글을 올려 사양하고 거절하기도 했던 것이다.

한편 서원과 향교의 관계는 대립적이지 않았던 것으로 보인다. 김광계는 서원과 향교를 오갔는데, 하루 사이에 서원에서 모였다가 향교에서 모이기도 했다.135) 또 서원의 향사가 임박해 도산서원으로 가려고 길을 나섰다가 향교의 체례遞禮가 있다고 해 향교에 들렀다가 서원으로 가기도 했다.136)

4 맺음말

이상에서 김광계의 『매원일기』를 중심으로 그의 학문과 향교와 서원을 중심으로 한 사회 활동을 살펴보았다. 조선시대 지식인이던 사족의 일기를 통해 일기를 쓴 이의 학문이나 사회 활동을 온전히 복원하는 데는 아직 한계가 있다. 일기 자체가 대개 일력日曆에 기록한 간단한 메모 형태이거나 단순한 행적의 기록이어서 생활의 자세한 모습을 재구성하기에는 한계가 있기 때문이다. 또 현재까지의 일상사 연구 수준으로 볼 때 해명해야 할 사실이 적잖은 점도 이와 같은 짧은 기록으로 그것을 복원할 수 있는 데는 한계가 있음을 알 수 있게 해 준다.

하지만 일기 자료의 특징은 기존의 제도사 연구나 정치사 또는 사회사 연구에서 포착하지 못한 일상의 다양한 측면을 실제적으로 반영하고 있다는 점에서 찾을 수 있다. 따라서 일기 자료에 대한 분석을 통해 막연하게 알고 있던 사실에 대해 좀 더 구체성을 확보할 수 있는 계기를 마련할 수 있을 것이다.

김광계의 『매원일기』 역시 그와 같은 측면에서 기존에 알려진 사실과

---

135) 『매원일기』(1619년 6월 15일~16일).
136) 앞의 책(1631년 2월 10일).

는 다른 측면을 설명하거나 구체적 실상을 전해주는 면이 적지 않다. 도산서원 원장을 4차례나 역임하고, 예안을 대표하는 사족이었던 점을 고려하면 김광계의 일상은 17세기 경상도 사족의 일상을 대표적으로 보여주고 있다고 보아도 과언이 아닐 것이다.

『매원일기』를 통해 볼 때 김광계는 젊은 시절에는 과거 공부에 몰두했음을 알 수 있다. 과거 공부와 관련된 기록을 구체적으로 적고 있으며, 과장科場에 가게 되는 과정이나 시험관의 이름, 과거 합격자의 소식에 대해 매우 구체적으로 관심을 표하고 있다. 그러나 인조반정 이후에는 대체로 성리학 공부에 몰두하면서 산림처사로 자족하며 지냈다.

그가 읽은 책은 사서삼경을 비롯한 역사서와 문집류, 야사 등이었다. 문집류의 경우 특히 주자의 『주자대전』과 한유의 문장에 관심을 쏟았으며, 국내 문집으로는 이황의 문집이나, 이수광의 『지봉유설』을 읽었다. 이러한 독서 경향은 당시 향촌에 거주했던 지식인으로서는 매우 평균적인 것이었다고 할 수 있다. 여기에 더해 성리학의 학문적 실천에 관심을 갖고 이를 향촌 사회에서 구현하려고 노력했다.

이처럼 성리학을 실천하려는 그의 노력은 구체적으로 향교와 서원에서의 활동을 통해 확인할 수 있다. 우선 향교는 일반적으로 알려진 바와 같이 임진왜란과 병자호란 이후에는 교육 기능을 거의 상실했던 점을 확인할 수 있다. 김광계 역시 향교에서의 공부와 관련된 내용은 거의 기록하지 않았다. 대신 향교는 공적 활동에서는 나름의 역할을 하는 곳이기도 했다.

봄과 가을에 정기적으로 지내는 제례는 향교의 존재 이유이기도 했고, 의례 참여자들에게는 성리학의 실천 현장으로서 공부의 현장이기도 했다. 향교에서 이루어진 것은 아니지만 고강 역시 향교와 관련해 처러지는 것이었고, 관심의 대상이었음이 확인된다. 또 관찰사나 현감과의 만남이 이루어지는 곳이 향교이기도 했다. 심지어 정묘호란이나 병자호란이 일어났을 때도 향교가 모임의 근거지 역할을 했다.

그러나 향교가 반드시 엄격한 공간이었던 것은 아니다. 친구를 만나 향교에서 자는 경우도 더러 있었다. 또한 향교와 서원에 대한 인식도 대립적이었던 것으로는 보이지 않는다. 향교와 서원을 차례로 들렀던 기록이 몇 차례 확인되기 때문이다.

그에 비해 서원에 관한 기록은 매우 많다. 그만큼 서원이 김광계의 대외적인 사회 활동에서 차지하는 바가 컸던 것으로 파악된다. 김광계가 가장 많이 들른 서원은 자신이 살던 예안의 도산서원과 역동서원이었다. 그러나 이 밖에도 현풍의 도동서원, 성주의 청천서원, 봉화의 삼계서원, 진보의 봉람서원, 풍기의 백운동서원, 구미의 오산서원, 군위의 남계서원, 안동의 여강서원, 용산서원 등도 일이 있을 때마다 방문했다. 일기의 기록만으로 볼 때 특별한 용무를 갖고 다른 서원을 방문하는 경우는 많지 않았고, 대체로 다른 일로 가면서 근처 서원을 방문하는 형태가 많았다.

서원에 들르는 가장 큰 이유는 대체로 젊은 시절에는 공부를 염두에 두었던 것으로 보인다. 그러나 서원에서 실제로 얼마나 많은 공부가 이루어졌는지에 대해서는 별다른 기록을 남기지 않고 있다. 이 점은 서원에서 실제로 공부가 이루어졌는지에 대해 의문을 갖도록 만든다. 다만 서원에 가서 일주일에서 열흘 내외의 기간을 머물면서 어느 정도 공부는 했던 것으로 짐작할 수 있다.

공부 이외에 서원에 들른 중요한 이유로는 서원의 향사와 관련해서였다. 김광계는 도산서원뿐만 아니라 역동서원의 향사에도 매우 적극적으로 참여했다. 그리고 또 다른 하나의 이유는 학덕이 높은 사람이나 관리의 방문 때문이었다. 도산서원에는 이황을 모시고 있었기에 학덕이 높은 학자들이 방문하기도 했다. 대표적 인물로 정구의 방문 때 김광계가 철저하게 준비하고 있었음을 알 수 있다. 현감이나 관찰사의 방문 또한 서원에서 대기해야 하는 공적 행사였다. 특히 도산서원 원장인 상유사로 재임 시에는 더욱 그러했다.

 도산서원에서 현감이나 감사를 만나는 일은 때로는 갈등을 동반하는 것이기도 했다. 현감과 좌차坐次 문제를 두고 갈등이 일어나기도 했고, 도산서원 원장이던 이유도가 감사에게 형신을 당하다가 치사하는 사건이 일어나기도 했다. 김광계는 이러한 사건을 예의주시하면서 처리 과정을 상세히 적기도 했다. 이 사건이 어느 정도 마무리된 후 김광계는 도산서원 원장 격인 상유사가 되었다. 위기에 처한 도산서원의 현실을 고려해본다면 김광계가 서원의 구성원과 향중으로부터 상당한 신임을 받았던 것을 알 수 있다.

 또한 『매원일기』에는 서원의 구체적 일상을 알 수 있는 기록이 나오는데, 예를 들어 서원에 기거하는 사람이 그리 많지 않았음을 확인할 수 있다. 대체로 3~4인 정도가 서원에 기거하던 것이 일반적이었다. 기왕에 알려진 사실이기는 하지만 도산서원과 역동서원은 관계가 평등하지 않았으며, 역동서원이 도산서원에 부속적인 위치에 있었던 점이 확인된다. 역동서원의 유사가 도산서원의 유사가 되는 것이 승차로 인식되었던 것이다.

참고 문헌

金光繼, 『梅園遺稿』.
金光繼, 『梅園日記』.
金鈴, 『溪巖日錄』.

구완회, 「조선시기의 도산서원과 예안현감」, 『조선후기 서원의 위상』, 2015년, 새물결.

김명자, 「'심원록'을 통해 본 18세기 전반 도산거원 방문과 그 의미」, 『퇴계학과 유교문화』 53, 2013년.
박현순, 「16~17세기 禮安縣 士族社會 硏究」, 서울대 박사학위논문, 2006년.
薛錫圭, 「光山金氏 禮安派의 學問世界와 『烏川世稿』」, 『國譯 烏川世稿』 上, 2005년.
심경호, 「한국 한문산문의 발달과 한유 문장의 수용」, 『어문론집』 50, 2004년.
이수환, 『조선후기 서원연구』, 일조각, 2001년.
전경목, 「조선 후기의 교생 – 책을 읽을 수 없는 鄕校의 生徒」, 『古文書硏究』 33, 2008년.
정만조, 「仁組 4년 陶山院長 李有道 致事 논란」, 『韓國學論叢』 26, 2004년.
정재훈, 「조선 중기 사족의 세계관」, 『조선시대사학보』 73, 2015년.
한국국학진흥원 연구부 기획, 『일기를 통해 본 조선후기 사회사 – 계암일록을 중심으로』, 2015년.
한국국학진흥원 연구부 기획, 『일기에서 역사를 엿보다 –『청대일기』를 중심으로』, 2016.